El Acantilado, 453

TRES POETAS DE SUS VIDAS

STEFAN ZWEIG

TRES POETAS DE SUS VIDAS

CASANOVA, STENDHAL, TOLSTÓI

TRADUCCIÓN DEL ALEMÁN
DE JOSÉ ANÍBAL CAMPOS

BARCELONA 2023 ACANTILADO

TÍTOL ORIGINAL *Drei Dichter ihres Lebens: Casanova, Stendhal, Tolstoi*

Publicado por
ACANTILADO
Quaderns Crema, S. A.

Muntaner, 462 - 08006 Barcelona
Tel. 934 144 906 - Fax. 934 636 956
correo@acantilado.es
www.acantilado.es

ISBN: 978-84-19036-36-0
DEPÓSITO LEGAL: B. 1931-2023

AIGUADEVIDRE *Gráfica*
QUADERNS CREMA *Composición*
ROMANYÀ-VALLS *Impresión y encuadernación*

PRIMERA EDICIÓN *febrero de 2023*

CONTENIDO

Prefacio 9

CASANOVA

I. Un hombre libre 27
II. Retrato del joven Casanova 33
III. Los aventureros 39
IV. Educación y talento 46
V. Filosofía de la superficialidad 54
VI. *Homo eroticus* 66
VII. Los años oscuros 83
VIII. Retrato del viejo Casanova 91
IX. El arte del autorretrato 99

STENDHAL

I. El placer de mentir y el amor a la verdad 111
II. Retrato 115
III. La película de su vida 120
IV. Un yo y el mundo 148
V. El artista 163
VI. *De voluptate psychologica* 177
VII. Autobiografía 183
VIII. Actualidad de su figura 193

TOLSTÓI

I. Preludio 199
II. Retrato 203

III.	La vitalidad y su reverso	209
IV.	El artista	225
V.	Autobiografía	241
VI.	Crisis y transformación	250
VII.	El cristiano artificial	258
VIII.	La doctrina y su contrasentido	268
IX.	La lucha por la realización	286
X.	Un día en la vida de Tolstói	302
XI.	Decisión y transfiguración	316
XII.	La huida hacia Dios	324
XIII.	Postludio	329

A Maksim Gorki,
con veneración y la más profunda gratitud.

PREFACIO

> El verdadero objeto de estudio de la humanidad es el hombre.
>
> POPE

Este volumen es al mismo tiempo una contrapartida y un complemento de dos obras anteriores: *La lucha contra el demonio*,* donde se mostraba a Hölderlin, Kleist y Nietzsche como tres variaciones de una naturaleza trágica, agitada por una fuerza demoníaca, que lucha contra sí misma y contra el mundo real en su afán por alcanzar el infinito; y *Tres maestros*,** donde Balzac, Dickens y Dostoievski representan prototipos de creadores épicos del universo que, en el cosmos de sus novelas, yuxtaponen una segunda realidad a la ya existente. El camino que siguen estos *Tres poetas de sus vidas* no nos lleva, como el de los primeros, hasta lo infinito, ni tampoco, como el de los segundos, hasta el mundo real, sino que nos conduce únicamente hacia los autores mismos. Su intención no es la de reproducir el macrocosmos, la plenitud de la existencia, sino desplegar ante el mundo el microcosmos del propio yo, considerando de forma inconsciente que ésa es la misión principal de su arte: ninguna realidad es para ellos más importante que la de la propia existencia. Mientras que el poeta que crea un mun-

* Stefan Zweig, *La lucha contra el demonio (Hölderlin, Kleist, Nietzsche)*, trad. Joaquín Verdaguer, Barcelona, Acantilado, 1999. (*Las notas que se indican con asterisco son del editor; las referidas con arábigos, del traductor*).

** *Id.*, *Tres maestros (Balzac, Dickens, Dostoievski)*, trad. Joan Fontcuberta, Barcelona, Acantilado, 2011.

do—el «extrospectivo», como lo denomina la psicología— es aquel que se vuelve hacia el universo para fundir su personalidad en la objetividad de sus representaciones hasta el extremo de hacerla indistinguible (el ejemplo más consumado, quizá, es el de Shakespeare, cuya persona se ha convertido en mito), el espíritu «introspectivo», por su parte, es el de quien siente subjetivamente, aquel cuyos pensamientos se centran en él mismo y considera que su yo es el fin de todo, de modo que será fundamentalmente un creador de su propia vida. Sea cual sea la forma que escoja (drama, epopeya, poesía o autobiografía), siempre hará de su yo, de modo inconsciente, el medio y el centro de sus obras, y en cada descripción se estará representando. El propósito de la presente obra es plasmar a este tipo de artista subjetivista, que se ocupa únicamente de su persona, así como su género artístico decisivo, la autobiografía, a través de tres autores.

Casanova, Stendhal y Tolstói: sé que la reunión de estos tres nombres resulta más sorprendente que esclarecedora, y en un primer momento el lector se preguntará en qué sentido un hombre inmoral, pillo, libertino y escritor dudoso como Casanova puede tener algo que ver con un moralista heroico y escritor perfecto como Tolstói. En realidad, en esta ocasión, el hecho de que estén juntos en un libro no significa ponerlos en el mismo nivel intelectual, sino todo lo contrario: estos tres nombres simbolizan tres estadios distintos, es decir, una gradación que sitúa a uno por encima del otro, en una forma esencial cada vez más elevada del mismo género. No representan—insisto—tres figuras equivalentes, sino tres estadios ascendentes de una misma función creativa: la autorrepresentación. Obviamente, Casanova simboliza el estadio inferior, primitivo, la autobiografía ingenua, en la que un hombre confunde la vida con sus aventuras mundanas, sensuales y materiales, al tiempo que relata cándidamente el devenir de los acontecimientos de su existencia sin entrar en valoraciones ni indagar en sí mismo. Con Stendhal, por su parte, la autorrepresentación alcanza un nivel superior, el psicológico. Ya no basta el mero relato, el simple *curriculum vitæ*, sino que el yo ha empezado a sentir curiosidad por él mismo, observa el mecanismo de su propio estímulo, indaga en los motivos de sus actos y sus omisiones, identifica los elementos dramáticos desde el punto de vista psicológico. Con ello se inaugura una nueva perspectiva, la contemplación del yo como sujeto y como objeto, la biografía de lo íntimo y de lo exterior. El observador se observa a sí mismo, el que siente indaga en sus sentimientos: no sólo la vida mundana, sino también la psíquica, ha entrado gráficamente en el ángulo visual. Por último, con Tolstói esa introspección espiritual alcanza su apogeo, en la medida en que se convierte simultáneamente en una representación ético-religiosa. No sólo un observador muy sagaz describe su vida y un psicólogo muy agudo analiza los reflejos aislados del sentimiento, sino que además surge un nuevo elemento de la introspección: el ojo implacable de la conciencia, que examina la verdad de cada palabra, la pureza de cada convicción y la intensidad de cada sentimiento. La representación del yo ha superado ya el estadio del autoexamen movido por la curiosidad y se ha transformado en un juicio moral sobre uno mismo. Al realizar su autorretrato el escritor ya no se preocupa únicamente por el tipo y la forma de sus manifestaciones humanas, sino también por el sentido y el valor de las mismas.

Esta suerte de artistas que realizan su autorretrato pueden expresarse en todas las formas del arte literario, pero sólo hay una en la que alcanzan su plena dimensión: la autobiografía, la abarcadora epopeya de su yo. Todos ellos aspiran sin saberlo a eso, pero pocos lo logran. De todos los géneros, la autobiografía se revela como el que menos éxitos proporciona, ya que es el más peligroso. Pocos se atreven con ella (en el vasto paisaje de la literatura universal, apenas existe una docena de obras de este tipo que sean esenciales para el espíritu), y pocos se entregan a la observación psicológica, ya que ésta tiene que abandonar inevitablemente las regiones puramente literarias para descender a las profundidades del laberinto del conocimiento del alma. Obviamente, no podemos permitirnos, en el limitado marco de un prefacio, examinar de un modo siquiera aproximativo las posibilidades y los límites de la autobiografía. Sirvan estas palabras tan sólo para introducir el tema mediante unas pocas observaciones preliminares.

Visto de un modo ingenuo, la autobiografía podría parecer la tarea más espontánea y fácil para cualquier escritor, pues ¿qué vida conoce mejor que la suya? Está al corriente de todos los acontecimientos de esa existencia, de los mayores secretos, tiene a la vista lo más oculto de su intimidad. De modo que para relatar «la» verdad de su pasado y su presente no necesita más esfuerzo que refrescar la memoria e ir anotando los datos de su vida, un acto, por lo demás, tan poco arduo como levantar el telón de una escena ya compuesta, derribando la cuarta pared que se interpone entre nosotros y el mundo. Es más, del mismo modo que se podría decir que la fotografía no requiere un gran talento pictórico, pues consiste en captar de un modo poco imaginativo y mecánico una realidad ya dispuesta, se diría que para la descripción de uno mismo no hace falta ser artista, sino tan sólo un amanuense escrupuloso. Podría creerse que en principio cualquier persona estará en condiciones de convertirse en su propio biógrafo y dar forma literaria a sus penas y alegrías.

Sin embargo, la historia nos enseña que el autor común

y corriente de una autobiografía sólo logra ofrecer el testimonio de los acontecimientos que el mero azar le ha permitido vivir. En cambio, la exteriorización de la imagen psicológica precisa a escritores experimentados, perspicaces, e incluso entre ellos son pocos los dotados para tal peligrosa tarea suprema. Y es que ningún camino se revela tan intransitable en la oscuridad de los vagos y dudosos recuerdos como el descenso de un hombre desde la superficie soleada de su ser hasta las sombras de sus abismos, desde el propio presente hasta un pasado ya cubierto por la maleza. Cuánta osadía tiene que acopiar ese hombre para bajar a tientas hasta sus propios abismos, atravesando el estrecho y resbaladizo pasadizo situado entre el autoengaño y la arbitrariedad de la desmemoria, para llegar a esa soledad última consigo mismo, allí donde, como en el encuentro de Fausto con las Madres, las imágenes de la propia vida se ciernen, «inmóviles y sin vida», sólo como símbolos de la vida real que fue, la de otro tiempo. Cuánta paciencia heroica y sangre fría necesitará antes de tener derecho a pronunciar esas nobles palabras: «*Vidi cor meum*» ('¡He visto mi propio corazón!'). ¡Y cuán arduo será luego el retorno desde lo más profundo de esa intimidad, volver a ascender al enojoso mundo de la creación, pasando de la introspección al autorretrato! Nada revela con mayor claridad la dificultad inconmensurable de esa empresa como la poca frecuencia con la que se consigue: con los dedos de las manos podrían contarse los escritores que han conseguido hacer un autorretrato psicológico logrado. Y aun entre esas obras maestras, ¡cuántas lagunas y omisiones, cuánto artificio y cuántos parches! En el arte, precisamente lo que está al alcance de la mano es siempre lo más difícil de atrapar, y lo que parece más fácil es la labor más ardua: para el biógrafo no hay personaje—de su tiempo o del pasado—más difícil de retratar con precisión que él mismo.

Pero ¿qué es lo que nos empuja, de generación en generación, a intentar una y otra vez llevar a cabo esta tarea tan absolutamente imposible? Sin duda un impulso elemental, algo que le ha sido dado únicamente al hombre: el deseo innato de inmortalidad. Situado en el fluir de la vida, ensombrecido por lo perecedero, destinado al cambio y a la transformación, y arrastrado por la incesante corriente del tiempo como una molécula entre miles de millones, el individuo intenta, de forma involuntaria (gracias a la intuición de la inmortalidad), preservar su huella, el haber estado ahí una vez y nunca más, con algún rastro duradero que lo trascienda. Dar testimonio del mundo y de uno mismo es, en el fondo, la misma función ancestral, el idéntico esfuerzo de dejar por lo menos una muesca fugaz en el árbol de la humanidad, que sigue creciendo de forma incesante. La autobiografía es pues la forma más intensa del deseo de perpetuarse, cuyos primeros intentos prescinden de la forma artística del retrato o del auxilio de la escritura: bloques de piedra apilados sobre una tumba, pesadas lápidas que celebran hazañas ya olvidadas, cortezas de árboles talladas… En ese lenguaje lapidario nos hablan las primeras tentativas de trascender el silencio de los milenios. Hace mucho tiempo que dichas hazañas se han vuelto insondables; incomprensible es el lenguaje de cualquier generación perdida en el polvo, pero es evidente que son expresiones de un instinto que ha empujado a civilizaciones cuyas lenguas ya no comprendemos a representarse, a preservarse y legar a las futuras generaciones una huella de sus vidas. Esa voluntad sorda e inconsciente de perpetuarse es la razón de fondo y el origen de toda autobiografía.

Sólo más tarde, cientos y miles de años después, en una humanidad consciente y más sabia, un deseo adicional se encadenará a este primero, la necesidad individual de descubrir el propio yo, de examinarse para conocerse: la introspección. Cuando un hombre «se convierte en pregunta para sí mismo», como dice de un modo maravilloso san Agustín, cuando busca una respuesta apropiada sólo para él, desplegará ante sus ojos, como un mapa, el camino recorrido en su vida a fin de reconocerlo con mayor claridad y amplitud. No querrá explicarse ante los demás, sino, en primer lugar, ante sí mismo. Es entonces cuando comienza esa bifurcación (reconocible todavía hoy en cualquier autobiografía) entre la descripción de la vida o la descripción de las impresiones, entre el cuadro pintado para los otros o para uno mismo, entre la autobiografía objetiva, el relato de los hechos, y la autobiografía subjetiva e íntima, entre la confidencia o el soliloquio. El primer género aspira a la publicidad, y la confesión es su fórmula por antonomasia, pública o literaria; el otro, por su parte, tiende al monólogo y casi siempre se satisface con la forma del diario. Sólo naturalezas verdaderamente complejas como las de Goethe, Stendhal o Tolstói han intentado una síntesis perfecta e inmortalizarse en ambas formas.

Sin embargo, la introspección es aún un paso preliminar e inofensivo: es fácil que una verdad lo siga siendo siempre y cuando sepa escucharse a sí misma. El verdadero suplicio del artista empieza con la comunicación, es entonces cuando la sinceridad exige heroísmo al autobiógrafo. Porque existe en todo hombre un instinto tan primitivo como el impulso que nos empuja a comunicar a los demás lo más personal de nosotros: la elemental voluntad de protegernos, de ocultarnos, que se expresa mediante el pudor. Del mismo modo que el deseo carnal incita a la mujer a entregarse pero otro deseo que emana de su aguda sensibilidad la empuja a resistirse, el deseo de confesarnos al mundo lucha en nuestro intelecto con la discreción moral que nos recomienda ocultar nuestra intimidad. Ésa es la razón por la que incluso el más vanidoso (y sobre todo él), al no verse tan bello, tan perfecto como quisiera parecer a los demás, desea que sus más íntimas imperfecciones y mezquindades mueran con él, al mismo tiempo que anhela que su imagen perviva entre los hombres. El pudor es pues el adversario de cualquier verdadera autobiografía, ya que ésta procura llevarnos, mediante sus lisonjas, a no mostrarnos en absoluto tal como somos, sino como desearíamos ser. Con toda suerte de ardides e hipocresías, conducirá al artista sinceramente dispuesto a ser franco consigo mismo a ocultar su intimidad y sus rasgos menos agradables, a enmascarar lo más profundo de su ser. Guiará a la mano con que el artista sujeta el pincel para que excluya inconscientemente ciertos detalles que afean el retrato (los más importantes desde el punto de vista psicológico) o para que los embellezca tramposamente, idealizando ciertos rasgos característicos mediante hábiles claroscuros. Quien tiene la debilidad de ceder a estas adulaciones sólo logra realizar su alegato o su panegírico, pero jamás su autorretrato. Pues cualquier autobiografía sincera exige, en lugar de la mera y despreocupada narración, estar siempre alerta ante la irrupción de la vanidad, una implacable estrategia defensiva frente a la incontenible tendencia humana a adoptar siempre una pose favorecedora ante al mundo. Es precisamente en este aspecto donde la honestidad del artista requiere un singular coraje, increíblemente insólito, precisamente porque la verdad sólo puede ser controlada por el yo, a un tiempo testigo y juez, acusador y defensor.

Para esta lucha inevitable contra el autoengaño no existe ninguna armadura ni coraza perfectas. Del mismo modo que en la industria armamentística el descubrimiento de un proyectil cada vez más letal va seguido del de una coraza más impenetrable, la mentira aprende a medida que se desarrolla el conocimiento del corazón. Si un hombre le cierra resueltamente todas las puertas a la mentira, ésta sabrá hacerse escurridiza como una serpiente para colarse por cualquier resquicio; si estudia sus ardides y trampas para sortearla mejor, la mentira aprenderá nuevas artimañas y defensas, cada vez más ingeniosas, y como una pantera se ocultará pérfidamente en la oscuridad para saltar a traición al menor descuido: la sutileza del arte de mentir se desarrolla mejor cuanto mayores son la inteligencia y el conocimiento de los matices psicológicos.

Cuando un individuo manipula de modo burdo y grosero la verdad, sus mentiras también son burdas y groseras, y resulta fácil reconocerlas. Pero cuando se trata de un hombre de sutil intelecto, las mentiras se vuelven más refinadas y sólo las advierte el psicólogo, ya que adquieren las formas más confusas y retorcidas del engaño, cuya máscara más peligrosa es la aparente sinceridad. Del mismo modo que las serpientes prefieren refugiarse a la sombra de las rocas y las piedras, las mentiras anidan a la sombra de grandes confesiones patéticas y aparentemente heroicas. Desconfiemos siempre, en las memorias, de esos pasajes en los que el narrador se desnuda y se critica de la manera más audaz y sorprendente: esas confesiones descarnadas pueden estar destinadas precisamente a ocultar un secreto más inconfesable. Toda confesión encierra una exageración que casi siempre es el indicio de una debilidad secreta. Y es que, por uno de los mayores misterios del pudor, el individuo exhibirá su lado más espeluznante y repulsivo con tal de no revelar el menor rasgo susceptible de ponerle en ridículo. El temor a la sonrisa irónica ha sido siempre, en todas partes, lo más contraproducente y corrosivo para cualquier autobiografía. Hasta un hombre como Jean-Jacques Rousseau, que tan sinceramente amaba la verdad, ventiló con sospechosa exageración todas sus aberraciones sexuales y confesó arrepentido que él, autor del célebre tratado sobre la educación *Emilio*, abandonó a sus hijos en un orfanato; sólo que, en realidad, esa confesión aparentemente heroica no hace más que ocultar otra verdad más humana, pero también más penosa para él: que probablemente jamás tuvo hijos porque era incapaz de engendrarlos. Por su parte, Tolstói prefiere acusarse de libertino, criminal, ladrón o adúltero, que admitir al menos una vez la mezquinad de haber ignorado toda su vida a Dostoievski, su gran rival, de un modo poco magnánimo. Ocultarse tras una confesión, callar algo precisamente por medio de una revelación, es el ardid más hábil y engañoso de la mala fe en las memorias. Gottfried Keller ironizó en una ocasión con crudeza sobre el género autobiográfico, precisamente a causa de esas maniobras de distracción:

> Tal autor admite haber cometido los siete pecados capitales, pero oculta que sólo tenía cuatro dedos en la mano izquierda; el otro enumera y describe todas las pecas y lunares de su espalda, pero calla celosamente que un falso testimonio le oprime la conciencia. Cuando los comparo a unos con otros y contrasto su sinceridad, que ellos consideran indudable, me pregunto si existe o puede existir algún hombre sincero.

Exigir de un hombre la verdad absoluta en su autobiografía sería en efecto tan absurdo como buscar justicia, libertad o perfección absolutas en este mundo terrenal. La más firme resolución, el deseo más ardiente de mantenerse fiel a los hechos, es imposible de antemano, indudablemente, porque no poseemos un órgano que nos permita reconocer la verdad con certeza absoluta, porque antes incluso de empezar el relato de nuestra propia vida el recuerdo deforma las imágenes reales de los acontecimientos. Nuestra memoria no es en ningún modo un registro burocrático bien ordenado donde se documentan, en letra legible, con fiabilidad e irrevocabilidad histórica, expediente por expediente, todos los hechos de nuestra vida.

Lo que llamamos memoria está inscrito en el flujo de nuestra sangre y sumergido en sus oleadas, es un órgano vivo que está sujeto a todo tipo de cambios y transformaciones, no una nevera, un aparato de conservación infalible, en el que cada sentimiento vivido antaño preserva su esencia natural, su fragancia original o su forma primitiva. En ese medio fluido y fugitivo que nos empeñamos en atrapar con una palabra como *memoria* los acontecimientos chocan entre sí como guijarros en el lecho de un torrente, desgastándose por el roce mutuo hasta quedar irreconocibles. Esos guijarros se ordenan, se adecúan y adoptan, gracias a un misterioso don de imitación, la forma y el color de nuestros deseos. Nada, o casi nada, permanece intacto en ese elemento transformador, toda impresión reciente ensombrece la anterior, cualquier nuevo recuerdo desmiente el original hasta dejarlo irreconocible y, a menudo, transformarlo en lo contrario.

Fue Stendhal el primero en admitir esa deslealtad de la memoria, la propia incapacidad para mantener una fidelidad histórica absoluta, y podemos tomar como un ejemplo clásico de ello su confesión de que no podía diferenciar si la imagen que guardaba en su interior y que le recordaba el paso del Gran San Bernardo era realmente el recuerdo de una situación vivida o el de un grabado en cobre sobre el acontecimiento visto años después. También Marcel Proust, su heredero espiritual, nos ofrece un ejemplo aún más contundente de esa capacidad transformadora de la memoria cuando nos cuenta cómo, en su juventud, vio a la actriz Berma en uno de sus papeles más célebres. Antes de haberla visto, se había creado una imagen mental gracias a su imaginación, y esa impresión previa se disuelve completamente al fundirse con la impresión sensorial inmediata; una impresión que queda enturbiada, a su vez, por la opinión del vecino, y que, al día siguiente, vuelve a borrarse y a sufrir una nueva transformación gracias a la crítica aparecida en el periódico. Años después, cuando ve a la misma actriz interpretando el mismo papel, cuando tanto él como ella ya han cambiado a causa del tiempo, su memoria es incapaz de fijar cuál fue la primera y «verdadera» impresión. Este episodio en la vida de Proust puede considerarse como el símbolo de la escasa fiabilidad de cualquier recuerdo: la memoria, esa pauta en apariencia estable para medir la verdad, es enemiga de la verdad, pues antes de que un hombre haya podido empezar a describir su vida, ya hay en él un órgano activo que crea en vez de recrear. Ese órgano es la memoria, que se ejercita, sin que se lo pidan, en todas las funciones poéticas: la selección de lo esencial, la distribución de las luces y las sombras, y la agrupación orgánica. Gracias a ese poder creativo de la memoria, todo autor de una autobiografía es, involuntariamente, un poeta de su vida, algo que sabía muy bien el hombre más sabio de nuestro tiempo, Goethe, de ahí que el título de su autobiografía—que renuncia heroicamente a ser verdadera—, *Poesía y verdad*, sea válido para cualquier confesión.

Como nadie puede enunciar «la» verdad absoluta sobre su propia existencia, como todo el que quiere describirse a sí mismo tiene que convertirse forzosamente, hasta cierto punto, en poeta de su propia vida, el esfuerzo de ser veraz será el grado más alto de sinceridad que podrá exigírsele a cualquiera que se confiese. No cabe duda de que la «pseudoconfesión», como la denominaba Goethe, la confesión *sub rosa*, envuelta en el velo transparente de la novela o del poema, es a menudo más impresionante desde el punto de vista artístico que un retrato a cara descubierta. Pero precisamente porque no sólo pedimos al escritor la verdad, sino la verdad desnuda, la autobiografía representa un acto heroico por su parte. En efecto, jamás el retrato moral de un individuo es tan revelador como cuando es un autorretrato. Sólo el artista experimentado, que conoce el alma humana, puede conseguirlo, por ello el retrato psicológico apareció tardíamente en las artes: pertenece únicamente a nuestro tiempo y al porvenir. Antes de volver la mirada hacia su mundo interior el hombre debía descubrir primero los continentes, surcar los océanos y aprender las diversas lenguas. La Antigüedad clásica ignoraba todavía los misteriosos rumbos del mundo interior: los autores de memorias de la época, César y Plutarco, sólo saben yuxtaponer datos y sucesos concretos, pero no piensan ni por un instante en adentrarse en su interioridad. Antes de estar en condiciones de escuchar su alma, el hombre tiene que cobrar plena conciencia de su presencia, y ese descubrimiento comienza de verdad con el cristianismo: las *Confesiones* de san Agustín inauguran la mirada interior, pero la mirada del gran obispo, a la hora de confesarse, no está tan dirigida a sí mismo como a la colectividad a la que intenta convertir y aleccionar mediante el ejemplo de su propia transformación. Su tratado funcionará como una confesión pública, como una expiación ejemplar, destinada a un fin concreto, es decir, teleológica, no dirigida a su propio yo como respuesta y sentido. Tendrán que pasar todavía varios siglos para que Rousseau, ese notable pionero que derribó todas las barreras, creara una autobiografía para su propio deleite, atónito y asustado ante la novedad de su empresa: «Emprendo una tarea sin ejemplo y que no tendrá seguramente imitadores. Quiero mostrar a mis semejantes un hombre con toda la verdad de la naturaleza, y este hombre seré yo».[1] Sin embargo, con la credulidad de cualquier principiante, se equivoca al creer que el «yo» es una unidad indivisible, conmensurable, y que la «verdad» es tangible y palpa-

[1] Jean-Jacques Rousseau, *Confesiones*, trad. Lorenzo Oliveras, Barcelona, Planeta, 1993, p. 5.

ble. Cree todavía, ingenuamente, que: «Cuando quiera que suene la trompeta del juicio, yo, con este libro en las manos, me presentaré al supremo juez y le diré resueltamente: "He aquí lo que hice, lo que pensé, lo que fui"».[1] En la actualidad, nuestra generación ya no tiene ese feliz candor de Rousseau, posee un conocimiento más completo y osado de la complejidad y la misteriosa profundidad del alma: deseosa de conocerse a fondo, se esfuerza, mediante disecciones cada vez más sutiles y análisis cada vez más audaces, en desentrañar sus sentimientos e ideas. Stendhal, Hebbel, Kierkegaard, Tolstói, Amiel, el valiente Hans Jäger, todos ellos descubren regiones insospechadas de la autognosis al realizar sus autobiografías, con lo cual proporcionan a sus sucesores un instrumento cada vez más sofisticado, la psicología, que les permite seguir explorando, región tras región, estrato tras estrato, el infinito de nuestro nuevo universo: las profundidades del hombre.

Que les quede claro a todos los que proclaman una y otra vez la decadencia del arte en un mundo tecnificado y realista: el arte no muere nunca, tan sólo se transforma. Las concepciones míticas de la humanidad debían desaparecer inevitablemente: la imaginación más poderosa siempre es la del niño, y asimismo es en la aurora de los tiempos cuando los pueblos inventan el mito y el símbolo. Hoy la autoridad clara y distinta del saber compensa el poder desfalleciente de la ensoñación, asistimos a una fecunda objetivación en la novela contemporánea, que ya no es una fabulación libre y osada, pero donde comienza a afirmarse nítidamente una ciencia exacta del alma. En tal unión de poesía y ciencia, el arte no queda en ningún modo sofocado, sólo se renueva un remoto lazo fraternal, ya que en los comienzos de la ciencia, en la época de Hesíodo y de Heráclito, ésta era aún

[1] *Id.*

poesía, palabra de oscuros ecos, una hipótesis alada. Ahora, tras varios miles de años de separación, se unen de nuevo el afán de conocimiento y la imaginación, y en lugar de describir mundos fabulosos, la poesía describe más bien la magia de nuestra humanidad. Ya no puede sacar sus fuerzas de los arcanos del planeta, pues ya han sido descubiertos todos los trópicos y todas las zonas árticas, ya se han estudiado todos los animales y maravillas de la fauna y la flora, incluidas las profundidades marinas. En nuestro planeta, donde todo se ha medido y clasificado, el mito ya no tiene a qué aferrarse, como no sea a las estrellas; de modo que la sed insaciable de conocimiento se volverá cada vez más hacia el mundo interior, hacia su propio misterio. El *internum æternum*, la infinitud interior, el universo psíquico, abre al arte esferas todavía inagotables: tratar de conocerse, de conocer la propia alma, será en el futuro la tarea a la que, pese a que sea irresoluble, nuestra humanidad, cada vez más sabia, dará soluciones siempre más audaces.

Salzburgo, Pascua de 1928

CASANOVA

I

UN HOMBRE LIBRE

> Casanova me dijo que era un hombre libre, un ciudadano del mundo.
>
> MURALT, carta a Albrecht von Haller del 21 de junio de 1760

En la literatura universal, Casanova figura como un caso excepcional, fortuito y único, y ello se debe sobre todo a que ese famoso charlatán ha entrado de un modo tan ilegítimo en el panteón del espíritu creador como Poncio Pilatos en el *Credo*. Porque el abolengo poético de Casanova no es menos dudoso que el título de caballero de Seingalt que se inventó para sí mismo con absoluto descaro; y porque sus pocos versos, improvisados con prisa en honor de alguna damisela en el trayecto entre la cama y la mesa de juego, huelen a almizcle y a engrudo académico, y cuando el bueno de Giacomo empieza a filosofar, haríamos bien en apretar las mandíbulas para evitar el bostezo. Casanova forma tan poco parte de la aristocracia poética como del Almanaque de Gotha,[1] y también por su clase se revela como un parásito, un intruso sin derecho ni rango. Sin embargo, con la misma audacia que demostró durante toda su vida para llegar, pese a ser el hijo de un mísero actor, a convertirse en sacerdote expulsado del clero, soldado degradado y tahúr tristemente célebre según la descripción que la policía de

[1] Gotha, pequeña localidad de Turingia, da nombre también a la editorial que publicaba el registro más completo de su época sobre las familias y dinastías aristocráticas de Europa.

París hizo de él, y a codearse a lo largo de su vida con emperadores y reyes, para terminar muriendo en brazos del último aristócrata, el príncipe de Ligne, con la misma audacia, como decíamos, su sombra se pasea entre los mortales, aunque no sea más que como un pequeño hombre de ingenio, *unus ex multis*, ceniza en el viento disperso de los tiempos.

Hay, sin embargo, un dato curioso. Han sido sus célebres compatriotas y sublimes poetas de la Arcadia (el «divino» Metastasio, el noble Parini y *tutti quanti*), y no él, los que se han convertido en desechos de bibliotecas o en pábulo para filólogos, mientras su nombre, pronunciado siempre con una respetuosa sonrisa, sigue estando presente en boca de todos. Por si fuera poco, y con toda probabilidad, su *Ilíada* erótica perdurará todavía muchísimo tiempo y encontrará lectores fervientes cuando la *Jerusalén liberada* o el *Pastor fido* no sean más que decorosas antigüedades históricas que nadie lee y acumulan polvo en las estanterías de libros. Este experto jugador ha ganado con un golpe de suerte a todos los poetas de Italia desde Dante y Boccaccio.

Y, lo que resulta todavía más descabellado, para obtener este inmenso beneficio Casanova no arriesga absolutamente nada, sólo se limita a timar a la inmortalidad. Jamás este tahúr se hace cargo de la inmensa responsabilidad del artista verdadero. No sabe nada de noches en vela, ni de los esforzados días sumido en la monótona y esclava labor de pulir el lenguaje hasta que por fin el sentido puro irradia su luz a través de la lente de las palabras y forma un arco iris; nada sabe tampoco de la múltiple e invisible labor del poeta, poco recompensada o a menudo sólo reconocida en la vejez, ni de su heroica renuncia al calor y a la plenitud de la existencia. Él, Casanova—¡bien lo sabe Dios!—, es un experto en hacerse la vida más fácil, y jamás sacrifica a la severa diosa de la inmortalidad ni un ápice de su alegría, ni una gota de sus deleites, ni una sola hora de sueño, ni un minuto de placer. Ni un solo día de su vida mueve un dedo para labrarse la gloria, pese a lo cual la amasa en grandes cantidades, como el afortunado mortal que es. Mientras siente que le queda un doblón de oro en el bolsillo o una gota de aceite en la lámpara, no piensa seriamente en mancharse los dedos de tinta. Sólo cuando lo echan de todas partes, cuando las mujeres se burlan de él y vive en soledad, pobre e impotente, sólo entonces el anciano maltrecho y gruñón se refugia en el trabajo como sucedáneo de las vivencias, y sólo por desgana, por aburrimiento, corroído por la cólera como un perro desdentado por la sarna, se dispone a contar su propia vida, entre gruñidos y quejas, a un acabado y septuagenario Casaneus-Casanova.

Se cuenta a sí mismo su vida, ésa es toda su obra literaria, pero, a decir verdad, ¡qué vida la suya! Cinco novelas, veinte comedias, un sinnúmero de novelas cortas y episodios, un montón de situaciones y anécdotas encantadoras, todo eso encerrado en una sola existencia pletórica y desbordante. Aparece entonces una vida en sí misma plena y rica como una obra de arte perfecta que no ha contado con el auxilio ordenador del artista. Ello revela del modo más convincente el desconcertante misterio de su fama, porque no es la manera de describir y relatar su vida la que revela a Casanova como un genio, sino la forma en que la ha vivido. Lo que otros tienen que inventar, él lo experimenta mientras respira; lo que otros crean con su intelecto, él lo hace con su cuerpo voluptuoso. Es por eso que en sus textos la pluma y la imaginación no necesitan adornar *a posteriori* la realidad con sus trazos: basta con que señalen algún aspecto concreto en una existencia cuya forma es por sí misma esencialmente dramática. Ningún poeta de su tiempo fue capaz de inventar tantas variaciones y situaciones como las que Casanova vivió, y mucho menos existe ninguna otra vida real que describa meandros tan pronunciados a lo largo de todo un siglo.

Si intentáramos comparar su biografía, en lo que a vivencias se refiere (no en lo que toca a la sustancia espiritual ni a la profundidad del conocimiento), con la de Goethe, por ejemplo, o la de Jean-Jacques Rousseau y otros contemporáneos, veríamos cuán pobres parecen estas últimas en diversidad, cuán restringidas o provincianas en la esfera social resultan esas biografías conscientes y dominadas por la voluntad creadora frente a ese otro relato tumultuoso y elemental del aventurero, que una y otra vez cambia de país y ciudad, así como de clase social, oficio, universo y mujer, como quien cambia de ropa; los primeros parecen unos diletantes en cuestiones de goce, del mismo modo que éste nos parecía un diletante desde el punto de vista literario. Porque es ésa, y no otra, la eterna tragedia del hombre de espíritu: que él, justamente él, llamado a conocer y a añorar toda la plenitud y la voluptuosidad de la existencia, permanece atado, sin embargo, a su misión, esclavo de su oficio, prisionero de deberes que él mismo se ha impuesto, encadenado al orden y a la tierra. Cualquier artista verdadero vive la mayor parte de su existencia en soledad y dividido entre su yo y su obra; el hombre no creativo, en cambio, puede vivir entregado del todo a la realidad inmediata, de forma libre y disipada, puede ser el sibarita que vive la vida por el mero hecho de vivirla. Quien se plantea determinados objetivos que alcanzar se pierde las grandes aventuras: las más de las veces el artista tan sólo describe lo que no se permitió vivir.

El sibarita libertino, el tipo opuesto al artista, carece casi siempre de la fuerza para dar forma a las múltiples vivencias, se pierde en el instante, y con ello ese instante se pierde también para los demás, mientras que el artista verdadero sabe eternizar lo poco que ha vivido. En ese sentido, se encuentran en extremos opuestos, en lugar de complementarse de una manera fructífera: a uno le falta el vino; al otro, la copa. Una paradoja insoluble: los hombres de acción, los sibaritas tendrían muchas más vivencias que contar que todos los poetas juntos, pero no están en condiciones de hacerlo; los creadores, por su parte, tienen que hacer poesía porque en pocas ocasiones han vivido acontecimientos suficientes que merezcan ser narrados. Sólo en muy contados casos tienen los poetas una biografía, y muy pocas veces, a su vez, tienen los hombres con auténticas biografías el talento para escribirlas.

Ése es, de hecho, el magnífico y casi único «éxito» que representa Casanova: por fin un apasionado sibarita, el típico devorador de instantes, narra su vida desmesurada y lo hace sin tapujos morales, sin dulcificaciones poéticas, sin atavíos filosóficos, sino de una manera absolutamente concreta, tal como fue: apasionada, arriesgada, licenciosa, desconsiderada, divertida, vulgar, indecente, atrevida y desordenada, pero siempre interesante e imprevista; y la narra, además, no por ambición literaria ni por jactancia, ni siquiera por remordimiento penitente o por un furor confesional que lo habría empujado al exhibicionismo, sino alegre y despreocupadamente, como un veterano sentado a la mesa de una taberna que revela a oyentes desprejuiciados, sin soltar la pipa de la boca, algunas de sus picantes y a veces arriesgadas aventuras.

En su caso, no se trata de un fantasioso ni de un esforzado hombre de ingenio haciendo poesía; aquí la que habla es la maestra de todos los poetas, la vida misma, mientras que él, Casanova, sólo tiene que satisfacer la más modesta de las exigencias del artista: hacer creíble lo increíble. Para lograrlo bastan su arte y su vigor, incluso pese a su barroco francés. Sin embargo, ni en sueños pudo imaginar este anciano gruñón y decrépito, aquejado de gota, en su sinecura de Dux, que sobre esas memorias se inclinarían alguna vez filólogos e historiadores de blancas barbas para estudiarlas como un valiosísimo palimpsesto del siglo XVIII; y por mucho que al bueno de Giacomo le agrade contemplarse en el espejo, consideraría una burda broma de su tristemente célebre enemigo en Dux, el mayordomo Feltkirchner, si le hubieran dicho que ciento veinte años después de su muerte se fundaría una Société Casanovienne, cuyo único propósito sería verificar cada papelito escrito por su mano, cada fecha, para seguir el rastro de los nombres garabateados de cualquiera de esas damas cuya honra él comprometió de un modo tan agradable.

Consideremos pues una suerte el hecho de que ese hombre vanidoso no tuviera noción de su gloria, pues gracias a ello se mostró bastante parco en exhibiciones de *ethos*, de *pathos* o de psicología: la falta de intenciones le permitió alcanzar esa sinceridad despreocupada y—por ello mismo—elemental. Negligente como siempre, el viejo tahúr se sienta a su mesa de Dux como si se aproximase a la última mesa de juego de su vida, para lanzar al destino, en un último golpe de suerte, sus propias memorias: luego se levanta y, antes de que pueda comprobar el efecto causado, la muerte se lo lleva. Y es maravilloso ver cómo es justamente este último lance el que le otorga la inmortalidad. Porque es así, Casanova el anciano *commediante in fortuna*, el insuperable intérprete de su suerte, ganó su juego de un modo inmejorable, y contra ello el *pathos* o cualquier protesta son vanos. Es posible despreciar a nuestro estimado amigo por su escasa moral y su poca seriedad en las costumbres, se le puede refutar como historiador y desautorizar como artista, pero hay una sola cosa que no puede hacerse: matarlo de nuevo, porque, pese a todos los poetas y pensadores, desde entonces el mundo no ha inventado ninguna novela más romántica que su vida, ningún personaje más fantástico y vívido que él.

II

RETRATO DEL JOVEN CASANOVA

> ¿Sabe una cosa? Es usted un hombre muy bello.
>
> FEDERICO EL GRANDE, en 1764, en el parque del palacio de Sanssouci, deteniéndose de repente y contemplando a Casanova.

Teatro en una pequeña ciudad residencia real: la cantante ha concluido un aria haciendo gala de una audaz coloratura, y los aplausos caen como el granizo estruendoso. Acto seguido, mientras empieza el lento recitativo, la atención general se relaja. Los petimetres visitan los palcos, las damas examinan todo con sus impertinentes, comen con cucharilla de plata los sublimes *gelati* y los sorbetes de color naranja, y mientras tanto en el escenario, bastante inútilmente, Arlequín hace sus *lazzi* girando vertiginosamente alrededor de una Colombina que hace piruetas. Entonces, de repente, todas las miradas se vuelven hacia un extraño, un hombre desconocido para todos que recorre el pasadizo del patio de butacas con paso descarado y negligente al mismo tiempo y la legítima desenvoltura de un hombre distinguido. Su rica indumentaria realza su hercúlea figura, lleva un traje de terciopelo color ceniza que se entreabre y deja ver un chaleco de brocado con ricos encajes; la pasamanería dorada resalta las líneas oscuras de su lujoso atuendo, desde los adornos del cuello de la pechera de Bruselas hasta las medias de seda. El distinguido forastero lleva en la mano, con descuido, un sombrero de gala con pluma blanca y deja tras de sí una tenue y dulce estela de perfume de rosas o de alguna pomada de moda. Finalmente se apoya con gesto negligente sobre el antepecho de la primera fila mientras posa altaneramente la mano llena de sortijas sobre la empuñadura cubierta de pedrería de la espada forjada con el mejor acero inglés. Como si no se percatara de la expectación general, levanta su monóculo de oro para examinar los palcos con fingida indiferencia. Desde todos los asientos y bancos se alza un murmullo: ¿será un príncipe, un rico extranjero? Las cabezas se acercan y el respetuoso cuchicheo se centra entonces en la orden orlada de diamantes que cuelga sobre el pecho en una banda carmesí (una banda que él ha cubierto enteramente de brillantes para que nadie pueda reconocer la infame orden papal de la Espuela de Oro, más barata que un puñado de zarzamoras). Los cantantes sobre el escenario perciben de inmediato que la atención ha menguado; los recitativos fluyen de un modo más laxo, y desde los bastidores, por encima de los violines y las violas, las bailarinas se han inclinado y espían a ver si es algún duque en busca de una noche voluptuosa.

Pero antes de que el centenar de personas presentes en la sala puedan resolver la charada del forastero, el enigma de su origen, ya las mujeres en los palcos han notado, casi con turbación, otra cosa: ¡lo hermoso que es ese desconocido! De imponente estatura, ancha espalda, manos grandes y fuertes como garras; no hay ni un solo rasgo afeminado en ese cuerpo viril y fornido. Allí está, de pie, con la cabeza un poco inclinada, como un toro antes de la embestida. Visto de perfil, su faz remeda el relieve de una moneda romana, tan afilada y metálica resalta cada línea individual en el cobre de esa oscura cabeza. De su frente, que provocaría la envidia de cualquier poeta, cae en hermosa cascada su cabello castaño, delicadamente rizado; como un gancho atrevido y osado, sobresale la nariz, y bajo el recio mentón se ve una nuez abultada, el doble de grande que lo normal (lo que, según la creencia de las damas, es la más segura garantía de una virilidad enérgica). Cada rasgo de ese rostro expresa inequívocamente el ímpetu, la audacia y la resolución. Sólo los carnosos labios, muy rojos y sensuales, se curvan suaves y húmedos dejando entrever, como la pulpa de una granada, los blancos dientes como semillas. Poco a poco, el atractivo hombre vuelve su perfil hacia el oscuro escenario del teatro: bajo las cejas arqueadas y tupidas titilan sus negras pupilas en una mirada inquieta e impaciente, la mirada de un cazador ante su presa, presta a arrojarse como un águila sobre su víctima. Pero sus ojos todavía titilan, aún no llamean, mientras recorren los palcos y examinan, sin reparar en los hombres, como quien sopesa una mercancía en venta, la cálida y blanca carne desnuda que ocultan los oscuros nidos donde se refugian las mujeres. Las observa una a otra, seleccionando, con ojo de experto, al tiempo que se siente observado. Al hacerlo, los sensuales labios se abren un poco, y un amago de sonrisa surge en torno a la boca carnosa y meridional, dejando relucir por primera vez la ancha dentadura de tigre, blanca como la nieve. Todavía no dedica su sonrisa a ninguna mujer en concreto, todavía sonríe a todas, a esa esencia llamada mujer que se oculta, cálida y desnuda, bajo los vestidos. Pero en ese preciso momento descubre a una conocida en uno de los palcos: de inmediato la mirada se concentra, un brillo aterciopelado y centelleante recorre el ojo, que todavía escudriña con descaro; la mano izquierda abandona la empuñadura de la espada, la derecha agarra el pesado sombrero de plumas, y así da un paso, con una insinuante palabra de reconocimiento en los labios. Graciosamente, se inclina para besar la mano ofrecida y habla con la mayor cortesía; sin embargo, en la manera en que la cortejada se echa hacia atrás, en su turbación, se nota cómo penetra en ella el delicado y melodioso sonido de esa voz, pues la mujer se vuelve tímidamente y presenta el forastero a sus acompañantes:

«El caballero de Seingalt». Reverencias, ceremonias, cumplidos. Le ofrecen al huésped un sitio en el palco, pero él lo rechaza con modestia, y en ese ir y venir de cumplidos surge la conversación. Poco a poco, Casanova va subiendo el tono de voz, superando a los demás. A la manera de los actores, deja que las vocales canten suavemente y que las consonantes desplieguen su ritmo, y es cada vez más obvio que habla de un modo audible y ostentoso, porque sus palabras llegan hasta más allá del palco. Quiere que también los vecinos inclinados hacia delante escuchen su manera ingeniosa y fluida de hablar el francés y el italiano, su oportuna forma de citar a Horacio. Con gesto aparentemente fortuito, ha colocado la mano ensortijada de tal modo sobre el pretil del palco que pueden verse desde lejos sus lujosos puños de encaje y, sobre todo, el enorme solitario que brilla en uno de sus dedos. Entonces saca una petaca con diamantes incrustados y ofrece a los caballeros rapé mexicano: «Mi amigo, el embajador español, me lo envió ayer con su correo» (la frase se escucha en el palco vecino), y cuando uno de los hombres, cortésmente, admira la pedrería que adorna la petaca, él le responde, como quien no quiere la cosa, pero lo suficientemente alto para que pueda oírse en toda la sala: «Un presente de mi amigo, Su Alteza, el príncipe de Colonia». Parece hablar por hablar, pero en medio de su jactancia el fanfarrón echa de vez en cuando una rápida ojeada de ave rapaz a un lado y a otro a fin de comprobar el efecto de sus palabras. Sí, todos están pendientes de él, siente la curiosidad femenina centrada en su persona, se sabe observado, admirado, respetado, y eso lo vuelve cada vez más atrevido. Con gran habilidad se dirige hacia el palco vecino, donde se sienta la favorita del rey, que ha escuchado—lo sabe bien—complacida su acento parisino; entonces, con un gesto devoto, mientras habla de una hermosa mujer, suelta ante la favorita una galantería a la que la dama responde con una sonrisa. A sus conocidos no les queda más remedio que presentar al caballero tan distinguida dama. El juego está ganado. Mañana a mediodía comerá con las personas más distinguidas de la ciudad; por la noche propondrá en cualquier palacio jugar a una partida de faraón y desplumará a sus anfitriones; por la noche dormirá con una de esas mujeres deslumbrantes y todo será gracias a su descarada manera de presentarse, segura y enérgica, a su voluntad de triunfo y a la belleza varonil de su rostro moreno, al que se lo debe todo: la sonrisa de las mujeres y el solitario en el dedo, la cadena de oro del reloj, el crédito con los banqueros, la amistad de la aristocracia y algo aún más magnífico, la libertad en la infinita variedad de la vida.

Mientras tanto, la *prima donna* ya se dispone a empezar una nueva aria. Tras una profunda reverencia, invitado ya insistentemente por los caballeros a los que hechiza su conversación mundana, solicitada ya su presencia en el círculo de la favorita de su majestad, Casanova regresa a su sitio y se sienta, con la mano izquierda apoyada en la empuñadura y la hermosa cabeza morena inclinada hacia delante, para escuchar el canto con gesto de entendido. Detrás de él, de un palco a otro, se cuchichea la indiscreta pregunta, que recibe de boca en boca la misma respuesta: «El caballero de Seingalt». Nadie sabe mucho más acerca de él, se desconoce de dónde viene, qué hace o adónde va; sólo su nombre recorre, entre susurros y murmuraciones, la oscuridad de la sala ansiosa por saber, y llega, danzando, invisible, como una vibrante llama en los labios, hasta el escenario donde se encuentran las también expectantes coristas. De repente, sin embargo, una joven bailarina veneciana suelta una carcajada. «¿El caballero de Seingalt? ¡Menudo farsante! Ése es Casanova, el hijo de la Buranella, el pequeño abate, el mismo que le robó la virginidad a mi hermana hace cinco años, el bufón que entretenía al viejo Bragadin, un fanfarrón, un sinvergüenza y un aventurero». No obstante, la vivaracha joven no parece guardarle rencor por sus desmanes, pues le hace un guiño desde los bastidores, a modo de reconocimiento, llevándose coquetamente la punta del dedo a los labios. Él toma nota y recuerda: no hay de qué preocuparse, la joven no le va a estropear su juego con aquellos necios distinguidos y, seguramente, ¡hasta querrá dormir con él esa misma noche!

III
LOS AVENTUREROS

> ¿Sabe ella que tu única fortuna es la estupidez de los hombres?
>
> CASANOVA al tahúr Crove

Desde la guerra de los Siete Años hasta la Revolución francesa, durante apenas un cuarto de siglo, reina en Europa la calma. Las grandes dinastías como las de los Austrias, los Borbones o los Hohenzollern han estado guerreando entre ellas hasta el agotamiento. Los burgueses exhalan plácidamente, en silencio, el denso humo del tabaco, y los soldados empolvan sus coletas y limpian los fusiles que, entretanto, se han vuelto inservibles; los vapuleados países ya pueden, por fin, respirar un poco. Pero los príncipes se aburren sin la guerra. Esos principillos alemanes, italianos o de cualquier otra nación se mueren de aburrimiento en sus residencias liliputienses y echan de menos las diversiones. Resulta terriblemente aburrido para esos reyezuelos y duques de aparente grandeza pasar todo el tiempo en sus fríos, húmedos y recién construidos palacios de estilo rococó, a pesar de sus parques, sus fuentes, sus invernaderos de naranjos, a pesar de sus perreras, sus galerías, sus cotos de caza y sus cámaras de tesoros. Por puro hastío, se convierten en mecenas del arte y en amantes de las bellas artes; mantienen correspondencia con Voltaire o con Diderot; coleccionan piezas de porcelana china, monedas medievales, cuadros barrocos; encargan comedias francesas, bailarines y cantantes italianos, y sólo el señor de Weimar, con buen tino, consigue reunir en su corte a algunos alemanes ilustres entre los que figuran nombres como los de Schiller, Goethe o Herder.

Por lo demás, las partidas de caza de jabalí y las pantomimas acuáticas alternan con los divertimentos teatrales; y es que cada vez que el mundo se cansa, el juego, el teatro, la moda y el baile adquieren por fuerza una particular importancia. Por esa época, los príncipes, echando mano al dinero y a las acciones diplomáticas, competían en las pujas por obtener, uno tras otro, a los hombres más interesantes capaces de divertirlos, los mejores bailarines, músicos, cantantes, filósofos, alquimistas, expertos en la ceba de pollos capones y organistas. Vemos a distintos señores atraer con engaños a hombres como Gluck y Händel, Metastasio y Hasse, al igual que a cabalistas y cortesanas, a maestros de pirotecnia y cazadores de jabalí, a escritores de textos por encargo y maestros de ballet. Y aunque ya tienen a sus maestros de ceremonia, sus fiestas, sus teatros y salas de ópera, sus escenarios y sus ballets, les falta una cosa para poner en jaque al aburrimiento de la pequeña ciudad y otorgarle a la insalvable monotonía de las mismas sesenta caras aristócratas la apariencia de una sociedad real: las visitas distinguidas, los huéspedes interesantes, algunas pasas en la masa rancia del tedio provinciano, un poco de viento del gran mundo en el aire asfixiante de la residencia real, con su treintena de calles.

Apenas se sabe que una corte desea visitantes aparecen de inmediato los aventureros, ocultos tras centenares de máscaras y disfraces; nadie sabe de qué rincón o madriguera han salido. Pero lo cierto es que llegan de la noche a la mañana, con una carroza de viaje o algún carruaje inglés; llegan y alquilan, sin reparar en gastos, la habitación frontal más noble en la hostería más elegante. Llevan fantásticos uniformes de algún ejército indostaní o mongol y usan nombres pomposos que, en realidad, son como *strass*, esas piedras preciosas tan falsas como las hebillas de sus zapatos. Hablan todos los idiomas, dicen conocer a todos los príncipes y personas importantes, han servido, al parecer, en todos los ejércitos y han estudiado en todas las universidades. Traen los bolsillos repletos de proyectos, sus bocas prometen a lo grande, planean crear loterías o establecer impuestos adicionales, alianzas de Estado y empresas; ofrecen mujeres, condecoraciones y eunucos, y aunque no tienen ni diez monedas de oro en el bolsillo, les susurran a todos que conocen el secreto de la *auri tinctura*. Embaucan a los supersticiosos con horóscopos; a los crédulos, con proyectos; a los jugadores, con cartas marcadas, y a los ingenuos, con su distinción mundana. Todo ello envuelto en el rumoroso e invisible nimbo del exotismo y el misterio, de lo irreconocible y, por eso mismo, doblemente interesante. Refulgiendo de repente como fuegos fatuos y dotados de un peligroso atractivo, pasan por aquí y por allá, en una danza de engañosos fantasmas, haciendo que el aire inmóvil y asfixiante de las estancias se vuelva estimulante y embriagador.

Se los recibe en las cortes, ofrecen diversión puesto que no se les dispensa demasiado respeto, ni se les pregunta por la legitimidad de sus títulos, del mismo modo que a las mujeres no se les pregunta por las alianzas que adornan sus anulares ni a las chicas que las acompañan por su virginidad. Porque el que proporciona placer, el que, aunque sea por espacio de una hora, mitiga el aburrimiento—la enfermedad más horrible de cualquier príncipe—, es bienvenido sin muchas preguntas en esa atmósfera amoral y relajada por el influjo de una filosofía materialista. Se los tolera como a las prostitutas, al menos mientras sepan divertir y no roben de una manera demasiado descarada. A veces esa pandilla de artistas y tunantes (como Mozart, por ejemplo) recibe una solemne patada en el trasero; a veces pasan directamente del salón de baile a la cárcel, e, incluso, en ocasiones van a dar con sus cuerpos a las galeras, como le sucedió al director del teatro imperial Afflisio. Los más pícaros se adhieren con fuerza, como garrapatas, y se convierten en recaudadores de impuestos, en amantes de cortesanas o en posibles prometidos de una dama de la corte, e incluso en auténticos nobles o barones. Sin embargo, en la mayoría de los casos, hacen bien en no esperar a que el asado se queme, ya que toda su magia reside en la novedad y en el incógnito; cuando, jugando a las cartas, hacen trampas demasiado descaradamente, cuando meten las manos con desmesura en los bolsillos o se asientan durante mucho tiempo en una misma corte, puede llegar de repente otro que les levante el sayo y descubra el latrocinio o las marcas del proscrito. Del cadalso sólo puede salvarles un frecuente cambio de aires, por esa razón estos aventureros viajan incesantemente en carruaje por toda Europa, como viajantes de su oscuro oficio, como gitanos que deambulan de corte en corte. Durante todo el siglo XVIII un enorme carrusel de truhanes gira por toda Europa, llevando consigo a las mismas figuras de Madrid a San Petersburgo, de Ámsterdam hasta Presburgo, de París a Nápoles.

Uno podría creer que Casanova coincide por casualidad con los mismos canallas (Talvis, Afflisio, Schwerin o Saint-Germain) en todas las mesas de juego y en todas las cortes diminutas, pero los incesantes desplazamientos son para estos adeptos más una huida que un placer. Sólo están seguros por breves lapsos de tiempo, sólo actuando de común acuerdo pueden cubrirse entre sí, pues todos juntos conforman una familia, una masonería sin insignia: la orden de los aventureros. Cada vez que coinciden, se sostienen la escalera, en gesto de pillo a pillo, uno introduce al otro en la sociedad elegante y se legitima al reconocer a su compañero de juego; se intercambian las mujeres, los sayos, los nombres. Sólo conservan una cosa: el oficio. Todos ellos, todos los que hacen vida parasitaria alrededor de las cortes (actores, bailarines, músicos, aventureros, prostitutas y alquimistas) son, junto con los jesuitas y los judíos, los únicos cosmopolitas en un mundo que los sitúa entre una alta nobleza sedentaria, obtusa y mediocre, y una burguesía todavía cautiva y apática; una era moderna irrumpe con ellos, un nuevo arte de la explotación; ya no saquean a los indefensos ni asaltan carruajes, sino que burlan a los vanidosos y aligeran los bolsillos de los incautos. Esa nueva forma de charlatanería ha hecho una alianza con la burguesía universal y con las buenas maneras; en lugar de la antigua práctica del robo con asesinato e incendio, ellos roban con las cartas marcadas o falsificando las letras de cambio. No tienen ya los puños toscos ni rostros de beodos, tampoco muestran las rudas maneras de los soldados, sino manos delicadas y llenas de sortijas, peluca empolvada sobre la despejada frente. Usan impertinentes y hacen piruetas como los bailarines, hablan en un *parlando* intrépido, como los actores, y citan frases oscuras, como los filósofos. Ocultando hábilmente su mirada inquieta, empandillan los naipes en la mesa de juego y sobornan a las mujeres con su conversación ingeniosa, sus adulaciones y sus falsas joyas.

No se puede negar que todos ellos encierran cierta espiritualidad y psicología, algo que los hace simpáticos, y a algunos incluso geniales. La segunda mitad del siglo XVIII es su era heroica, su época dorada, su período clásico; del mismo modo que antes, bajo Luis XV, o más tarde, en Weimar, una brillante pléyade resume en unas pocas y relevantes figuras la forma creativa del genio, así refulge entonces, triunfante por toda Europa, la gran constelación de estos siete sublimes farsantes e inmortales aventureros. Pronto ya no les basta meter las manos en los bolsillos de los príncipes y se inmiscuyen de un modo burdo y genial en los acontecimientos de la época, haciendo girar la inmensa rueda de la fortuna de la historia universal. John Law, un fugitivo irlandés, pulveriza con sus asignaciones las finanzas de

Francia; D'Eon, un hermafrodita de sexo y reputación dudosos, dirige la política internacional; un barón bajito y de cabeza redonda, Neuhoff, se convierte realmente en rey de Córcega, para terminar luego dando con sus huesos en una cárcel destinada a los deudores; Cagliostro, un campesino siciliano que jamás aprendió a leer ni a escribir correctamente en su vida, le tiende al reino su tristemente célebre collar y lo rodea con un lazo que lo asfixia. O el viejo Trenck, quien, por ser un aventurero con cierta hidalguía, es el más trágico de todos, pues termina con su cabeza en la guillotina, y con su gorro rojo representa el drama del héroe de la libertad; o Saint-Germain, el mago sin edad, que ve al rey de Francia humillarse a sus pies y cuyo misterioso nacimiento sigue siendo una incógnita y desafiando así los afanes del conocimiento. Todos ellos tienen más poder en sus manos que los más encumbrados, deslumbran a los eruditos, seducen a las mujeres, saquean a los ricos y, sin cargo ni responsabilidad alguna, tiran en secreto de los hilos de las marionetas políticas. El último de esta lista, que no el peor, nuestro Giacomo Casanova, el historiógrafo de este gremio, el que los representa a todos en la medida en que se narra a sí mismo y redondea de una manera hilarante esta cifra de siete hombres inolvidables e inolvidados; cada uno de ellos es más célebre que cualquier poeta, más influyente que cualquier político de su tiempo, señores a corto plazo en un mundo ya condenado a desaparecer.

En efecto, la época heroica de estos grandes talentos del descaro y de la comedia mística en Europa no dura en total más de treinta o cuarenta años; luego esa era se destruye a manos de su modelo más ejemplar, de su genio más perfecto, del aventurero verdaderamente demoníaco: Napoleón. El genio siempre adopta magníficos tintes de seriedad allí donde el talento sólo finge; el primero no se conforma con papeles episódicos, sino que exige creativamente todo el escenario del mundo para él solo. Cuando ese pequeño don nadie oriundo de Córcega y llamado Bonaparte se bautiza como Napoleón, no está ocultando, como ocurre en el caso de Casanova-Seingalt o de Balsamo-Cagliostro, su origen burgués tras la máscara de la hidalguía, sino que es la superioridad del espíritu la que se hace valer imperiosamente ante todos y la que reclama el triunfo como su derecho legítimo en vez de obtenerlo por medio de ardides. Con Napoleón—que fue el genio de todos esos talentos—el aventurero abandona la antesala de los príncipes y entra en el salón del trono; él culmina, en la medida en que lo perfecciona, el ascenso del bastardo hasta las cumbres más altas del poder, y coloca en la cabeza de la aventura la más magnífica de todas las coronas, la de Europa.

IV

EDUCACIÓN Y TALENTO

> Se dice que es literato, pero además es un individuo astuto muy dado a las intrigas. Cuentan que ha estado en Inglaterra y en Francia disfrutando de privilegios prohibidos que le otorgan caballeros y damas, pues vive a costa de los demás ganándose el favor de los crédulos [...] Basta frecuentar al susodicho Casanova para advertir que es un impío, embustero y lascivo, todo ello sobremanera.
>
> Informe secreto de la Inquisición veneciana, 1755

Casanova nunca niega su condición de aventurero, por el contrario, se vanagloria a boca llena y con orgullo de ser un burlador y no un burlado, de haber sido esquilador y no esquilado en un mundo que, como los antiguos romanos sabían, pide ser embaucado todo el tiempo. Sólo hay algo que Casanova rechaza de un modo tajante: que por ello se le confunda con los galeotes y los condenados a la horca, esos que saquean los bolsillos de un modo burdo y directo, en lugar de arrebatarles el dinero de las manos a los tontos con maneras y elegancia, en una especie de acto de prestidigitación. En sus memorias, Casanova corre un tupido velo cuando no le queda más remedio que admitir algún encuentro con los tahúres Afflisio o Talvis (que en realidad son sus compañeros en las partidas), ya que, aunque todos coinciden de vez en cuando en un mismo nivel, vienen de mundos diferentes: Casanova proviene de arriba, del mundo de la cultura, mientras que los otros vienen de abajo, de la nada.

Al igual que Karl Moor—el antiguo estudiante, el ético capitán de *Los bandidos* de Schiller—desdeña a sus compinches Spiegelberg y Schufterle por realizar de forma ruda y sanguinaria lo que él hace con entusiasmo para vengarse de la mezquindad del mundo, también Casanova se distancia cada vez más enérgicamente de esos tahúres que le restan toda distinción y decencia al divino y glorioso espíritu aventurero. Y es que, ciertamente, nuestro amigo Giacomo reclama una suerte de título nobiliario para ese espíritu, querría que el amor a la comedia del que hace gala el charlatán se apreciara no como una intriga sino como un arte sutil. Si prestáramos oídos a sus opiniones, al filósofo no le corresponde otro deber moral que divertirse a costa de todos los necios, embaucar a los vanidosos, timar a los incautos, aligerar el bolsillo de los tacaños y poner cuernos a los maridos; en fin, castigar toda la necedad de este mundo como un embajador de la justicia divina. Para él, el embuste no es sólo un arte, sino un deber superior a la moral, y este gallardo príncipe proscrito lo practica con su conciencia bien limpia y una espontaneidad sin igual.

Y, en verdad, podemos creer a Casanova cuando dice que no se ha convertido en aventurero únicamente por necesidad de dinero o por holgazanería, sino por un temperamento innato, por un genio incontenible. Acostumbrado desde niño al mundo de los actores por herencia paterna y materna, convierte el mundo entero en teatro y Europa en su escenario. Engañar, fanfarronear, timar y hacer todo tipo de bufonadas son para él, como antes para Till Eulenspiegel, una función natural que lleva en la misma sangre, y no podría vivir sin la alegría carnavalesca de las máscaras y el jolgorio. Tiene cientos de oportunidades de adaptarse a un oficio decente, pero ninguna tentación puede detenerlo, ningún aliciente puede hacer que se asiente en un mundo burgués. Aunque le regalen millones, aunque le ofrezcan cargos y dignidades, no los aceptará, sino que se refugiará una y otra vez en su elemento original, apátrida y volátil. Por eso Casanova tiene todo el derecho a diferenciarse con cierta arrogancia de los demás aventureros. En cualquier caso, Casanova nació dentro del matrimonio, en el seno de una familia apreciada; su madre, conocida como la Buranella, era una célebre cantante que brillaba en todos los escenarios operísticos de Europa; el nombre de su hermano, Francesco Casanova, podemos encontrarlo en cualquier historia del arte, y sus grandes cuadros de batallas históricas se exhiben todavía hoy en todas las galerías del mundo cristiano. Todos sus parientes tienen profesiones decentes, llevan la respetable toga del abogado o del notario o el hábito sacerdotal; vemos, por lo tanto, que nuestro Casanova no es de origen humilde, sino que procede de la clase burguesa con tintes artísticos, algo que también comparte con hombres como Mozart o Beethoven.

Como estos últimos, recibe una excelente educación en lenguas clásicas y europeas; a pesar de todas sus extravagancias y de su precoz conocimiento de la mujer, gracias a su notable inteligencia aprende perfectamente latín, griego, francés, hebreo, un poco de español e inglés. Sólo el alemán se le atraganta y no consigue hablarlo ni siquiera al cabo de treinta años. Destaca tanto en matemáticas como en filosofía; como teólogo, pronuncia su primer sermón en una iglesia veneciana a los dieciséis años; como violinista, se gana el pan de cada día, durante un año, en el teatro de San Samuele. Sobre si es cierto o no lo de un doctorado en Derecho, que según él obtuvo en Padua a los dieciocho años, existen, todavía hoy, opiniones muy divergentes entre los más ilustres casanovistas; en cualquier caso, aprendió muchas disciplinas académicas: tenía conocimientos de química, medicina, historia, filosofía, literatura y, sobre todo, de materias científicas más oscuras, y por eso más lucrativas, como la astrología y la alquimia. Además de eso, el hermoso y ágil jovenzuelo brilla también en todas las artes cortesanas que requieren cierta forma física: la danza, la esgrima, la equitación, el juego de naipes, y todo lo hace como el más distinguido caballero. Y si a lo aprendido con tal excelencia y rapidez añadimos una memoria fenomenal, capaz de recordar toda fisonomía vista a lo largo de siete décadas, una memoria que no olvida nada de lo escuchado, leído, hablado o visto a lo largo de su vida, todo ello constituye una condición intelectual de un tipo muy singular que hace de Casanova casi un sabio, casi un poeta, casi un filósofo y casi un gentilhombre.

Sí, sólo *casi*, y ese *casi* marca de un modo implacable el sello distintivo de los múltiples talentos de Casanova. Él lo es *casi* todo: es un poeta, pero no del todo; es un ladrón, pero no profesional. Roza casi las más altas esferas intelectuales y, al mismo tiempo, las galeras, pero no satisface enteramente ni uno solo de sus talentos, ni una sola profesión. En su condición de diletante absoluto y universal, sabe mucho de todas las artes y las ciencias—sabe incluso muchísimo, algo casi increíble—, pero hay ciertos atributos de los que carece para llegar a ser realmente productivo: voluntad, resolución y paciencia. Si hubiera estudiado durante un año completo, no habría podido encontrarse mejor jurista ni historiador más sabio, podría haber sido catedrático de cualquier disciplina, pero Casanova jamás se propone hacer nada a fondo. No quiere ser nada, le basta con parecerlo todo: las apariencias engañan, y el engaño sigue siendo para él la ocupación más divertida. Sabe que para timar a los necios no se necesita una erudición demasiado auténtica, ya que en cualquier materia sobre la que tenga un ápice de conocimientos le asiste de inmediato un ayudante magnífico, su colosal descaro. No importa la misión que se le encomiende, jamás admitirá ser un novato en la disciplina en cuestión, adoptará de inmediato el rictus más serio, el del experto, y en su condición de farsante innato dará algún rodeo hasta lograr salir airoso y con dignidad de los asuntos más peliagudos. En París, el cardenal De Beris le pregunta si entiende algo del negocio de la lotería. Casanova, naturalmente, no tiene la más remota idea, pero con su proverbial naturalidad el fanfarrón responde que sí con gesto serio y desarrolla ante una comisión, con su locuacidad acostumbrada, todos sus proyectos financieros, como si durante veinte años hubiese sido un experto banquero. En Valencia falta el texto para una ópera italiana: Casanova se sienta y se saca los versos de la manga. Si le hubiesen propuesto escribir también la música, la hubiera entresacado hábilmente de otras óperas antiguas. Se presenta ante la emperatriz de Rusia en calidad de reformador del calendario y erudito astrónomo; en Curlandia inspecciona las minas como experto improvisado a última hora; recomienda a la República de Venecia un nuevo método para teñir la seda; en España se hace pasar por agrónomo y colonizador, y al emperador José II le entrega un exhaustivo estudio destinado a combatir la usura. Compone comedias para el duque de Waldstein, y a la duquesa d'Urfé le hace un Árbol de Diana y otras piezas de alquimia farsante; a madame Roumain le abre el arca del dinero con la llave de Salomón; compra acciones para el gobierno francés; figura en Augsburgo como embajador de Portugal; en Bolonia redacta panfletos sobre medicina y en Trieste escribe la historia del reino de Polonia o traduce *La Ilíada* en octavas rimadas. En fin, este entremetido no tiene ningún caballo de batalla en cuanto a profesión, pero sabe cabalgar sobre cualquiera que le pongan entre las piernas. Si uno hojea el índice de sus escritos póstumos, llega a creer en el nacimiento de un nuevo filósofo universalista, una especie de nuevo Leibniz. Vemos en ese catálogo una gruesa novela junto a la ópera *Odiseo y Circe*, un ensayo sobre geometría, un diálogo político con Robespierre; y si alguien le hubiese pedido demostrar teológicamente la existencia de Dios o componer un himno a la castidad, no hubiera vacilado ni dos minutos en hacerlo.

En cualquier caso, ¡cuánto talento! De haberse aplicado a cualquier disciplina, la ciencia, el arte, la diplomacia o los negocios, los resultados habrían sido asombrosos. Pero Casanova derrocha a conciencia sus talentos en el instante, y el hombre que podría serlo todo prefiere no ser nada, absolutamente nada, salvo libre. Infinitamente más que el encasillamiento o el acomodo en alguna profesión, le satisfacen más la libertad, la independencia o el despreocupado vagabundeo. «La idea de establecerme definitivamente en alguna parte siempre me resultó repulsiva y llevar una vida razonable totalmente contra natura». Su oficio verdadero, según su propio sentir, es no tener oficio, ensayar todas las profesiones y ciencias con desenfado y luego cambiar, como hace el artista con el vestuario o los papeles. ¿Para qué encasillarse? Él no quiere tener ni conservar nada, no quiere ser ni poseer nada, porque su pasión desmedida le exige vivir, no ya una vida, sino cien vidas distintas en una sola. «Mi mayor tesoro es ser mi dueño y no temer la desgracia», dice con orgullo. Se trata de una divisa que honra más a este valiente que su título nobiliario de caballero de Seingalt usurpado. A Casanova no le preocupa lo que los demás piensen de él, sortea los obstáculos morales con una despreocupación cautivadora, indiferente a los que quedan atrás y a la indignación de las personas acomodadas.

Sólo experimenta el placer de vivir en ese ímpetu, en el impulso del movimiento, jamás en el reposo o la cómoda ociosidad. El resultado de esa ligereza y falta de escrúpulos para dejar atrás todos los obstáculos, de su perspectiva a vuelo de pájaro, es que le parezcan ridículas todas las personas dóciles y honradas que se refugian en una única actividad. No le impresionan ni los capitanes, que hacen sonar groseramente sus sables para luego agachar la cabeza ante cualquier grito de sus generales; ni los eruditos, esas polillas que pasan de un libro a otro, devorando cantidades enormes de papel; ni los prestamistas, sentados con miedo sobre sus sacas de monedas o insomnes delante de sus arcas; no lo atrae ninguna clase social, ningún país, ningún atuendo. Ninguna mujer puede retenerlo en sus brazos, ningún soberano en su territorio, ningún oficio en su monotonía. También en este sentido, Casanova rompe los barrotes de todas las prisiones, prefiere arriesgar su vida a malgastarla; altanero en la dicha e indiferente en la desdicha, pero siempre, en cualquier parte, lleno de valentía y de confianza.

Porque la valentía es el núcleo verdadero del arte de vivir de Casanova, el mayor de sus talentos: no pone a resguardo su vida, sino que la arriesga. Con él vemos surgir de la multitud de los precavidos a un individuo que lo arriesga todo: su persona, cualquier ocasión y cualquier oportunidad. El destino, sin embargo, suele conceder más al audaz que al tenaz, al impetuoso que al paciente, y por eso le concede más a este hombre desmesurado de lo que suele conceder a toda una generación; lo captura y lo lleva de un lado a otro, lo hace vagar por países distintos, lo catapulta a las mayores alturas y lo hace tropezar cuando se dispone a realizar su mejor salto. Le prodiga mujeres y lo embauca en la mesa de juego; aguijonea sus pasiones y defrauda sus promesas; pero jamás lo suelta ni lo deja sucumbir al tedio. Infatigable, el destino encuentra e inventa para este hombre ávido, su perfecto cómplice, una nueva aventura o un nuevo reto. Y, así, su vida se vuelve plena, colorida, variada, cambiante, fantástica y abigarrada, al extremo de que apenas existe otra igual en varios siglos; y sólo por el hecho de narrarla él mismo, Casanova se convierte en uno de los poetas más incomparables de la existencia, no precisamente por su voluntad, sino por la de la vida misma.

V

FILOSOFÍA DE LA SUPERFICIALIDAD

He vivido como un filósofo.

CASANOVA, últimas palabras

Tal plenitud vital suele ir unida casi siempre a una escasa profundidad del alma. Para poder nadar con agilidad y presteza sobre todas las aguas, como Casanova, es preciso ser, ante todo, ligero como un corcho. Y en ello radica justamente la singularidad de su tan admirado arte de vivir, no tanto en una virtud o una fuerza particularmente positiva, sino, sobre todo, en un aspecto negativo: la ausencia absoluta de escrúpulos morales. Si realizáramos la autopsia psicológica de este interesantísimo ejemplar humano, lleno de sangre y apasionado, lo primero que constataríamos sería la falta de cualquier órgano moral. El corazón, los pulmones, el hígado, la sangre, el cerebro, los músculos y, naturalmente, las glándulas seminales están desarrollados en Casanova de la manera más robusta, pero en cualquier punto del alma donde las cualidades y convicciones morales suelen condensarse dando lugar a esa formación misteriosa que es el carácter, sorprende descubrir que en Casanova hay un vacío absoluto, un espacio sin aire, un cero, la nada. Ni aun usando todos los ácidos, ni echando mano a lancetas o microscopios, podríamos demostrar la existencia en ese organismo—por lo demás sanísimo—de un rudimento de la sustancia llamada *conciencia*. Eso aclara del todo el misterio de la ligereza y el genio de Casanova: este hombre afortunado sólo tiene sensualidad, no espíritu. Para él no vale ni un escudo nada de lo que a otra gente le parece importante o incluso sagrado. Si intentásemos explicarle cualquier vínculo moral o temporal, lo entendería tan poco como un salvaje la metafísica. ¿El amor a la patria? Él, el ciudadano del mundo, que no posee ni siquiera un lecho propio al cabo de setenta y dos años y vive a merced del azar, se ríe del patriotismo. *Ubi bene, ibi patria*: la patria está allí donde puede llenarse mejor los bolsillos o donde le resulta más fácil atraer a su cama a las damas, en esos lugares es donde Casanova estira cómodamente las piernas bajo la mesa y se siente como en casa. ¿El respeto por la religión? Casanova adoptaría cualquier religión, se haría circuncidar o se dejaría crecer una trenza china, si la conversión le supusiera la menor ventaja, pues ¿de qué otra cosa puede servirle la religión a quien no cree en el más allá sino tan sólo en la cálida y trepidante vida del más acá? «Es probable que después de esta vida no haya nada, pero ya lo descubriremos cuando llegue el momento», explica sin más, con indiferencia. De modo que, ¡fuera todas las telarañas metafísicas! *Carpe diem*, disfruta del presente, atrapa cada instante, absórbelo como una uva y arroja las pepitas a los cerdos, ésa es su única máxima. Aferrarse rigurosamente al mundo sensual, a lo visible, lo alcanzable, exprimir cada minuto hasta sacarle el máximo dulzor y voluptuosidad, ésa es toda la filosofía de Casanova, ni más ni menos, y por esa razón puede desembarazarse, riendo, de todos esos férreos principios ético-burgueses como el honor, la decencia, el deber, la vergüenza y la fidelidad, que impiden entregarse libremente a la pura inmediatez.

¿Qué puede ser el honor para Casanova, qué puede hacer con él? No lo aprecia de un modo muy diferente a como lo hacía el obeso Falstaff—quien constataba el hecho indudable de que el honor no puede comerse ni beberse—, o aquel otro honrado parlamentario inglés que, en una ocasión, en medio de un debate en la cámara, preguntó qué era la posteridad, ya que siempre se hablaba de ella pero no sabía qué había hecho la posteridad por el bienestar y la prosperidad de Inglaterra. El honor no sólo no es objeto de goce, sino que además inhibe el disfrute al imponer deberes y obligaciones, por lo tanto es superfluo. No hay nada en este mundo que Casanova deteste más que los deberes y las obligaciones. No reconoce ni quiere reconocer más deberes que los únicos naturales y gozosos, que consisten en prodigar placeres a su bien dispuesto y robusto cuerpo y dar a las mujeres la mayor cantidad posible de ese mismo elixir del placer. Por eso no se pregunta si su cálido pedazo de existencia le sabe bien o mal a los otros, dulce o ácido, si tachan su comportamiento de deshonroso o desvergonzado. ¡La vergüenza, qué palabra más extraña, qué concepto incomprensible! El término no existe en su diccionario de la vida.

Con la desfachatez de los *lazzaroni* se baja alegremente los pantalones delante del público reunido y le enseña sus órganos sexuales riendo a más no poder; se jacta a boca llena y sin tapujos de lo que otros no admitirían ni bajo el efecto de la tortura, es decir, de sus bribonadas, sus errores, sus meteduras de pata, sus enfermedades sexuales y sus curas sifilíticas. Y es que Casanova, como ya se ha dicho, carece de todo sentido de los escrúpulos morales, de todo órgano para realizar juicios éticos. Si le reprocháramos haber hecho trampas en el juego, respondería sorprendido: «¡Pues claro, porque en esa época no tenía dinero!». Si lo culpáramos por haber seducido a una mujer, nos soltaría una carcajada: «¡Pero la dejé bien servida!». Jamás se le ocurre una sola palabra de disculpa por haber sustraído desvergonzadamente dinero de los bolsillos de algunas personas honradas y crédulas. Al contrario, en sus memorias suaviza sus bribonadas con el siguiente argumento cínico: «Engañar a un imbécil es vengar a la razón». Casanova no se defiende, no se arrepiente nunca de nada, y en lugar de esperar al Miércoles de Ceniza para lamentar su vida desperdiciada, que terminaría en la bancarrota total y en la más precaria miseria, el viejo zorro desdentado escribe estas líneas llenas de descaro y encanto a la vez: «Me consideraría culpable si hoy fuera rico. Pero no tengo nada, lo he malgastado todo, y eso me consuela y me justifica».

Toda la filosofía de Casanova cabe, por lo tanto, en una cáscara de nuez, comienza y concluye con esta máxima: vivir la vida en el más acá, de un modo despreocupado y espontáneo; no dejarse engañar por las perspectivas de un reino de los cielos que es posible pero extremadamente incierto. Algún dios muy especial me ha puesto delante de las narices esta mesa de juego llamada mundo; si queremos divertirnos en él, tenemos que aceptar, *tel quel*, tal como son, las reglas del juego sin preguntarnos si son buenas o malas. Y, en efecto, Casanova jamás perdió un segundo en reflexionar sobre si el mundo podría o debería ser diferente. «Ame a la Humanidad, pero ámela tal como es», dijo en una conversación con Voltaire. No entrometerse en los asuntos del creador del universo, que tiene la absoluta responsabilidad de esta creación extraña, no remover la masa de la tarta y ensuciarse las manos, sino limitarse a sacar las dulces pasas con dedos ágiles. A Casanova le parece muy bien que a los estúpidos les vaya mal; en cuanto a los listos, no reciben ayuda alguna de Dios, pero sólo a ellos les corresponde defenderse. Puesto que el mundo está tan mal organizado que algunos viajan en carruaje y visten medias de seda mientras otros pasan hambre y visten harapos, para el hombre que razona el único problema que debe resolver es conseguir subir al carruaje por sus propios medios.

Jamás oiremos a Casanova tocando campanadas de indignación, ni tendrá la impertinencia de preguntar a Dios

—como Job—por qué ni cómo. Acepta cada hecho sencillamente como un hecho—¡qué inmensa economía de sentimientos!—, sin asignarle la etiqueta de «malo» o «bueno». Que O'Morphi, una muchachita indigente holandesa de quince años, yaciese un día en su lecho lleno de chinches, más que dispuesta a vender su virginidad por dos táleros, y al cabo de dos semanas estuviera cubierta de piedras preciosas y tuviera su propio palacio en el Parque de los Ciervos, en su condición de querida del rey, o que, poco después, se convirtiera en la esposa de un complaciente barón; o el hecho de que él mismo, ayer un lamentable violinista en un suburbio de Venecia, se viera, a la semana siguiente, convertido en el hijo adoptivo de un patricio, un jovencito rico con los dedos cubiertos de diamantes, es para Casanova poco más que un curioso accidente que no le impresiona en absoluto. Dios mío, así es el mundo, totalmente injusto e impredecible, y precisamente porque será así toda la vida no intentéis establecer una ley de la gravedad ni construir un complicado mecanismo para explicar esta montaña rusa que es la vida.

Cada cual debe arañar con uñas y dientes para tratar de obtener lo mejor, *voilà toute la sagesse*, en eso consiste la sabiduría. Hay que ser filósofo para uno mismo, no para la Humanidad, y eso, para Casanova, significa aferrarse con fuerza, con avidez, de un modo espontáneo y sin consideración por la hora siguiente, al instante que fluye en el oleaje hasta agotar la última gota. Sólo lo que respira, lo que responde al placer con placer, lo que roza la piel ardiente con encendida pasión y caricias, sólo eso le parece verdaderamente real e interesante a este antimetafísico convencido.

De ese modo, la curiosidad de Casanova por el mundo se reduce únicamente a lo orgánico, al hombre. Posiblemente jamás en su vida haya levantado la mirada en un gesto reflexivo en dirección a las estrellas, e incluso la naturaleza le resultaba totalmente indiferente, jamás la paz y el carácter grandioso de la misma enardece a este corazón apresurado. Basta hojear los dieciséis libros de sus memorias para descubrir a un individuo despierto, de mirada penetrante, que viaja a través de los paisajes más hermosos de Europa, desde Posillipo hasta Toledo, desde el lago de Ginebra hasta las estepas rusas, pero jamás dedica una sola línea a expresar admiración por la belleza de esos paisajes. Una jovencita mugrienta en el rincón de una taberna llena de soldados parece importarle más que todas las obras de arte de Miguel Ángel; un juego de naipes en un albergue inmundo es más atractivo que una puesta de sol en Sorrento.

La naturaleza y la arquitectura son dos cosas que le resultan indiferentes a Casanova, ya que carece de ese órgano gracias al cual estamos unidos al cosmos, es decir, carece por completo de alma. Para él, el mundo es sinónimo de ciudades con galerías y paseos, donde, al atardecer, pasan los carruajes—esos nidos oscuros que mecen y ocultan a mujeres hermosas—, ciudades cuyos cafés esperan complacientes el inicio de una partida de naipes para perjuicio de algunos curiosos, ciudades cuyas óperas y burdeles nos atraen, pues allí puede uno encontrar carne fresca, cuyas hosterías nos deparan cocineros que hacen poesía con sus salsas y sus *ragouts* y componen música con vinos blancos y tintos. Sólo las ciudades conforman el mundo para este sibarita, pues sólo en éstas el azar puede desplegar en su magnífica y fantástica multiplicidad sus sorpresas, sólo en éstas lo imprevisto encuentra los medios de ejecutar las variaciones más coloridas y encantadoras. Y, en el seno de las ciudades, lo que más adora Casanova es la atmósfera de la corte, el lujo, donde la voluptuosidad se sublima hasta convertirse en arte, pues, por sensual que sea, este hombre fornido llamado Casanova no es, en ningún caso, un hombre de sentimientos toscos.

Un aria bien cantada puede cautivarlo, un poema puede hacerlo feliz, una conversación culta puede dar al vino todo su sabor. Hablar con hombres inteligentes sobre un libro, escuchar música en la oscuridad de un palco, arrimado a una mujer, todo eso incrementa mágicamente su placer de vivir. Pero no nos engañemos: este amor por el arte, en Casanova, nunca va más allá de lo lúdico, de la alegría satisfecha del diletante. El espíritu, para él, debe estar al servicio de la vida, nunca al revés, por eso sólo aprecia y contempla el arte como un afrodisíaco, como un preludio refinado del goce más ordinario de la carne. Le complacerá escribir algún poemilla para entregárselo con un liguero a una dama que desea; recitará a Ariosto para encender la pasión de una mujer; charlará ingeniosamente con los caballeros sobre Voltaire o Montesquieu, pero sólo con el propósito de legitimarse intelectualmente y encubrir el zarpazo dado a sus portamonedas. Sin embargo, jamás este resuelto sensualista mediterráneo entenderá el arte o la ciencia como fines en sí mismos destinados a explicar el sentido del mundo. Por instinto rechazará la profundidad, pues él sólo ama lo superficial, la espuma y el aroma de la existencia. Casanova corre libre, vive en el instante, entregado a la fugacidad y a los veloces cambios. La variedad es para él la «sal del placer», y éste, a su vez, es el único sentido del mundo.

Ligero como la efímera, ese insecto alado que vive sólo un día, vacío como una pompa de jabón cuyo brillo toma prestado de la luz de los acontecimientos, Casanova revolotea a través del tiempo: apenas es posible atrapar o retener a este ser incesantemente cambiante, mucho menos asir la esencia de su carácter. ¿Cómo es Casanova en realidad? ¿Es bueno o malo? ¿Es honesto o mendaz? ¿Es un héroe o un villano? Es todas esas cosas dependiendo del momento: Casanova cambia de color según las circunstancias, se transforma con cada cambio que experimenta su vida.

Cuando tiene abundante dinero, no puede encontrarse a un caballero más distinguido. Con arrogancia encantadora y grandeza radiante, amable como un gran prelado y solícito como un paje, prodiga el dinero a su alrededor a manos llenas («El ahorro nunca fue lo mío»). Invita con liberalidad a cualquier extraño a su mesa, como un anfitrión de alta cuna, le regala tabaqueras y rollos de ducados, le concede créditos y lo agasaja con su pirotécnico ingenio. Pero cuando sus anchos bolsillos de seda cuelgan fláccidos y vacíos, hay que guardarse de doblar la apuesta en la mesa de juego ante este *galantuomo*.

No, su carácter no es bueno ni malo: sencillamente no tiene carácter. No actúa de un modo moral ni inmoral, sino que es amoral por naturaleza: se saca las decisiones, sin más, de la manga, del mismo modo que los reflejos de sus nervios y arterias no obedecen a la razón ni a la lógica o la moral. Olfatea a una mujer y la sangre empieza a palpitarle salvajemente en las venas de tal modo que pierde la cabeza y corre hacia donde lo aboca su temperamento. Tan pronto como ve una mesa de juego, la mano le tiembla en el bolsillo y sin que lo sepa ni pretenda saberlo su dinero ya tintinea sobre la mesa. Si alguien lo enfurece las venas se le hinchan, a punto de reventar, y una saliva amarga le llena la boca, los ojos se le enrojecen, el puño se crispa y golpea furioso, cegado por la ira se dispone a embestir «*come un bue*», como un toro enloquecido, en las palabras de su compatriota Benvenuto Cellini.

«Nunca he conseguido controlar mis instintos y nunca lo conseguiré». Casanova no prejuzga ni recapacita, sólo la necesidad hace que conciba astutas soluciones, a menudo geniales. Pero jamás prepara de antemano, con sentido de la planificación y del cálculo—es demasiado impaciente—ni siquiera el más nimio de sus actos. En sus memorias podemos confirmar centenares de veces que todos los actos decisivos, desde los trucos más bobos hasta las estafas más inteligentes, surgen de la misma línea de fuego de un talante que explota repentinamente, jamás de un cálculo mental. Un buen día se despoja de un tirón del hábito de abate; siendo soldado, con un golpe de espuela se pasa de repente al ejército enemigo y se entrega; viaja a Rusia o a España siguiendo nada más que su olfato, sin posición ni recomendaciones, sin haberse preguntado el porqué ni el para qué. Todas sus decisiones surgen de sus nervios, como disparos que se escapan sin querer, del capricho o del tedio. Y probablemente sea esa temeraria falta de planificación a lo que Casanova deba la plenitud de sus vivencias, porque, *more logico*, informarse y calcular con tino no conduce a la aventura, ni diseñar una estrategia permite convertirse en un maestro de la vida tan fantástico.

Nada más erróneo, por lo tanto, que el curioso esfuerzo de tantos escritores por atribuirle a nuestro Casanova, en cuanto toman a este hombre apasionado e instintivo por el héroe de una comedia o de un relato, algo así como un alma despierta, un carácter reflexivo o, incluso, fáustico-mefistofélico, a él, cuyo atractivo y cuya fuerza motriz sólo son el resultado de la irreflexión y de su amoral desparpajo. Apenas se mezclan tres gotas de sentimentalismo en la sangre de este personaje, o se le atribuye conciencia y sentido de la responsabilidad, deja de ser Casanova; suponedle un lado oscuro para añadirle interés, o escrúpulos secretos, e inmediatamente os daréis cuenta de que está en la piel de otro. Porque si algo es cierto es que este desenfadado hombre mundano no es una figura demoníaca en absoluto, el único demonio que mueve a Casanova tiene un nombre muy simple: aburrimiento.

Puesto que es improductivo, necesita aferrarse implacablemente a algo material con que alimentar su vida, pero esa forma de querer tenerlo todo dista mucho de la dimensión demoníaca del auténtico hombre rapaz, como Napoleón, por ejemplo, que codicia país tras país, reino tras reino, por mera sed de infinito. También está bastante lejos del espíritu de Don Juan, que se siente movido a seducir a todas las mujeres para convertirse en el soberano absoluto del mundo femenino, ese otro infinito. Casanova, el sibarita puro, jamás persigue alcanzar tan altas cumbres, sino únicamente el placer ininterrumpido. ¡Lo único que le importa es no estar solo, no temblar de miedo a solas en ese frío glacial que es su interioridad vacía, no sentir la soledad!

Observemos a Casanova cuando le falta ese juguete llamado diversión: toda quietud se transforma de inmediato en la inquietud más terrible. Cuando llega de noche a una ciudad desconocida, no permanece ni una hora en su habitación, a solas consigo mismo o con un libro. Enseguida se pone a husmear los alrededores, a la espera de que el viento del azar le traiga diversión, en caso de que la criada que le atienda no pueda proporcionarle calor durante la noche. Así, se pondrá a charlar con los clientes ocasionales de la taberna, jugará con los tramposos más descarados en cualquier cuchitril, pasará la noche con la prostituta más infame. En todas partes, su vacío interior lo empuja irremisiblemente a acercarse a los vivos, a los seres humanos, porque sólo el roce con otros estimula su vitalidad. A solas consigo mismo probablemente Casanova sea una de las criaturas más lóbregas y aburridas del mundo, algo que es posible advertir en sus escritos (con la excepción de sus memorias) y que también sabemos por los solitarios años pasados en Dux, donde llamaba al tedio «el infierno que Dante olvidó describir». Del mismo modo que una peonza ha de ser accionada incesantemente para que no caiga tristemente al suelo, el ímpetu de Casanova depende del aguijonazo proveniente del exterior: es aventurero (como muchos otros) porque carece de fuerza creativa interior.

Ésa es la razón por la que, apenas le falta la tensión natural de la vida, recurre a la tensión artificial: el juego. Y es que el juego reproduce esa tensión vital gracias a una síntesis genial, crea un peligro artificial y una versión abreviada del destino: es, por lo tanto, el asilo de todos aquellos seres que viven para el instante, eterna diversión de todos los ociosos. El juego permite provocar en un vaso de agua los mayores oleajes y tempestades del sentimiento, convirtiéndose así en la insustituible ocupación de los que son interiormente inactivos. Casanova fue esclavo del juego como nadie. Del mismo modo que no puede ver a una mujer sin desearla, tampoco puede ver rodar el dinero en una mesa de juego sin que los dedos le salten fuera de los bolsillos, y aunque reconozca que el banquero es un atracador y un marrullero como él mismo, se arriesga a apostar su último ducado, aunque lo sepa perdido. Nada delata mejor su obsesión por el juego, su desmedida, incontenible y rabiosa pasión por el azar, que el hecho de dejarse saquear una y otra vez a pesar de ser él mismo un experto saqueador. Y es que Casanova no puede resistirse a ninguna ocasión de jugar, ni siquiera a la peor. No sólo pierde una vez, sino veinte o cien, el botín de una estafa arduamente conseguida ante la tentación de una partida de cartas. Sin embargo, precisamente eso lo distingue como un jugador genuino, que no juega para ganar (¡qué aburrido!), sino simplemente por el gusto de jugársela. Jamás busca la distensión definitiva, sino la tensión constante, la eterna aventura en las cartas rojas y negras, en los diamantes y los ases, los vibrantes altibajos en los que puede sentir sus nervios y percibir su pasión torrencial; como la sístole y la diástole, como exhalar y aspirar la fogosa sustancia del universo, Casanova necesita esa chispeante alternancia del ganar y el perder en la mesa de juego, de la conquista o el rechazo de una mujer, el contraste entre ser pobre o rico, la aventura prolongada hasta el infinito. Y puesto que hasta una vida tan abigarrada y cinematográfica tiene intervalos de calma entre las sorpresas y las tempestades, llena esos lapsos con la tensión artificial de la fatalidad de los naipes, y sólo gracias a su disparatada necesidad de desafiar al azar consigue pasar de las más altas cumbres a las simas más profundas, infligirse el desgarro que tensa los nervios mediante esas caídas al vacío: hoy *grand seigneur* con los bolsillos llenos de oro, con dos criados detrás del carruaje, y mañana vendiendo con prisa los diamantes a algún judío, o empeñando los pantalones en una casa de préstamos de Zúrich (no es broma, ¡se ha encontrado el recibo!).

Pero es así, no de otro modo, como este empedernido aventurero quiere que sea su vida, sacudida por esas repentinas explosiones de euforia y desesperación. Por eso arroja al destino, una y otra vez, todo su vehemente ser como última y única apuesta: diez veces se bate en duelo y se ve al borde de la muerte; una docena de veces está a punto de ser enviado a la prisión o a las galeras; a las manos de Casanova afluyen millones que se esfuman de nuevo, pero ni siquiera cierra la mano para retener un penique. Y por eso, porque siempre se entrega a cada partida, a cada mujer, a cada instante, a cada aventura, precisamente por eso, este hombre que muere en casa ajena, como un mendigo miserable, gana al final el bien supremo: la infinita plenitud de la vida.

VI

«HOMO EROTICUS»

> ¿He sido un seductor? Pues no, simplemente me encontraba en los lugares adecuados cuando la dulce magia de la naturaleza obró su efecto; jamás he abandonado a una mujer, pues mi corazón siempre se ha sentido eternamente agradecido.
>
> ARTHUR SCHNITZLER,
> *Casanova en Spa*

Casanova es un diletante en casi todas las artes, escribe torpes versos y soporíferos «filosofemas», frota mediocremente el violín y habla, en el mejor de los casos, como un enciclopedista. Con mayor perfección conoce aquellos juegos concebidos por el demonio: el faraón, los naipes, el biribís, los dados, el dominó, la fullería, la alquimia y la diplomacia. Pero lo único en lo que Casanova destaca como un mago y un maestro es en el juego del amor. En este don se mezclan, gracias a una química creativa, sus cien talentos malgastados y fragmentarios para formar un elemento puro de perfecto erotismo; es este don, y sólo éste, el que evidencia el genio indiscutible de este ambiguo diletante. Su propio cuerpo parece hecho para servir a Venus. Con una prodigalidad insólita, a manos llenas, la naturaleza, por lo general avara, mete las manos en la marmita para sacar toda la savia, sensualidad, fuerza y belleza a fin de que surja de nuevo, para contento de la mujer, un hombre hecho y derecho, un *mâle*, un varón o un macho, como se le quiera llamar, un ejemplar recio y atractivo, fuerte y a la vez ardiente del género masculino. Porque se equivoca quien se imagina físicamente a Casanova, el conquistador, según nuestro prototipo de belleza, el del hombre delgado y esbelto: este *bel uomo* no es un efebo en absoluto, sino un auténtico semental, de hombros hercúleos, músculos de gladiador romano, dotado de la belleza morena de un mozo gitano, la pujanza y el descaro de un *condottiere* y la ardiente pasión de un sátiro velludo. De metal es su cuerpo rebosante de fuerza. Ha sufrido cuatro infecciones de sífilis, dos envenenamientos, una docena de heridas de daga, los horribles años pasados en las mazmorras de la cárcel veneciana de los Plomos y en pestilentes calabozos españoles, los viajes repentinos desde el calor siciliano hasta el hielo moscovita, pero nada ha hecho que se resienta un ápice su vigor sexual. En cualquier parte y en cualquier momento, basta la chispa de una mirada, la presencia aún distante de una mujer, para que se inflame y estalle su sexualidad indómita. Durante todo un agitado cuarto de siglo, interpreta el papel del legendario *meser sempre pronto*, el caballero siempre dispuesto de las farsas italianas; no se cansa de enseñar a las mujeres unas matemáticas muy superiores a las del más intrépido de sus amantes, y hasta los cuarenta años sólo supo de oídas sobre el enojoso fiasco en la cama—al que Stendhal creyó oportuno dedicar una capítulo entero en su tratado *Del amor*—. Un cuerpo que nunca desfallece cuando el deseo lo llama, y un deseo, a su vez, que no conoce el reposo, que acecha despierto e inquieto a cada mujer; una pasión que nunca decae a pesar de malgastarla con furia; una pasión por el juego que no teme ninguna apuesta. En realidad, pocas veces la naturaleza ha confiado a un maestro un instrumento físico tan completo, una *viola d'amore* como ésa, capaz de tocar toda la vida.

Pero para que el talento innato pueda desplegarse a fondo, la maestría requiere ciertas condiciones: la entrega absoluta, la incansable concentración. Sólo el monógamo de un instinto alcanza el máximo en la pasión; sólo la absoluta concentración en algo produce un resultado perfecto. Como la música para el músico y la forma para el poeta; como el dinero para el avaro y el récord para el atleta, lo más importante para el erótico absoluto es la mujer: cortejarla, desearla y poseerla como si fuera lo único que existe en el mundo. Debido a los eternos celos que sienten todas las pasiones entre sí, sólo es posible entregarse a una, a ninguna más, porque sólo en ella puede abarcar un individuo el sentido y la infinitud del mundo. Casanova, el eterno infiel, se mantiene fiel a sí mismo en su pasión por las mujeres. Aunque le ofrezcan el Anillo de los Dogos de Venecia, las riquezas de los Fugger, un título nobiliario, palacios y cargos, la gloria de un general o de un poeta, a él no le temblará la mano al rechazar todas esas fruslerías, todas esas estúpidas insignificancias por el aroma de una nueva piel, por el dulce aspecto y el instante incomparable en el que la mujer se dispone a entregarse. Por una aventura, Casanova aparta con una exhalación todas las promesas de este mundo, honores, cargos, dignidades, diversiones, salud o cualquier otro placer, incluso por la mera posibilidad de una aventura. Porque este jugador del erotismo no necesita amar para desear: la proximidad, el presentimiento de una aventura aún no consumada, enciende su imaginación al anticiparle el placer y la pasión inminentes. Pongamos un ejemplo entre muchos: el episodio que relata al comienzo del segundo tomo de sus memorias, en el que Casanova viaja a Nápoles en un postín de correo por un asunto muy urgente. Por el camino, en el cuarto vecino de una hospedería, en un lecho ajeno y en compañía de un capitán húngaro, ve a una hermosa mujer; mejor dicho, lo cual es aún más descabellado, aún no sabe si esa mujer es bella o no, ya que ni siquiera la ve, oculta como está debajo de una manta. Le basta escuchar una risa juvenil, la risa de una mujer, para que comiencen a estremecérsele las aletas de la nariz. Nada sabe de ella, no sabe si es atractiva, si es hermosa o fea, joven o vieja, complaciente o gazmoña, si está libre o comprometida. Sin embargo, de inmediato ordena desensillar los caballos ya listos para proseguir, abandona sus valijas y todos sus planes en su habitación y se queda en Parma, porque esa ínfima e imprecisa ocasión de aventura enloquece al jugador siempre deseoso de apostar. De ese modo aparentemente absurdo, pero a la vez tan sabio en un sentido más íntimo y natural, actúa Casanova en todo momento y en cualquier lugar. Por pasar una hora con una mujer desconocida estará dispuesto, infaliblemente, a hacer cualquier tontería, sea de día o de noche, al alba o al atardecer. Cuando desea, no lo detiene el precio, sea cual sea; cuando quiere conquistar, no hay resistencia que valga. Para ver de nuevo a una mujer, por ejemplo a aquella dama alemana, esposa de un alcalde, una mujer a la que en apariencia no concede demasiada importancia, que ni siquiera sabe si estará dispuesta a satisfacerlo, se va a Colonia y se presenta con descaro en una reunión social a la que no ha sido invitado y donde nadie desea su presencia; tiene que apretar los dientes cuando el anfitrión lo sermonea y soportar que los presentes se burlen de él. Pero ¿cuándo ha sentido un semental en celo los azotes que caen sobre él?

Hambriento y aterido de frío, entre ratas y chinches, Casanova aguantará con gusto una noche en un gélido sótano, si el amanecer trae la promesa de unas horas de amor, aunque le hayan costado tantas incomodidades; se arriesgará decenas de veces a que le claven una daga, le disparen, lo insulten, lo chantajeen, se arriesgará a contraer enfermedades o a recibir humillaciones. Y no precisamente por la única amada verdadera, una Venus Anadiómena—lo cual sería comprensible—, sino por cualquier mujer que esté al alcance, y por el simple hecho de ser mujer, esa especie perteneciente al otro género tan distinto y codiciado por él. Cualquier alcahuete, cualquier proxeneta, puede desplumar sin dificultad a este seductor mundialmente famoso; cualquier marido comprensivo o hermano complaciente puede atraerlo a los negocios más sucios cuando sus sentidos están excitados. Ahora bien, ¿cuándo no están excitados sus sentidos? ¿Cuándo se sacia completamente la sed erótica de Casanova? *Semper novarum rerum Cupidus*, siempre ávido de una nueva presa, sus deseos se estremecen incesantemente ante lo desconocido. Su cuerpo viril necesita constantemente, tanto como el oxígeno, el sueño o el movimiento, ese delicado y voluptuoso alimento en el lecho, y su espíritu agitado reclama en todo momento la vibrante tensión de la aventura. Nunca puede sentirse bien sin las mujeres, ni un mes, ni una semana, apenas un día, en ninguna parte y en ningún momento. La continencia, en el idioma de Casanova, significa algo muy sencillo: tedio y aburrimiento.

No puede asombrarnos, por lo tanto, que con un apetito tan robusto y un consumo tan constante, esas conquistas femeninas no tengan siempre un gran valor. Con tal estómago en materia de sensualidad no se convierte uno en *gourmet*, sino en un simple devorador, un glotón, un *gourmand*. Por eso, haber sido amante de Casanova no implica una recomendación especial, pues no es necesario ser una Helena ni una virgen, no es preciso ser casta ni especialmente ingeniosa, ni instruida o atractiva, para que ese distinguido señor se digne a prestar atención. A este hombre tan fácilmente seducible le basta casi siempre, para colmar su sensualidad, el hecho de que la otra sea mujer, hembra, vagina, el sexo opuesto creado por la naturaleza. Por eso es mejor renunciar de una vez por todas a las representaciones románticas o estéticas que pudiéramos hacernos del inmenso coto de caza de Casanova. Como siempre sucede con el libertino profesional, es decir, el indiscriminado, la colección de Casanova se revela como muy dispar y—Dios lo sabe—no como una galería de bellezas. Hay, en efecto, algunos rostros jóvenes, delicados y dulces, rostros adolescentes que se nos antojarían dibujados por algunos compatriotas suyos, pintores como Guido Reni o Rafael; a otras, con su rubor delicado, insinuante bajo el abanico de seda, las imaginamos salidas del pincel de un Rubens o un Boucher; pero junto a ellas aparecen otras figuras, rameras de los arrabales ingleses, cuya mueca grotesca sólo podría reproducir el pincel furibundo de un Hogarth; ancianas harapientas y auténticas brujas que podrían desafiar la ferocidad de un Goya; rostros de prostitutas enfermas en el estilo de Toulouse-Lautrec, campesinas y sirvientas. Una disparatada mezcla de belleza y mugre, de refinamiento y ordinariez. Porque esta criatura panerótica tiene, en cuestiones de voluptuosidad, groseros nervios para el gusto, y el radio de su deseo se dilata sospechosamente hasta la extravagancia y lo aberrante. Las aventuras de Casanova abarcan desde niñas en edades que, en nuestra época reglamentada, le hubiesen acarreado al seductor varios conflictos con la ley, hasta auténticas carroñas como aquella ruina septuagenaria, la condesa d'Urfé, la más horrorosa hora de amor que cualquier hombre, probablemente, haya descrito con tal desvergüenza para la posteridad. Esa Noche de Walpurgis, que no tiene nada de clásica, recorre todos los países y todas las clases sociales. Las figuras más tiernas y puras, ardientes en el temor del primer rubor, mujeres distinguidas, cubiertas de encajes y de brillantes piedras preciosas, se unen apresuradamente a esa danza en la que también bailan prostitutas de los burdeles, espantajos de las tabernas de marineros, cínicas jorobadas, cojas pérfidas, niñas depravadas y ancianas lascivas. Todas se hacinan en este aquelarre: la tía le cede a la sobrina la cama aún caliente, la madre a la hija, las alcahuetas empujan a sus parientas, los maridos complacientes le ofrecen sus mujeres al siempre ávido en la propia casa, las prostitutas de la soldadesca comparten con damas nobles el mismo placer apresurado de una misma noche. Definitivamente, deberíamos renunciar a la costumbre de ilustrar inconscientemente las hazañas amorosas de Casanova como si fueran esos grabados galantes del siglo XVIII donde se muestran escenas graciosas de una voluptuosidad tentadora. Es preciso tener el valor de ver ese erotismo indiscriminado, y sus chocantes contrastes, desde una perspectiva realista, como un pandemonio de la sensualidad masculina. Una libido tan poco selectiva como la de Casanova pasa por alto todos los límites morales, pero, sobre todo, no descarta nada. No existe anomalía que no lo excite, ningún absurdo que lo disuada: ni ciertos lechos infestados de chinches, ni la ropa de cama inmunda, ni olores dudosos, ni la camaradería con toda suerte de rufianes o la presencia de mirones ocultos o solicitados, ni las viles estafas, ni las enfermedades más comunes. Todas esas cosas no son más que detalles irrelevantes para este toro divino, que, como un nuevo Júpiter, quiere abrazar a Europa, quiere abrazar todo el universo de las mujeres en todas sus formas y deformidades, en cada figura y en cada costillar. Casanova es tan desmedido en su avidez de novedades fantásticas como de cosas naturales, su placer es universal y casi maníaco. Pero lo típico de la virilidad de este erotismo es que, por constante y tempestuosamente que fluya su sangre, jamás lo saca del camino trazado por la naturaleza: el instinto de Casanova se detiene bruscamente en el límite de los sexos. Siente asco al contacto con cualquier *castrato*, con el bastón espanta a los jovencitos lascivos. Todas sus aberraciones y perversiones valen sólo, lo cual constituye una notable fidelidad, para el mundo de las mujeres, su esfera perfecta que elige de forma innata. En esa esfera, sin embargo, su frenesí no conoce límite alguno, ni escrúpulo ni contención. Sin orden ni concierto, sin cesar, ese deseo irradia sobre cualquiera con la fuerza lasciva siempre ebria de un sátiro griego, siempre excitada por cada nueva mujer.

Pero precisamente ese rasgo universal de su deseo, su ebriedad y su naturalidad, otorga a Casanova un poder insólito sobre las mujeres, un poder casi irresistible. Con el rápido instinto de la sangre, intuyen en él al animal hombre, al ser fogoso que se entrega y abalanza sobre ellas, y entonces se dejan poseer, pues lo ven totalmente poseído. Caen a sus pies porque él ha sucumbido antes, y no, por cierto, a una de ellas, sino a la pluralidad, a la mujer que son todas, el opuesto, el otro polo. La intuición femenina les permite sentir que están ante un hombre al que nada le resulta más importante que ellas, uno que no es como los demás—siempre cansados por los negocios y los deberes, hombres hartos y maritales que sólo las cortejan de vez en cuando y de pasada—, sino que se arroja sobre ellas con toda la arrolladora fuerza de su ser, alguien que no escatima, sino que derrocha, que no vacila ni escoge. Y, en realidad, él sabe entregarse de un modo incansable: sacrifica sin reflexionar la última gota de placer de su cuerpo, el último ducado de su bolsillo; estará dispuesto a darlo todo por cada una de ellas, sólo por el hecho de que sea mujer, pues en ese instante saciará su sed de hembra. Ver a las mujeres felices, agradablemente sorprendidas, encantadas, risueñas y maravilladas, constituye para Casanova el goce definitivo. Mientras tiene dinero, colma a todas de obsequios cariñosamente escogidos, adula con lujos y frivolidades sus vanidades, adora vestirlas con primor, cubrirlas de encajes antes de desnudarlas, sorprenderlas con valiosas prendas nunca antes vistas o con sus impetuosos arrebatos de despilfarro y encendida pasión. Es realmente un dios, un pródigo Júpiter que derrama sobre la amada oro y todo el ardor de sus venas. Y el hecho de que desaparezca de inmediato también lo asemeja a Júpiter—«He amado con desenfreno a las mujeres, pero siempre he preferido la libertad»—, y no disminuye en nada su nimbo, sino que lo incrementa, pues es precisamente lo tempestuoso de su llegada y su desaparición lo que se graba en la memoria: el recuerdo de ese hombre único y extraordinario, la magnífica e irrecuperable aventura. Con él, la pasión no se aplaca, como sí sucede con los otros, convirtiéndose en rutina y cópula banal. Cada una de esas mujeres intuye por instinto que un hombre como él no puede ser marido; lo recordarán con vivacidad como a un amante, el dios de una noche. Aunque las abandona a todas, ninguna de ellas desea que Casanova sea de otro modo: para conquistarlas sólo necesita ser tal como es, es decir, sincero en la infidelidad de su pasión.

Acabo de escribir *sincero*, cosa que parece sorprendente en el caso de Casanova, pero así es: en el juego del amor se le puede reconocer a este marrullero y truhan una especie de lealtad. La relación de Casanova con las mujeres es realmente honesta, porque es algo que está en su sangre y en sus sentidos. Resulta vergonzoso decirlo, pero la falta de sinceridad en el amor comienza siempre cuando intervienen sentimientos más elevados. Ese muchacho franco que es el cuerpo no miente, jamás exagera sus sobreexcitaciones y sus concupiscencias más allá de lo naturalmente posible. Sólo cuando la mente y el sentimiento se mezclan—dos elementos que, por naturaleza, tienden a lo infinito—toda pasión se vuelve exagerada y fantasea con eternidades en las relaciones terrenales. A Casanova, que jamás sobrepasa el límite de lo físico, le resulta fácil cumplir lo que promete: con sus magníficas reservas de sensualidad, ofrece placer a cambio de placer, su cuerpo a cambio de otro cuerpo, por lo que jamás contrae deudas sentimentales. Por eso sus mujeres no sienten defraudadas sus expectativas de amor platónico *post festum*, porque este hombre en apariencia frívolo no les exige más placeres que los espasmos del sexo, ni les habla de sentimientos eternos, con lo cual siempre les ahorra el trago amargo de la desilusión. Cada cual es libre de llamar a este tipo de erotismo amor vulgar, puramente sexual, epidérmico, desalmado o animal, pero no es posible escamotearle su honestidad. Porque ¿acaso este hombre superficial, con sus francas y claras ganas de poseer, no actúa de un modo más auténtico y generoso con las mujeres que los románticos entusiastas? Mientras que en la estela vital de Goethe o de Lord Byron encontramos a mujeres cuyas existencias destrozaron—precisamente porque las naturalezas de carácter más elevado y cósmico en el amor dilatan sin quererlo el alma de una mujer de modo tal que luego, cuando dejan de recibir el aliento de la pasión, no pueden recobrar su forma terrenal—, en el caso de Casanova, su enardecimiento causa en realidad menos daños espirituales. No provoca derrumbes ni actos de desesperación, ha hecho felices a muchas mujeres, ninguna ha padecido histeria por su causa, y después de una aventura puramente sensual todas ellas regresan ilesas a su vida cotidiana, ya sea junto a sus maridos o junto a otros amantes. Él pasa por sus vidas como un cálido viento tropical que hace florecer en el interior de esas mujeres una sensualidad más ardorosa. Las enciende pero no las abrasa, las conquista sin destruirlas, las seduce sin lastimarlas: precisamente porque su erotismo se consagra a la epidermis, más resistente, y no a las profundidades del alma, mucho más frágil, sus conquistas no provocan catástrofe alguna.

Su pasión, al ser puramente erótica, no conoce el éxtasis de las pasiones extremas y únicas. Por eso no se inquieta cuando se siente terriblemente desesperado. Cuando lo deja Henriette, la bella portuguesa, no lo veremos echar mano a una pistola, sino que dos días después lo encontramos junto a otra en un burdel. Cuando la monja C. C. no puede seguir acudiendo al casino desde Murano y, en su lugar, aparece la hermana M. M., hallará su consuelo con sorprendente rapidez, porque un clavo saca otro clavo, y por tal razón no resulta difícil comprender que, en su condición de auténtico hombre erótico, Casanova jamás estuvo totalmente enamorado de ninguna de sus muchas mujeres individuales, sino que lo estuvo del eterno femenino, del cambio incesante, de la variedad de la aventura. Incluso en una ocasión se le escapa la peligrosa palabra: «Ya por entonces presentía confusamente que el amor es una curiosidad más o menos viva». Y es preciso recordar esta definición si queremos comprenderlo, porque debemos entender la palabra *curiosidad* como el deseo siempre renovado de cosas siempre nuevas, de experiencias diferentes con mujeres siempre diferentes. A Casanova no le excita la individualidad, sino la variación incesantemente nueva sobre el inagotable tablero de ajedrez de Eros. Tan obvia y natural como respirar es su manera de tomar y dejar, y ese goce puramente funcional explica por qué el artista Casanova no consigue ofrecer representaciones plásticas de ninguna de sus miles de mujeres. Hablando con franqueza, hay que decir que todas sus descripciones hacen sospechar que jamás ha visto bien el rostro de sus amantes, sino que las ha observado hasta *certo punto*, sólo a medias. Fiel a su manera de ser mediterránea, lo que le entusiasma y lo «enciende» son siempre las mismas cosas: la dimensión sexual de la mujer, su descarada sensualidad, natural, tangible, que salta a la vista del más rústico de los hombres. Así, habla una y otra vez (hasta la saciedad) de los «pechos de alabastro», de los «hemisferios divinos», del «talle de Venus», de los «encantos más secretos» (que una y otra vez quedan al desnudo por obra de un azar distinto). Se trata, en definitiva, de lo mismo que excita las pupilas del púber bachiller cuando ve a la criada. Es así como, de las innumerables Henriettes, Irenes, Babettes, Mariuccias, Ermelinas, Marcolinas, Ignacias, Lucías, Esthers, Saras y Claras (¡para completar la lista deberíamos citar el santoral entero!) no queda al final otra cosa que la gelatina de color carne que forman los cálidos y voluptuosos cuerpos de todas esas mujeres, un caos báquico de cifras y números, de proezas y arrobos; se trata, en fin, de la descripción de un borracho al amanecer, cuando despierta de la resaca y ya no sabe qué bebió durante la anterior noche, ni dónde ni con quién. Casanova las ha disfrutado a todas superficial, epidérmicamente: sólo ha conocido su carne.

Así es como el preciso patrón del arte nos revela, de un modo más claro que la vida misma, la enorme diferencia entre el voluptuoso y el enamorado, entre el hombre que lo gana todo y no conserva nada, y aquel otro que consigue poco pero, gracias a la fuerza de su espíritu, eleva lo fugaz a la condición de imperecedero. Una única vivencia de Stendhal, ese héroe amoroso tan triste y pobre en vivencias, segrega más sustancia espiritual por sublimación que tres mil noches de Casanova; y los cientos de páginas de sus memorias nos ofrecen una noción más pobre de las profundidades del sentimiento o las regiones extáticas que puede alcanzar el espíritu de Eros que un poema de Goethe de cuatro estrofas. En su sentido más elevado, las memorias de Casanova son, más que un relato, un registro estadístico, constituyen más un diario de campaña que poesía, una *Odisea* de peregrinaciones de la carne, una *Ilíada* del eterno deseo masculino por la inmortal Helena. Su valor radica en la cantidad, no en la calidad, son valiosas por sus variaciones, no por los casos individuales, por su multiplicidad de formas, no por su importancia espiritual.

Pero precisamente gracias a la abundancia de experiencias y al gusto por la proeza física, nuestro mundo—tan dado a registrar cada récord y a prestar poca atención a la fuerza espiritual—ha elevado a Giacomo Casanova a la categoría de símbolo del triunfador fálico y lo ha coronado con la orla más valiosa de su fama, convirtiendo en proverbial su nombre. En la actualidad, en todos los idiomas europeos, «ser un Casanova» significa ser un caballero irresistible, un devorador de mujeres, un maestro de la seducción, y encarna en el mito masculino justamente lo que Helena, Friné o Ninon de Lenclos representan en el femenino. Para crear un arquetipo inmortal a partir de tantos millones de larvas que sólo viven un día, la humanidad necesita dotar de un rostro particular al caso general de la síntesis, y es así como este veneciano hijo de comediantes llega a gozar de esos honores insospechados, transformándose en una encarnación del héroe amoroso de todos los tiempos. Es cierto que todavía tiene que compartir este envidiable pedestal con un segundo y legendario compañero. Junto a Casanova se encuentra, con sangre más noble, con un estilo más oscuro y de aspecto mucho más demoníaco, su rival español: Don Juan. Se ha aludido a menudo al contraste latente entre estos dos maestros de la seducción, pero al igual que resulta inagotable la antítesis espiritual entre Leonardo y Miguel Ángel, Tolstói y Dostoievski, Platón y Aristóteles, ya que cada generación vuelve a confrontarlos, así de fecunda sigue siendo esta contraposición entre las dos formas primigenias del erotismo. Porque, aunque estos dos cazadores de mujeres avanzan en una misma dirección, irrumpiendo siempre en el tímido y asustado rebaño, su condición espiritual los muestra como dos seres muy distintos, de distinta raza. Don Juan es hidalgo, noble, español y católico, pese a rebelarse interiormente. Como español de pura sangre, todo su pensar y sentir giran en torno al concepto del honor, y como católico medieval obedece inconscientemente a la valoración eclesiástica de toda carnalidad como pecado. Visto desde esta perspectiva trascendente de la cristiandad, el amor extramatrimonial es diabólico (de ahí que resulte doblemente atractivo), contrario a Dios, prohibido. Y la mujer es el instrumento de ese pecado: su esencia, su existencia misma significa tentación y peligro, de ahí también que la virtud supuestamente más perfecta en la mujer sólo sea apariencia, engaño, una larva de la serpiente. Don Juan no cree en la pureza ni en la castidad de ningún miembro de ese género diabólico, sabe que todas van desnudas debajo de sus vestidos, son sensibles a la seducción, y lo que busca es desenmascarar esa flaqueza de la mujer en *mille e tre* ejemplares, demostrarse a sí mismo, al mundo y a Dios, que todas esas doñas inaccesibles, esas esposas aparentemente fieles, esas doncellas entusiastas, todas esas esposas cristianas, sin excepción, pueden ser arrastradas hasta el lecho, que todas son ángeles en la iglesia y lúbricas monas en el lecho. Esto, y sólo esto, lleva constantemente a este misógino furibundo a repetir una y otra vez la apasionada hazaña de la seducción.

Nada más absurdo, por lo tanto, que presentar a Don Juan, el acérrimo enemigo del sexo femenino, como un hombre amoroso, como un aficionado a las faldas o como un amante. Porque no son el amor ni el afecto verdaderos los que mueven a Don Juan a acercarse a ellas, sino un ancestral odio viril que lo arrastra de un modo demoníaco a enfrentarse a la hembra. Su conquista nunca se inspira en el afán de poseerlas, sino en el de despojarlas de su bien más preciado: el honor. Su placer no emana, como en Casanova, de las glándulas del sexo, sino de la mente, pues este sádico espiritual desea humillar, avergonzar y ofender a cada mujer individual, al conjunto de todas las mujeres. Su goce es indirecto, una anticipación imaginaria del deleite que sentirá ante la desesperación de cada mujer mancillada a la que consiga deshonrar. Para Don Juan, el placer de la caza aumenta cuanto mayor es la dificultad (al contrario de Casanova, para quien la mujer más adecuada es la que más rápido se desnuda); cuanto más inaccesible es una mujer, tanto más valiosa y convincente será para su tesis la conquista definitiva. Cuando no hay resistencia, Don Juan pierde todo el interés. Resulta imposible imaginar a este último en un burdel, como Casanova, porque a Don Juan sólo le atrae la hazaña diabólica de la humillación, empujar a cometer el pecado, el acto único e irrepetible del adulterio o de la deshonra de una monja. Una vez posee a la mujer, el experimento ha concluido, la seducida pasa a ser una cifra en un registro, para lo cual Don Juan ha contratado a una especie de contable personal: Leporello. Jamás piensa en mirar tiernamente por última vez a la amada de la última y única noche, porque al igual que el cazador ante su presa abatida, este seductor profesional no permanecerá junto a su víctima una vez haya concluido el experimento; tiene que seguir, cazar a otras, a cuantas más mejor, ya que su instinto más arraigado—el mismo que le otorga a la figura luciferina sus rasgos demoníacos—lo incita a terminar su misión y a satisfacer su pasión inagotable, la de seguir buscando pruebas de la debilidad de todas las mujeres. El erotismo de Don Juan no busca ni encuentra la paz ni el disfrute. Está embarcado en una especie de venganza de su género; como hombre ha declarado la guerra perpetua a la mujer, y el diablo le ha concedido las armas más perfectas: riqueza, juventud, nobleza, atractivo físico y, lo más importante, frialdad y absoluta ausencia de sentimientos.

Efectivamente, en cuanto las mujeres han sucumbido a la fría táctica de Don Juan, piensan en él como en el mismísimo diablo. Con el mismo brío con que el día anterior lo amaban, detestan luego a ese engañoso enemigo que, a la mañana siguiente, enfría la pasión con su gélida risa burlona (de acuerdo con la imagen que inmortalizó Mozart). Ellas se avergüenzan de su debilidad, se enfurecen, montan en cólera, las enloquece la rabia y la impotencia contra el canalla que las ha engañado, embaucado y timado, y, a través de él, odian a todo el género masculino. Cualquier mujer, tanto doña Ana como doña Elvira, y las mil que han caído en la trampa, ven irremisiblemente envenenado su orgullo femenino. Por el contrario, las mujeres que se han entregado a Casanova le agradecen como a un dios no sólo que no les haya robado ninguno de sus sentimientos ni haya ofendido su orgullo, sino que haya sido capaz de proporcionarles una nueva certidumbre existencial. Justamente lo que el satánico español Don Juan les obliga a despreciar como la humillación suprema, como la transformación en bestias, como un momento diabólico, como una manifestación de la debilidad femenina, es decir, la ardiente compenetración de los cuerpos, esa forma de abandonarse a la pasión, es lo que Casanova, el tierno maestro *artium eroticarum*, les enseña a reconocer como el verdadero sentido, el deber más grato de su naturaleza femenina. Con mano ligera y amorosa, mientras desnuda a esas mujeres incompletas (sólo serán mujeres enteras cuando se hayan entregado), Casanova las despoja también de toda inhibición, todo temor, las contenta al tiempo que se contenta a sí mismo, disculpa el goce de ellas con su propio éxtasis agradecido. Para Casanova todo disfrute con una mujer sólo es perfecto en cuanto sabe que es compartido y sentido en los nervios y las venas de su compañera: «Cuatro quintas partes del disfrute consistieron siempre para mí en hacer felices a las mujeres». Casanova necesita que su placer sea correspondido con placer, del mismo modo que otros necesitan saber correspondido su amor con amor. Sus méritos hercúleos no pretenden satisfacer ni cautivar tanto el propio cuerpo como el cuerpo de la mujer cortejada. A diferencia de su antagonista español, a Casanova jamás le atrae haber poseído, sino únicamente haberse entregado. Por eso toda mujer que a su vez se le entrega termina sintiéndose más mujer, pues se vuelve más sabia, más voluptuosa, más desinhibida, y no es extraño que busquen captar de inmediato a nuevas fieles para ese culto delicioso: la hermana mayor lleva a la menor hasta el altar para el dulce sacrificio; la madre lleva a su hija ante el tierno maestro; cada amante exhorta a otra mujer para que acuda al rito y a la danza del obsequioso dios. El mismo instinto infalible de fraternidad femenina que lleva a cada víctima de Don Juan a alertar a la nueva cortejada (¡siempre en vano!) de ese enemigo de su género, lleva a todas las amantes de Casanova a recomendárselo a otras, sin celos, ya que ese hombre les parece el auténtico adorador de su sexo. Del mismo modo que él ama la feminidad universal más allá de la individualidad de cada mujer, ellas, más allá de su persona, adoran el símbolo del hombre y del maestro de la pasión amorosa.

VII

LOS AÑOS OSCUROS

> ¡Cuántas veces hice en mi vida algo que me resultaba repulsivo y ni siquiera comprendía! Pero me movía una fuerza secreta a la que no podía oponer resistencia.
>
> CASANOVA, *Historia de mi vida*

Para ser justos, no debemos reprochar a las mujeres el haber sucumbido sin resistirse a las artes de este gran seductor, ya que nosotros mismos, cada vez que lo encontramos, nos sentimos tentados a sucumbir a su atractivo y fogoso arte de vivir. De hecho, para ningún hombre es fácil leer las memorias de Casanova sin sentir una envidia malsana, y en algunos instantes de impaciente insatisfacción la febril existencia de este aventurero, su forma ávida de gozar plenamente, su completo epicureísmo, que abarca toda su existencia, nos parecen más sabios y auténticos que nuestras efímeras divagaciones espirituales. Su filosofía nos parece más vital que todas las gruñonas enseñanzas de Schopenhauer o el frío dogmatismo del patriarca Kant. Pues ¡qué pobre nos parece en esos segundos, comparada con la suya, nuestra existencia parcelada, que sólo se sostiene gracias a la renuncia! Tenemos prejuicios y remordimientos: con cada paso que damos oímos el chirrido de las cadenas de la conciencia que arrastramos, como prisioneros de nosotros mismos, y avanzamos con paso pesado, mientras que este hombre de corazón y pie ligeros abraza a todas las mujeres, recorre todos los países y, balanceado por la brisa susurrante del azar, se adentra sin pensarlo en todos los paraísos y todos los infiernos. Ningún hombre real puede, a menos que se mienta a sí mismo, leer las memorias de Casanova sin sentirse un ser imperfecto frente al ilustre maestro del arte de vivir; y a veces—o mejor dicho, cientos de veces—uno preferiría ser él que ser Goethe, Miguel Ángel o Balzac. Aunque al principio sonriamos con cierta frialdad ante las bribonadas y pillerías de este pícaro disfrazado de filósofo, al llegar al sexto, al décimo o al decimosegundo libro de sus memorias, tendemos a considerar a este hombre como alguien más sabio, y asimismo su filosofía de la superficialidad nos parece la más inteligente y cautivadora de todas las doctrinas.

Ahora bien, por suerte el propio Casanova se encarga de disuadirnos de esta admiración precipitada. Y es que su inventario del arte de vivir tiene una laguna peligrosa: ha olvidado la vejez. Una técnica del disfrute tan epicúrea como la suya, consagrada a lo sensual, se apoya exclusivamente en la sensibilidad juvenil, en un cuerpo vigoroso y vital. En cuanto la llama ya no arde tan bien en la sangre, toda esa filosofía del goce se evapora y se enfría, formando una papilla insípida e indigesta. Hacen falta músculos fuertes, dientes blancos y firmes, para dominar la vida de ese modo, pero ¡ay de nosotros cuando esos dientes comienzan a caer o los sentidos fallan! Entonces también falla, de repente, toda esa filosofía complaciente y, sobre todo, autocomplaciente. Para el tosco sibarita, la curva de la existencia decae infaliblemente, porque el derrochador vive sin reservas, consume y dilapida todo su calor en el instante, mientras que el hombre de espíritu, el que supuestamente renuncia, hace acopio de sus fuerzas, como un acumulador, con insistencia y en abundancia. Quien se ha consagrado a la vida del espíritu experimenta en los años menos luminosos algunas transformaciones y revelaciones, a veces a edades provectas (es el caso de Goethe), e incluso cuando la sangre se le ha enfriado su vida vuelve a iluminarse, hace descubrimientos intelectuales, y así la pérdida de vigor físico recibe una recompensa en el audaz juego de las ideas. El hombre puramente sensual, en cambio, que sólo se pone en movimiento al calor de un hecho concreto y cuyo ímpetu interior depende de los acontecimientos, se detiene como la rueda de un molino en un arroyo seco. La vejez es para él un hundimiento en la nada, no una transición hacia un estado nuevo. La vida, esa implacable acreedora, exige entonces los intereses de aquello que los impetuosos sentidos despilfarraron muy pronto y en poco tiempo. Y es así como la sabiduría de Casanova concluye a la par que termina su felicidad, y su felicidad a la par que acaba su juventud. Sólo parece más sabio mientras su aspecto es hermoso, mientras su paso es triunfante y arrollador. Si uno lo ha envidiado en secreto hasta que cumplió los cuarenta años, a partir de esa edad comenzamos a compadecerlo.

Porque el carnaval de Casanova, el más colorido de los carnavales venecianos, termina antes de tiempo y de un modo muy triste, en un melancólico Miércoles de Ceniza. Poco a poco se van colando las sombras en la placentera narración de su vida, como las arrugas en el rostro que envejece. Cada vez son menos los triunfos que puede contarnos y más los disgustos que registra, cada vez con mayor frecuencia se ve involucrado en asuntos relacionados con créditos impagados (¡siempre es inocente, por supuesto!), billetes falsos, joyas empeñadas; cada vez lo reciben menos en las cortes de los príncipes. Tiene que huir de Londres a escondidas, pocas horas antes de ser apresado, para evitar la horca; desde Varsovia lo persiguen como a un criminal; lo expulsan de Viena y de Madrid; pasa cuarenta días en la cárcel en Barcelona; lo echan de Florencia; en París emiten contra él una *lettre de cachet*, una orden de captura que le obliga a abandonar sin dilaciones su amada ciudad. Ya nadie quiere a Casanova, todo el mundo lo aparta y se lo sacude de encima como a una chinche en un abrigo de pieles. Con asombro, uno se pregunta qué ha hecho este buen hombre para que, de repente, el mundo se muestre tan implacable, severo y moralista con quien antes fuera su favorito. ¿Se ha vuelto acaso malvado, embustero? ¿Ha cambiado de repente su carácter delicioso para que todos, de pronto, le den la espalda? No, Casanova sigue siendo el mismo, será el mismo hasta su último suspiro, un embaucador y un charlatán, un hombre ingenioso que sabe divertir como nadie; sólo que empieza a faltarle el elemento que tan magnéticamente concentraba su entusiasmo: la confianza en sí mismo, la triunfante conciencia de su juventud.

Recibe el castigo de aquéllas con las que más ha pecado: son las mujeres las que primero abandonan a su favorito. Una joven y miserable Dalila, la Charpillon de Londres, se encarga de dar el toque de gracia a este Sansón del erotismo, al pícaro astuto. Ese episodio, que, por ser el más verdadero y humano es también el mejor de todos los que llenan sus memorias, marca el punto de inflexión. Por primera vez, el avezado seductor es timado por una mujer, y no precisamente por una mujer noble o inaccesible que se le resiste por virtud, sino por una astuta y joven ramera que sabe enloquecerlo, vaciarle los bolsillos y, aun así, no permitirle acercarse ni un ápice a su desaseado cuerpo. Verse desdeñosamente rechazado a pesar de haber pagado con creces y obligado a presenciar cómo esa pequeña prostituta complace gratuitamente a un jovenzuelo estúpido y descarado, ayudante de un barbero, contentándolo con todo aquello a lo que él ha aspirado en vano con avidez, invirtiendo dinero, astucia y fuerza, significa la muerte definitiva del amor propio de Casanova, el momento a partir del cual sus maneras de triunfador se volverán más inseguras y vacilantes. De un modo prematuro, a la edad de cuarenta años, Casanova se ve obligado a comprobar, asustado, que el motor que le dio el impulso para estar triunfalmente en el mundo ya no funciona de un modo impecable, y por primera vez lo sobrecoge el miedo a quedarse varado: «La mayor preocupación me la deparaba tener que admitir la llegada de esa debilidad que de ordinario se asocia a la vejez. Ya no poseía la confianza despreocupada que otorgan la juventud y el vigor físico». Pero ¿qué es Casanova sin amor propio, sin esa sobrenatural fuerza masculina, siempre dispuesta a embriagar a las mujeres? ¿Qué es sin vigor, sin dinero, sin sus exhibicionistas alardes, sin el paso decidido y seguro del triunfo del hombre que se sabe el preferido de la fortuna? ¿Qué es una vez se le ha escapado esa victoria en el juego de la vida? «Un señor de cierta edad del que la fortuna ya nada quiere saber, mucho menos las mujeres», responde él en tono melancólico. Un pájaro sin alas, un hombre sin vigor, un amante sin dicha, un jugador sin capital, un cuerpo triste sin fuerza ni belleza. Acalladas ya todas las fanfarrias del triunfo y de la sabiduría del disfrute, se cuela en su filosofía, por primera vez, una peligrosa palabreja: *renuncia*. «Ha pasado ya la época en la que enamoraba a las mujeres, tendré que renunciar a ellas o comprar sus favores». La renuncia, la idea más inconcebible en un hombre como Casanova, se vuelve cruelmente real, porque para comprar los favores de las mujeres necesita dinero, y el dinero sólo se lo proporcionan las mujeres. El ciclo maravilloso se bloquea, el juego concluye, la aburrida seriedad comienza también para el maestro de todos los aventureros. Y es así como el viejo Casanova, el pobre Casanova, pasa de sibarita a parásito, de hombre lleno de curiosidad por el mundo a espía, de jugador a fullero y mendigo, de alegre compañero a solitario autor de libelos.

Es un espectáculo estremecedor: Casanova pierde sus armas, el antiguo héroe de innumerables batallas amorosas se vuelve cauteloso y modesto, el divino insolente y temerario tahúr se marcha sin hacer ruido, con la cabeza gacha; el gran *commediante in fortuna* abandona el escenario de sus éxitos. Cuelga los suntuosos ropajes «que ya no se correspondían con mi situación», renuncia también, además de a las sortijas, los brazaletes de diamantes y las tabaqueras, a su magnífica arrogancia; arroja su filosofía debajo de la mesa como una carta marcada; inclina la cabeza encanecida ante la férrea e implacable ley de la vida, según la cual las prostitutas venidas a menos se transforman en alcahuetas, los jugadores en tahúres y los aventureros en lameplatos. Desde que la sangre ya no fluye ardiente por sus venas, el viejo *citoyen du monde* comienza a temblar de frío en medio del infinito universo que tanto amaba antes y a echar de menos su patria. Así, el hombre otrora orgulloso—¡pobre Casanova, que no supo acabar con hidalguía!—baja arrepentido la cabeza, como el culpable, y se rebaja a pedir perdón al gobierno veneciano: escribe obsecuentes informes para los inquisidores, redacta un libelo patriótico, una *refutatione* a los ataques dirigidos contra el gobierno veneciano, en la que no tiene empacho en escribir que la prisión de los Plomos, en la que tanto sufrió otrora, eran «recintos bien aireados» y casi un edén de humanidad. En sus memorias ya no aparece nada sobre esos episodios, los más tristes de su vida: terminan antes de tiempo y no narran ya esos años de ignominia. Casanova se refugia en la oscuridad, quizá para ocultar el rubor, y uno casi se alegra, pues ¡qué triste parodia es ese gallo sin espuelas, ese cantante sin voz, de aquel hombre feliz y pletórico al que tanto tiempo envidiamos!

Más tarde, durante unos años, vemos a un señor gordo y amargado frecuentando la Merceria de Venecia; va vestido sin demasiada elegancia y escucha con atención todo lo que comentan los venecianos; se sienta en las tabernas a espiar a los sospechosos, y por las noches redacta aburridos e inmundos informes dirigidos a los inquisidores que firma con el nombre de Angelo Pratolini. Es el nombre tapadera de un indultado agente provocador y solícito espía que, por unas monedas de oro, mete a gente en las mismas prisiones que él conoció en su juventud y cuya descripción le hizo tan célebre. Sí, el pulcro caballero de Seingalt, el favorito de las mujeres, el mismísimo Casanova, el brillante seductor, se ha convertido en Angelo Pratolini, un delator, canalla y miserable; las manos otrora ensortijadas con diamantes revuelven ahora sucios asuntos y salpican de tinta y bilis todo a su alrededor, y así vive este engorroso escritorzuelo hasta que la ciudad de Venecia se deshace de él con una patada en el trasero. Las noticias no dicen nada sobre los años siguientes, y nadie sabe por qué tristes derroteros llegó ese triste pecio a varar en Bohemia; sólo se sabe que el viejo aventurero vaga otra vez por toda Europa como un gitano, se pavonea ante los aristócratas, adula a los ricos e intenta hacer gala de sus viejas artes: la trampa, la intriga y el proxenetismo. Pero los dioses protectores de su juventud, la insolencia y la confianza, lo han abandonado. Las mujeres se burlan de él en su propia cara surcada de arrugas, ya no consigue nada, va tirando a duras penas, trabaja como secretario (y probablemente también como espía) para el embajador en Viena, es un miserable redactor de libelos, un huésped inútil, indeseado en todas las ciudades europeas, de donde la policía termina expulsándolo una y otra vez. En Viena intenta casarse finalmente con una ninfa de los arrabales, para tener cierta seguridad gracias al remunerado oficio de ella, pero vuelve a fracasar. Por último, el rico conde Waldstein, un adepto también de las ciencias ocultas, lee en París, la ciudad donde Casanova vive de parásito, una inscripción en la que se habla de un «...*poète errant de rivage en rivage | Triste jouet des flots et rebut de naufrage*» ['poeta que vaga de una orilla a otra | cual triste juguete de las olas y pecio del naufragio']. El conde, compadecido, se divierte con el cínico desjarretado y locuaz, que, a pesar de todo, sigue siendo un hombre muy agradable, y finalmente tomándolo en calidad de bibliotecario (léase, de bufón de la corte) se lo lleva a Dux. Allí Casanova recibe un salario de mil florines al año que quedan embargados de antemano por sus acreedores. Ése es el precio, no demasiado alto, ciertamente, que paga el conde por tan curioso ejemplar. Y allí, en Dux, vive—o mejor dicho, muere—durante trece años.

En Dux, reaparece el personaje después de un largo período en las sombras: he ahí de nuevo a Casanova, o más bien alguien que se le parece remotamente, su momia quizá, una figura enjuta, demacrada, macilenta, conservada en su propia bilis, una curiosa pieza de museo que el señor conde se complace en mostrar a sus invitados. Un cráter ya consumido—a juicio de esos señores—, un hombrecito divertido, inofensivo, que llama la atención por su cólera meridional, un anciano que va feneciendo lentamente de aburrimiento en aquel remoto rincón de Bohemia. Sin embargo, el viejo embustero se mofa del mundo una vez más, pues mientras todos lo creen acabado y piensan que se limita a esperar que lo lleven al cementerio dentro de un ataúd, él va reconstruyendo de memoria toda su vida y adentrándose, como buen aventurero astuto, en los predios de la inmortalidad.

VIII
RETRATO DEL VIEJO CASANOVA

Altera nunc rerum facies, me quaero, nec adsum,
Non sum, qui fueram, non putor esse: fui.

Inscripción en su retrato de vejez

1797-1798: la escoba sangrienta de la Revolución ha barrido el siglo galante, las cabezas de sus majestades católicas, el rey y la reina, yacen en la cesta de la guillotina, y hay otras diez docenas de príncipes y reyezuelos, junto con los señores inquisidores de Venecia, que se han visto perseguidos hasta los mismísimos infiernos por un pequeño general corso. Ya no se lee la *Enciclopedia*, ni a Voltaire, ni a Rousseau, sino los boletines provenientes de los escenarios de guerra, forjados a golpe de martillo. Un Miércoles de Ceniza arroja su polvillo sobre Europa: los carnavales y el Rococó han llegado a su fin, han desaparecido también las levitas y las pelucas empolvadas, las hebillas de plata en los zapatos y los encajes de Bruselas. Ya no se usan trajes de terciopelo, sólo uniformes o atuendos de burgués. Pero, curiosamente, hay un individuo que parece no haberse dado cuenta de que una nueva época ha empezado: es un hombrecito muy viejo que vive solitario en el rincón más remoto de Bohemia—como el caballero Gluck en la leyenda de E. T. A. Hoffmann—, un pajarraco muy emperifollado que camina torpemente a la luz del día por el pedregoso sendero que conduce del castillo de Dux a la ciudad, luciendo chaleco de terciopelo con botones dorados, cuello de encaje raído y amarillento, medias de seda y sombrero de gala con plumas blancas. Este individuo curioso todavía lleva peluca, aunque mal empolvada (¡ya no tiene criados!), y la mano temblorosa se apoya pomposamente en un bastón pasado de moda con empuñadura dorada, como los que se llevaban en el Palais Royal en la década de 1730.

¡Sí, es Casanova!, o más bien su momia. Sigue vivo a pesar de la miseria, los disgustos y la sífilis. Tiene la piel apergaminada, las tupidas cejas blancas desordenadas, y la prominente nariz parece un pico ganchudo por encima de la boca temblorosa y babeante; todo huele a decrepitud, a bilis reseca y al polvo de los libros. Sólo los ojos negros como el azabache conservan la inquietud de antaño: maliciosos y penetrantes, centellean por entre los párpados semicerrados. Pero el anciano no se fija demasiado en lo que hay a ambos lados del camino, sólo gruñe y refunfuña para sí mismo, porque no está de humor. Casanova ya nunca está de humor desde que el destino lo arrojó a ese rincón inmundo de Bohemia. ¿Para qué levantar, pues, la vista? Cualquier mirada sería demasiado para esos mentecatos de la Bohemia alemana, que no conocen otro alimento que las patatas y jamás han salido de su pueblo de mala muerte, que ni siquiera lo saludan como es debido, a él, el caballero de Seingalt, quien en sus tiempos le metió una bala en la barriga al mariscal de la corte polaca y recibió de manos del propio papa la orden de la Espuela de Oro. Lo peor de todo es que ni siquiera las mujeres lo respetan: se llevan la mano a la boca para que no se les escape la sonora carcajada pueblerina. Saben bien de qué se ríen, porque las mozas le han contado al párroco que al viejo aquejado de gota le gusta meterles la mano por debajo de las faldas y decirles al oído montones de bobadas en su jerga incomprensible. Pero es mejor la plebe que la canalla de la servidumbre a merced de la cual está en casa, esos asnos cuyas patadas tiene que tolerar, sobre todo Feltkirchner, el mayordomo, y Widerholt, su secuaz. ¡Menudos canallas! Ayer volvieron a echarle a propósito sal en la sopa y le quemaron los macarrones; han descolgado su retrato publicado en el *Icosameron* para colgarlo en el retrete; los muy miserables se han atrevido incluso a golpear a *Melampyge*, la perrita de manchas blancas que le regalara la condesa Roggendorf, y todo porque el tierno animalito ha hecho sus necesidades en las habitaciones. ¿Dónde han quedado los buenos tiempos en que sencillamente se mandaba a esa gentuza al calabozo y se les daban unos azotes hasta ablandarles los huesos en lugar de tolerar sus insolencias? Ahora, sin embargo, por culpa de Robespierre, esa gentuza tiene la sartén por el mango, los jacobinos lo han destrozado todo y Casanova ya no es más que un perro viejo y miserable sin fuerzas para morder. ¿De qué sirve quejarse, gruñir o refunfuñar todo el día? Lo mejor es escupir a esa plebe, encerrarse en la habitación y leer a Horacio.

Hoy, sin embargo, no habrá disgustos. Como una marioneta, la momia camina lenta pero nerviosamente de una habitación a otra. Se ha puesto la vieja levita de gala, ha sacado brillo a la insignia y se ha cepillado las ropas, eliminando cualquier vestigio de polvo, porque hoy el señor conde ha anunciado su regreso desde Teplice en compañía del príncipe de Ligne y otros nobles caballeros. Se hablará francés a la mesa, y los criados, envidiosos, tendrán que aguantarse y servirle, encorvar cortésmente la espalda para sostenerle el plato. Hoy no podrán hacer lo que ayer, cuando le arrojaron unos huesos a la mesa como si fuese un perro. Sí, al mediodía se sentará a la gran mesa con los caballeros austríacos, personas que todavía aprecian en lo que vale una conversación culta y escuchan con respeto cuando toma la palabra un filósofo, un hombre al que el propio Voltaire se dignó estimar y que en otros tiempos fue recibido por emperadores y reyes. Probablemente, cuando las damas se hayan retirado el señor conde y el príncipe le pedirán personalmente que les lea en voz alta pasajes de su manuscrito.

«¡Y tanto que me lo pedirán, señor Feltkirchner, pedazo de bribón! El señor conde de Waldstein, el señor mariscal de campo y el príncipe de Ligne me pedirán que les lea de nuevo algún capítulo de mis interesantísimas memorias, y tal vez lo haga. Y digo tal vez porque no soy un sirviente del señor conde ni estoy obligado a obedecer, no soy parte de la chusma de la servidumbre, yo soy el huésped y el bibliotecario de esta casa, y los condes y los príncipes me tratan como a un igual. Pero sí que les contaré a esos señores un par de anécdotas, *cospetto!* Les contaré un par en el estilo delicioso de mi maestro, el señor Crébillon, o picantes, a la manera veneciana, ya que somos hidalgos y nos entendemos perfectamente. Habrá risas y beberemos un buen vino de Borgoña, oscuro y fuerte, como en la corte de su majestad católica; hablaremos de la guerra, de alquimia y de libros, y, sobre todo, pedirán a un viejo filósofo que les cuente algunas cosas sobre el mundo y las mujeres».

Excitado, este pavo real en miniatura, desplumado y hosco, recorre los salones abiertos con los ojos encendidos por la pasión y el orgullo. Lustra los cristales—las auténticas piedras preciosas están desde hace tiempo en manos de un judío inglés—que orlan la insignia de la Orden, se empolva cuidadosamente el pelo y practica ante el espejo (con esos burgueses uno se olvida hasta de los buenos modales) el antiguo estilo de la reverencia y el saludo típico de la corte de Luis XV. Cierto que la espalda le cruje un poco, pues no es posible arrastrar impunemente la carcasa durante setenta y tres años por toda Europa, montado en todo tipo de carruajes, por no hablar de la savia que, Dios bien lo sabe, le han sacado tantas mujeres. Pero al menos en la azotea, en la caja del cerebro, no se le ha agotado el ingenio: todavía es capaz de divertir a esos señores y hacerse valer ante ellos. Incluso le da tiempo de escribir sobre un rugoso papel de tina, con letra redonda, un poco temblorosa y llena de arabescos, un poemilla de bienvenida en francés, dedicado a la princesa de Recke; traza luego una pomposa dedicatoria en su nueva comedia destinada al teatro de aficionados. Incluso en un lugar como Dux hay alguien que no ha olvidado las buenas formas, un caballero que sabe recibir como corresponde a una reunión de amantes de las letras.

Y, en efecto, en cuanto los carruajes entran rodando, mientras él baja los altos peldaños con sus gotosos pies retorcidos, el señor conde y sus invitados entregan indiferentes sus sombreros, abrigos y pieles a los criados, pero a él lo abrazan al estilo de los nobles y de inmediato lo presentan a los invitados como el célebre Chevalier de Seingalt, alaban sus méritos literarios, mientras las damas compiten para tenerlo como vecino a la mesa. Todavía no se han vaciado las fuentes, y las pipas pasan ya de mano en mano en la mesa, cuando el príncipe, tal y como él suponía de antemano, se interesa por los progresos del fascinante relato de su vida, y todos los señores y las damas le solicitan al unísono que les lea en voz alta algún capítulo de esas memorias que, sin duda, están destinadas a pasar a la posteridad. ¿Cómo puede negarle él un deseo al más adorable de todos los condes, a su piadoso benefactor? El señor bibliotecario sube la escalera a toda prisa, renqueando, hasta su habitación y escoge entre los quince legajos uno marcado con una cinta de seda: el pasaje principal y más selecto, uno de los pocos que no es preciso ahorrar a una dama, su fuga de las mazmorras de la prisión veneciana de los Plomos. Con cuánta frecuencia y a cuánta gente no habrá leído ya esa aventura incomparable: al príncipe de Baviera, al de Colonia, al círculo más selecto de la aristocracia inglesa y a la corte de Varsovia. Para Casanova es importante que se den cuenta de que narra de un modo que nada tiene que ver con el de un autor prusiano y apergaminado como el señor Von Trenck, cuyas *Prisiones* tanto revuelo causaron. Y es que

Casanova ha añadido recientemente algunas nuevas peripecias, giros inesperados y, para concluir, una cita soberbia del divino Dante. Un aplauso atronador recompensa su lectura: el conde lo abraza y, en secreto, le mete con la mano izquierda un puñado de ducados en el bolsillo, un dinero al que él, bien lo sabe Dios, puede dar un buen uso porque, aunque todo el mundo lo haya olvidado, sus acreedores lo persiguen hasta este lugar remoto. Un par de gruesas lágrimas le corren por las mejillas, la princesa también lo felicita con gesto bondadoso y todos brindan por él, por la pronta conclusión de su ilustre obra maestra.

Sin embargo, al día siguiente, ¡ay!, los caballos se agitan impacientes haciendo resonar los arreos, las calesas esperan junto al portón de la entrada, porque los distinguidos nobles viajan a Praga, y aunque el señor bibliotecario hizo tres sutiles insinuaciones de que él también tenía asuntos urgentes que resolver en esa ciudad, nadie lo lleva consigo. Tiene que quedarse en ese enorme y frío arcón de piedra de Dux, a merced de esa insolente chusma de sirvientes bohemios que, apenas se disipe el polvo tras las ruedas de la carroza del conde, le mostrarán de nuevo su estúpida sonrisa maliciosa de oreja a oreja. Sólo hay bárbaros a su alrededor, ningún ser humano que sepa hablar en francés o en italiano sobre Ariosto o Jean-Jacques Rousseau. Tampoco puede pasar todo el tiempo escribiendo cartas a ese burócrata engreído, el señor Opiz de Czaslau, o a esas dos o tres damas bondadosas que todavía le hacen el honor de mantener correspondencia con él. El tedio cae de nuevo sobre las habitaciones vacías como un humo gris, asfixiante y soñoliento, y la gota ayer olvidada le muerde las piernas con redoblado furor. Gruñendo, Casanova se quita el traje de gala y cubre sus huesos helados con su bata de gruesa lana turca; refunfuñando, se arrastra hasta su único refugio, el de los recuerdos, situado en su escritorio: allí lo esperan las plumas, junto a la pila de legajos blancos, y el papel cruje expectante. Entonces, suspirando, se sienta y con mano temblorosa continúa escribiendo—¡bendito tedio que lo empuja a escribir!—la historia de su vida.

Porque esa frente cadavérica que recuerda el cráneo de un muerto conserva fresca y floreciente, como la blanca pulpa de una nuez protegida por la dura cáscara, una memoria prodigiosa. En ese pequeño espacio óseo situado entre la frente y el occipucio, todo permanece intacto, pulcramente apilado, allí está todo lo visto en miles de aventuras por esos ojos refulgentes, todo lo olido por esas anchas y trémulas aletas de la nariz, todo lo acariciado por sus manos duras y ávidas. Por su parte, los dedos gotosos que hacen correr la pluma de ganso durante trece horas al día («Trece horas que se me van como si fuesen trece minutos»), recuerdan aún todos los tersos cuerpos de mujer que otrora acariciaron con deleite. Sobre la mesa yacen, en desorden, las cartas amarillentas de sus antiguas amantes, notas, mechones de cabello, pagarés y recuerdos; y del mismo modo que sobre la llama apagada queda pendiendo un humo plateado, flota aquí la nube invisible impregnada del aroma delicado de esos borrosos recuerdos. Cada abrazo, cada beso, cada entrega va aflorando de esa colorida fantasmagoría. Aunque, a decir verdad, tal conjura del pasado no significa un esfuerzo, sino un placer, «*le plaisir de se souvenir ses plaisirs*», el placer de recordar los placeres. Los ojos brillan en el rostro del anciano gotoso, los labios le tiemblan a causa de la emoción y el esfuerzo, pronuncia a media voz algunas palabras, diálogos reinventados o recordados a medias, imita involuntariamente las voces de entonces y ríe sus propias bromas. Se olvida de comer y de beber, olvida la miseria, las penurias, la humillación y la impotencia, olvida todos sus lamentos y la monstruosidad de la vejez. A medida que rejuvenece en sueños ante el espejo de sus recuerdos, las sombras invocadas de Henriette, Babette y Thérèse se acercan flotando y él disfruta su nigromántica presencia quizá más que la vivida. Y así continúa escribiendo sin parar, se zambulle en la aventura gracias a sus maltrechos dedos y a la pluma, como antes lo hacía gracias a su cuerpo ardiente. Va y viene, recita en voz alta, olvidado de su suerte actual.

A la puerta se asoman los estúpidos criados y socarronamente se preguntan: «¿Con quién diantres se ríe el viejo gabacho en su cuarto?». Burlones, se llevan un dedo a la frente y se dan unos golpecitos con el índice para indicar que el extravagante anciano se ha vuelto loco. Luego bajan ruidosamente la escalera hacia la bodega y dejan al anciano solo en su buhardilla: nadie en el mundo sabe ya nada de él, ni en los alrededores ni en el extranjero. Este viejo halcón huraño mora en lo alto de su torre de Dux como si fuera la punta de un iceberg, completamente ignorado y desconocido. Cuando, a finales de junio de 1798, su corazón fatigado se detiene al fin, cuando depositan bajo tierra ese cuerpo abrazado con fervor por miles de mujeres, el registro parroquial ni siquiera sabe su nombre correcto. «Casaneus, veneciano, ochenta y cuatro años», ese inexacto nombre le dan, y también la edad es errónea, tan desconocido se ha vuelto para sus contemporáneos. Nadie limpia su tumba, nadie vela por sus escritos. Olvidado, su cuerpo se corrompe, como sus cartas, también olvidadas. Abandonados a su suerte deambulan los volúmenes de sus obras, pasando de unas manos ladronas a otras indiferentes: entre 1798 y 1822, durante un cuarto de siglo, nadie parece estar más muerto que este hombre, el más vivo de los vivos.

IX

EL ARTE DEL AUTORRETRATO

> Se trata únicamente de tener coraje.
>
> CASANOVA, *Historia de mi vida*

Tan extraña fue su vida como su resurrección. El 13 de diciembre de 1820—¿quién se acuerda para entonces de Casanova?—el prestigioso editor y librero Brockhaus recibe la carta de un desconocido señor Gentzel, preguntándole si tiene interés en publicar *Historia de mi vida hasta el año 1797*, escrita por un no menos desconocido *signor* Casanova. El librero, por si acaso, hace que le envíen los legajos, que da a leer a los expertos, cuyo entusiasmo podemos imaginar muy bien. A continuación, compran el manuscrito, lo traducen, probablemente lo falsean burdamente, poniendo hojas de parra para adecentarlo y ajustarlo a las buenas costumbres de la época. Al llegar al cuarto tomo, el éxito es tan clamoroso que un astuto pirata parisino traduce de nuevo al francés la versión alemana—en una doble adulteración del manuscrito—, y entonces Brockhaus, celoso, responde a esa traducción francesa con su propia versión al francés, también a partir de la traducción alemana. En suma, Giacomo, resucitado, vuelve a estar más vivo que nunca en todos los países y ciudades que lo conocieron, sólo su manuscrito queda sepultado solemnemente en las arcas de hierro de Brockhaus, y sólo los dueños de la editorial, además de Dios, saben los inescrutables caminos que recorrieron esos tomos a lo largo de veintitrés años, cuánto se perdió, cuánto fue adulterado, mutilado, falseado o cambiado desde entonces. Como digna herencia de Casanova, todo el asunto está rodeado de misterio, aventura, engaños y trampas, pero en cualquier caso ¡qué maravilla poseer la novela de aventuras más irreverente y trepidante de todos los tiempos!

El propio Casanova jamás creyó seriamente en la publicación de ese monstruo. Según confiesa en una ocasión el gotoso eremita:

> Desde hace siete años no hago otra cosa que escribir mis memorias, y poco a poco para mí concluirlas se ha ido convirtiendo en una necesidad, aunque lamento mucho haberlas empezado. Pero escribo con la esperanza de que mi historia jamás vea la luz pública, porque, aparte de que la infame censura, dedicada a sofocar el espíritu, jamás permitiría su publicación, espero ser, en mi postrera enfermedad, lo suficientemente razonable para hacer quemar todos mis cuadernos delante de mis propios ojos.

Por suerte, como Casanova fue siempre fiel a sí mismo, jamás se mostró razonable, y su «rubor secundario»—el rubor por no poder ruborizarse, como él mismo explicó en una ocasión—no le impidió echar mano a la pluma para fabular día tras día, durante doce horas, y seguir llenando legajos con su hermosa letra redonda. Porque esas memorias fueron, después de todo, «el único remedio para no enloquecer ni morir de tristeza a causa de los disgustos y problemas diarios que me dan los canallas envidiosos que se encuentran conmigo en el castillo del conde Waldstein».

Tal vez sea un motivo lamentable escribir unas memorias para matar el tiempo y evitar la esclerosis intelectual, pero no deberíamos despreciar el tedio como motor de la creación. Debemos el *Quijote* a los monótonos años que Cervantes pasó encerrado en unos calabozos, y las mejores páginas de Stendhal, por su parte, a sus años de exilio en los cenagales de Civitavecchia. Sólo en una habitación oscura, en ese espacio artificialmente ensombrecido, surgen las imágenes más coloridas de la vida. Si el conde Waldstein se hubiese llevado consigo a París o a Viena al bueno de Giacomo, si lo hubiese alimentado bien y le hubiera permitido catar los encantos de las mujeres, si le hubieran hecho los honores a su ingenio en todos los salones, los deslumbrantes relatos de las memorias se habrían difuminado en las charlas ante una taza de chocolate o una copa de sorbete, y jamás los habría puesto por escrito. Pero al viejo zorro no le queda más remedio que sentarse solo y pasar frío en su escondrijo bohemio para relatarlo todo como si hablara desde el reino de los muertos. Sus amigos han muerto, sus aventuras han caído en el olvido, ya nadie siente respeto ni veneración por él, nadie lo escucha, y es así como el viejo encantador ejercita otra vez el arte de la cábala de invocar a las figuras del pasado, para demostrarse que está vivo o, al menos, que ha vivido («*vixi, ergo sum*»). Los hambrientos se alimentan con el olor del asado, pero los veteranos de la guerra y del amor lo hacen con el relato de sus propias hazañas. «Al recordar los placeres que he vivido, los renuevo y me río de las penas que sufrí y que ya no siento». Casanova acomoda a su gusto esa colorida cámara oscura del pasado como si fuese el juguete de un anciano. Quiere olvidar su presente miserable gracias a las imágenes coloridas del recuerdo. Ése es su único propósito, y precisamente esa absoluta indiferencia hacia todo y hacia todos otorga a su obra un singular valor psicológico como autobiografía. Porque normalmente quien narra su vida lo hace con un propósito muy claro y en cierto modo prepara la puesta en escena: el autor sale al escenario y se pone delante del público, actúa inconscientemente, adopta ciertas poses para dar más interés a su personaje. Los hombres célebres nunca gozan de libertad en sus autobiografías, ya que la imagen de sus vidas se confrontará con una imagen prefigurada en la imaginación o en la memoria de innumerables personas.

Por eso están obligados, aun en contra de su voluntad, a estilizar su propia descripción para adaptarla a la leyenda ya creada. Deben tener consideración con su país, con sus hijos, con la moral, con el respeto y el honor, siempre en aras de su propia gloria: el que pertenece a muchos siempre está atado por infinidad de lazos.

Casanova, en cambio, puede concederse el lujo de la más radical libertad y desvergüenza del anonimato: no le entorpecen los escrúpulos familiares, morales u objetivos. Sus hijos han quedado ocultos en nidos ajenos, como los huevos del cuclillo; las mujeres con las que se ha acostado se pudren desde hace mucho tiempo bajo tierra italiana, española, inglesa o alemana; él mismo no forma parte de ninguna patria, ningún terruño, ninguna religión. Al diablo, pues, todo. ¿A quién debería proteger? ¡Menos que a nadie a sí mismo! Lo que relata ya no le sirve de nada, pero tampoco puede causarle daño alguno. Él mismo se pregunta: «¿Por qué no voy a ser fiel a la verdad? Uno jamás se engaña a sí mismo, y yo sólo escribo para mí».

Ser fiel a la verdad, sin embargo, no quiere decir para Casanova indagar y reflexionar, sino sencillamente no tener escrúpulos, ni consideración ni vergüenza. Se despoja de la ropa, se pone cómodo, completamente desnudo, y luego sumerge una vez más su cuerpo decrépito en la cálida corriente de la sensualidad, se zambulle y chapotea alegre y descaradamente en sus recuerdos, con absoluta indiferencia por los espectadores presentes o imaginarios. No cuenta sus aventuras para alcanzar la gloria, como el literato, el general o el poeta, sino como un vagabundo que narra sus estocadas, o como una *cocotte* que envejece y recuerda melancólica sus horas de amor; es decir, cuenta sus aventuras sin las inhibiciones propias del pudor o los escrúpulos. «*Non erubesco evangelium*» ('No me ruboriza la confesión') es el epígrafe de *Historia de mi vida*. Casanova no se envanece, ni mira arrepentido hacia el futuro: dice las cosas tal como son, tal como le vienen a la mente. No es extraño, pues, que su libro sea uno de los más francos y naturales de la historia universal, de una objetividad en lo que al erotismo se refiere que recuerda a la estadística, de una sinceridad en su amoralidad realmente antigua.

Quizá pueda resultar de una sensualidad demasiado grosera, y para algunos espíritus delicados tal vez haga demasiado alarde de los músculos fálicos, como un atleta satisfecho de sí mismo. Pero es mil veces mejor ese exhibicionismo desvergonzado que el cobarde escamoteo de los aspectos escabrosos o la sosa galantería *in eroticis*. Basta comparar los tratados eróticos de su época (las frivolidades edulcoradas de un Grécourt, un Crébillon o los *Amours du chevalier de Faublas*, en los que Eros va vestido de pastorcillo y el amor es de una lascivia inofensiva, un jueguecito galante en el que jamás se contrae la sífilis, ni se hacen hijos) con sus descripciones directas y precisas, rebosantes de una sana y abundante alegría en el goce, para poder apreciar cabalmente su humanidad y su naturalidad elemental. En Casanova, el amor viril no aparece como el delicado recodo azul de un río en el que las ninfas juguetonas se refrescan los pies, sino como una corriente inmensa, surgida de la naturaleza, cuya superficie refleja el mundo, pero cuyo lecho arrastra todo el lodo y la suciedad de la tierra. Como ningún otro memorialista, Casanova retrata el carácter universal y salvaje del instinto sexual masculino, que recuerda al ardor del dios Pan. Por fin aparece alguien con el valor suficiente para mostrar la amalgama que conforman la carne y el espíritu en el amor masculino, alguien que no sólo narra las aventuras sentimentales, los amoríos de salón, sino también las aventuras en las calles infestadas de rameras, los hechos de la sexualidad cruda consagrada tan sólo a los cuerpos, todo el laberinto del sexo que recorre cualquier hombre real.

No es que otros grandes autores de autobiografías como Goethe o Rousseau no hayan sido sinceros en la representación que ofrecieron de ellos mismos, pero existe cierta falta de sinceridad derivada de decir verdades a medias o de callar ciertas cosas, y ambos, deliberada o inconscientemente, silencian con cuidado los episodios menos seductores, los puramente sexuales de sus vidas amorosas, para extenderse sólo en los amores espirituales, sentimentales o apasionados con sus Claras o Margaritas. Con ello falsifican y subliman de modo inconsciente la imagen auténtica del erotismo masculino: Goethe, Tolstói o incluso Stendhal, que no era en ningún modo un mojigato, omiten, avergonzados, innumerables aventuras meramente sexuales y encuentros con la *Venus Vulgivaga* del amor terrenal, demasiado terrenal. De modo que, sin el desfachatado y sincero Casanova, tan gloriosamente desvergonzado, sin este hombre que descorre todas las cortinas, la literatura universal estaría desprovista de un fresco totalmente sincero y completo de la sexualidad del hombre. En Casanova vemos por fin el mecanismo sexual de la sensualidad en funcionamiento, vemos el mundo carnal incluso cuando se vuelve sórdido y pringoso. En cuestiones de sexo, Casanova no sólo cuenta la verdad, sino que cuenta—¡enorme diferencia!—toda la verdad: sólo la representación del amor que él nos ofrece es tan verdadera como la realidad.

¡¿Que Casanova cuenta toda la verdad?! Ya escucho a los filólogos levantarse indignados de sus asientos, después de haber pasado los últimos cincuenta años disparando dardos a su chivo expiatorio histórico y desenmascarando varias mentiras descaradas. ¡Pero no se apresuren! No cabe duda de que este hábil tramposo, este mentiroso profesional y vagabundo ha barajado las cartas de sus memorias con artificio (*Il corrige la fortuna*), y dota de piernas más rápidas al azar, a menudo tan lento. Casanova adorna, engalana y sazona su *ragout* afrodisíaco con todos los ingredientes de una imaginación condimentada por las privaciones, quizá, incluso, inconscientemente. Sin duda no es posible buscar en él a un fanático de la verdad absoluta, ni a un historiador fiable, y es absurdo pretender golpearle los dedos con la rígida regla de la ciencia cada vez que detectamos algún error, imprecisión o invención. Sin embargo, todos esos pequeños fraudes, esos errores cronológicos, mistificaciones y fanfarronadas, esos olvidos arbitrarios y a menudo tan justificados, no cuentan frente a la inmensa y única veracidad del conjunto de estas memorias. No hay duda de que Casanova ha hecho abundante uso del indiscutible derecho del artista a confundir tiempo y espacio, y a narrar de un modo más sensual los acontecimientos. Pero ¿eso qué importa frente a la manera sincera, franca y clara con la que contempla su vida y su tiempo en general? No sólo él, sino todo un siglo aparece vivo de repente en el escenario: en episodios dramáticos, emotivos por los contrastes y cargados de electricidad, giran en abigarrado desorden todas las capas y clases de la sociedad y las naciones, todos los paisajes y todas las esferas, en un insólito cuadro de buenas y malas costumbres.

Aunque pueda reprocharse a Casanova no profundizar demasiado ni ofrecer un punto de vista demasiado elevado, precisamente su superficialidad otorga a su visión un inmenso valor documental para la historia de la cultura. Casanova no pretende explicar el porqué ni el cómo de las cosas, ni clasificarlas. No, él lo deja todo en desorden, en libertad, en la auténtica coexistencia del azar, sin hacer distinciones ni discriminar. Todo en él tiene la misma importancia, basta con que algo lo divierta—¡el único criterio de valor en su mundo!—. No conoce lo grande o lo pequeño, ni en lo moral ni en lo real, no conoce el bien o el mal. Por eso describirá la conversación con Federico el Grande de un modo tan detallado y emocionante como la charla sostenida diez páginas antes con una prostituta cualquiera; describirá con la misma objetividad y exactitud el burdel parisino que el palacio de invierno de Catalina, la zarina de Rusia. Concede la misma importancia a los centenares de ducados ganados jugando al faraón o a la frecuencia con que se erige victorioso con alguna de sus amantes, la Dubois o Hélène, que a preservar para la historia de la literatura la conversación con Voltaire. No atribuye a nada en el mundo un significado moral o estético, de ahí que su universo posea un equilibrio tan magnífico. El hecho de que las memorias de Casanova no sean más que los apuntes de un viajero inteligente que recorre los paisajes más interesantes de la vida, si bien no hace de ellas un tratado filosófico, las convierte, al mismo tiempo, en una guía de viajes histórica, un Cortigiano del siglo XVIII y una divertida crónica escandalosa, un perfecto testimonio de la vida cotidiana en una época determinada. No hay nadie que nos permita conocer mejor la vida cotidiana y la cultura del siglo XVIII: los bailes, los teatros, los cafés, las fiestas, las hospederías, las salas de juego, los burdeles, las partidas de caza, los monasterios y las fortalezas. A través de él sabemos cómo se viajaba, cómo se comía, cómo se jugaba o se bailaba, cómo vivía, amaba o se divertía la gente: conocemos las costumbres, los modales, la manera de hablar y las formas de vida.

A esta abundancia de hechos, de realidades concretas y prácticas, se añade también el tumultuoso desfile de figuras humanas, las suficientes para llenar veinte novelas o suministrar material a diez generaciones de narradores. ¡Qué repertorio humano! Hay soldados y príncipes, pontífices y reyes, vagabundos y tahúres, comerciantes y notarios, *castrati*, rufianes, cantantes, vírgenes y prostitutas, escritores y filósofos, sabios y necios, en fin, la colección de tipos humanos más divertida y prolija que un individuo haya reunido en un libro. Centenares de novelas cortas y dramas deben a esa obra sus mejores personajes y situaciones, y esa mina sigue siendo inagotable: del mismo modo que diez generaciones de romanos sacaron piedras del Foro para usarlas en nuevos edificios, varias generaciones de escritores tomarán prestados a este derrochador por excelencia sus bustos y peanas.

De nada sirve desdeñar su dudoso talento, ni condenar en nombre de la moral su conducta contraria a la ley, ni criticar con pedantería sus frivolidades filosóficas. Todo eso es absurdo, ya que Giacomo Casanova pertenece a la literatura universal al igual que el ahorcado Villon u otras tantas existencias turbias, y sobrevivirá a innumerables poetas y jueces morales. Como en la vida misma, redujo al absurdo, *post festum*, todas las leyes vigentes de la estética, despreció el catecismo de la moral, pues la pervivencia de su influjo prueba que no es necesario tener un talento especial ni ser demasiado aplicado, decente, noble ni sublime para entrar en los recintos sagrados de la inmortalidad literaria. Casanova ha demostrado que es posible escribir la novela más divertida del mundo sin ser poeta, y ofrecer la imagen más perfecta de una época sin ser historiador, ya que en última instancia lo que importa no es la forma, sino el efecto causado, no es la moralidad, sino la fuerza. Cualquier sentimiento intenso puede resultar productivo, tanto la desvergüenza como el pudor, la falta de carácter como el carácter, la maldad como la bondad, la moral como la inmoralidad: lo decisivo para pasar a la eternidad no es nunca la forma del alma, sino la plenitud de su humanidad. Sólo la intensidad nos hace eternos, y cuanta más fuerza, vitalidad, coherencia y singularidad tenga la vida de un hombre, mejor conseguirá ponerla de manifiesto. La inmortalidad no sabe qué es moral o inmoral, no distingue el bien del mal, se limita a valorar las obras y su fortaleza, exige al creador unidad, no pureza, le pide que sea un ejemplo y una figura original. Para ella la moral no significa nada, la intensidad lo es todo.

STENDHAL

I
EL PLACER DE MENTIR Y EL AMOR A LA VERDAD

> Me encantaría llevar máscara y cambiarme el nombre.
>
> STENDHAL, *Correspondance*

Pocos han mentido tanto y mistificado el mundo de un modo tan apasionado como Stendhal, pero pocos también han dicho la verdad de un modo mejor y más profundo.

Sus mascaradas y engaños deliberados se cuentan por docenas. Antes de abrir un libro suyo topamos con el primer artificio en la portada, ya que Henri Beyle jamás confiesa su verdadero nombre. A veces le añade una partícula de nobleza, otras se transforma en César Bombet o añade a sus iniciales H. B. unas misteriosas A. A., tras las cuales ni el mismísimo diablo sería capaz de adivinar las siglas de un cargo tan modesto como el de *ancien auditeur*, lo que, en buen español, significaría ex auditor estatal. Stendhal sólo se siente seguro tras el pseudónimo. En una ocasión, se enmascara como pensionista austríaco, en otra, como *ancien officier de cavalerie*, pero su máscara preferida es Stendhal, un enigmático nombre para sus compatriotas tomado de una pequeña localidad prusiana, que inmortalizó así. Si añade alguna fecha podemos apostar a que no es la correcta; si en el prólogo a *La cartuja de Parma* cuenta que el libro fue escrito en 1830, a mil doscientos kilómetros de París, eso no impide que en realidad escribiera la novela en 1839, en plena capital francesa. Las contradicciones en los hechos fehacientes son tantas que tropiezan continuamente unas con otras. En una autobiografía confiesa con tono pomposo que estuvo en los campos de batalla en Wagram, Aspern y Eylau, pero ni una sola palabra es cierta, ya que luego su propio diario se encarga de revelarnos, de manera irrefutable, que en ese momento se encontraba cómodamente instalado en París. En alguna ocasión habla de una larga e importante conversación sostenida con Napoleón, pero—¡fatalidad!—en otro lugar leemos la confesión, mucho más creíble, en la que nos dice que «Napoleón no entablaba conversaciones con necios de mi condición». He ahí la razón de que haya que andarse con sumo cuidado ante cualquier afirmación de Stendhal, sobre todo en sus cartas, a las cuales ponía siempre fechas falsas o firmaba con algún nuevo pseudónimo debido a un supuesto temor a la policía. En alguna ocasión está paseando por Roma y pone Orvieto en el remitente; si escribe desde Besançon, es probable que en realidad haya pasado esos días en Grenoble. A veces es el año, otras muchas es el mes lo que nos da la pista falsa y—casi con absoluta seguridad—la firma. No era, sin embargo—como piensan muchos—, un mero temor a las mazmorras de la policía austríaca lo que lo movía a hacer tales bufonadas, sino una necesidad instintiva de fanfarronear, de sorprender, de fingir y ocultarse.

Stendhal maneja magistralmente las mistificaciones y los pseudónimos como quien agita un reluciente florete, con el único propósito de que ningún indiscreto se le acerque. El propio escritor jamás oculta su pasión por el engaño y la intriga. En una ocasión en que un amigo le reprocha en una carta haber sido un infame mentiroso, él anota con toda ecuanimidad, al borde de la acusadora misiva: «*Vrai*» ('Cierto'). Con picardía y cierto placer irónico, escamotea en sus certificados oficiales los años de servicio, hace declaraciones de lealtad a veces contra los Borbones, otras contra Napoleón. En todos sus escritos, tanto los publicados como los privados, abundan las imprecisiones como las huevas de peces en una laguna. Y la última de sus mistificaciones—¡hito de la mitomanía!—aparece expresamente por voluntad testamentaria, tallada en mármol sobre su lápida en el cementerio de Montmartre. Todavía hoy puede leerse la engañosa inscripción «*Arrigo Beyle, milanese*» en la tumba de quien fue bautizado en buen francés como Henri Beyle y (¡para su disgusto!) nació en la rancia y provinciana ciudad de Grenoble. Incluso ante la muerte quiso presentarse Stendhal enmascarado y adoptó un romántico disfraz.

Sin embargo, a pesar de todo, son pocos los hombres que han confesado ante el mundo tantas verdades sobre ellos mismos como este maestro en el arte de la simulación. Stendhal sabía ser tan audaz en el amor a la verdad como en la pasión por la mentira. Con una franqueza desconcertante, a menudo perturbadora, libre de toda inhibición, supo expresar con osadía única, en voz alta y sin rodeos, ciertas experiencias y observaciones sobre sí mismo muy íntimas que otros prefieren omitir o escamotear antes siquiera de haberlas atisbado. Y es que Stendhal posee el mismo valor—y hasta el mismo desparpajo—para la verdad que para la mentira, salta de una a otra con una falta de escrúpulos que supera todos los obstáculos de la moral imperante, sortea todas las barreras y prohibiciones que nos impone nuestro juez interior. Tímido en la vida y frente a las mujeres, se volverá audaz en cuanto se haya atrincherado tras la muralla de su ocultamiento y tome la pluma. Entonces no habrá «inhibición» que lo detenga, por el contrario, cada vez que detecte una resistencia en su interior, la extirpará de su ego para diseccionarla con la mayor objetividad. Justamente lo que más lo inhibía en la vida es lo que mejor dominará en la psicología. Y así, ya en 1820, gracias a su intuición Stendhal había logrado forzar con mucho éxito algunas de las más sofisticadas cerraduras de la mecánica del alma, las mismas que sólo cien años más tarde el psicoanálisis lograría desarmar en piezas y volver a reconstruir con la ayuda de sus complejos e ingeniosos aparatos. Su innato valor de psicólogo, entrenado con la asiduidad del gimnasta, se anticipa de repente un siglo entero a una ciencia que avanza lentamente. Sin embargo, Stendhal no posee ningún otro laboratorio salvo el de la propia observación: su único instrumento es, y seguirá siendo, una curiosidad inmensa, inagotable. Observa lo que siente y lo expresa con franqueza, incluso con insolencia, y cuanto más osado es, tanto mejor, cuanto más íntimo es lo que revela, mayor pasión pone al hacerlo.

Prefiere explorar a fondo sus peores sentimientos, los más ocultos: basta recordar la frecuencia y el fanatismo con que se vanagloria del odio que siente hacia su padre, su sarcástico relato sobre cómo pasó un mes entero esforzándose por sentir dolor ante la noticia de su muerte. Las confesiones más vergonzosas sobre sus inhibiciones sexuales, sus continuos fracasos con las mujeres, las heridas que le inflige su desmedida vanidad, todo eso lo expone ante el lector con la objetiva exactitud y precisión del cartógrafo. Así, en Stendhal encontramos ciertas confidencias íntimas de la más sutil sinceridad descritas con una frialdad clínica, revelaciones que ningún hombre antes se atrevió a contar en voz alta ni confió jamás a la indiscreción de la letra impresa. Su mérito consiste en haber grabado para siempre en el cristal claro y transparente de su fría inteligencia algunas de las conclusiones más valiosas acerca del alma. Sin este prodigioso maestro de la simulación, conoceríamos muchas menos verdades sobre el universo de los sentimientos y las bajas pasiones. Porque quien es sincero una sola vez en perjuicio de sí mismo lo ha sido para siempre. Quien revela sus secretos más íntimos, los desvela por todos los demás.

II

RETRATO

> Eres feo, pero tienes personalidad.
>
> El tío GAGNON
> al joven Henri Beyle

Anochece y la oscuridad invade la pequeña buhardilla de la rue Richelieu. Dos velas arden sobre el escritorio, Stendhal lleva escribiendo su novela desde el mediodía. De pronto, arroja la pluma bruscamente. ¡Ya es suficiente por hoy! ¡Es hora de asearse, salir, comer bien, ver gente, disfrutar de alguna agradable conversación y de la compañía de las mujeres!

Stendhal se prepara, se pone la levita, se acomoda el tupé. Se mira rápidamente una última vez en el espejo, y de inmediato una sonrisa sardónica tuerce la comisura de sus labios: no, no se gusta. ¡Vaya cabeza de bulldog más tosca y grosera! Redonda, rojiza, rechoncha, de burgués. ¡Qué narizota repulsiva de anchas ventanas en medio de su rostro provinciano! Incluso los ojos—que en sí mismos no estarían tan mal, son negros y refulgentes, llenos de esa inquieta luz que les otorga la curiosidad—le parecen demasiado hundidos y diminutos bajo las gruesas cejas, en una frente ancha y cuadrada. En su época en el regimiento todos se burlaban de él apodándolo «*le Chinois*», el chino. ¿Acaso hay algo agradable en ese rostro? Stendhal se mira con rabia: no, nada está bien. No es un rostro delicado ni muestra vivacidad de espíritu, todo su aspecto es feo y vulgar, todo es de lo más terriblemente burgués. Y por si eso no bastara tiene la cabeza en forma de bola, enmarcada por la barba castaña, que tal vez sea lo mejor de este cuerpo tan poco agraciado. Porque justo debajo del mentón crece, fofo, el cuello demasiado corto, y es preferible no seguir mirando más abajo, ya que detesta su estúpida barriga abultada y las feas piernas demasiado cortas, las mismas que con tanto esfuerzo cargan la pesada mole de Henri Beyle, la que le granjeó entre sus condiscípulos el mote de «torre ambulante». No obstante, Stendhal sigue buscando consuelo delante del espejo. Las manos, por ejemplo, son delicadas como las de una mujer, muy suaves, con uñas bien cortadas y limpias, y evidencian cierto espíritu y cierta distinción. También la piel fina y tersa como la de una adolescente revela sentimientos delicados, cierta nobleza y sensibilidad. Pero ¿quién se fija en esos detalles femeninos en un hombre? Las mujeres se interesan únicamente por el rostro y la figura, y en su caso ambas cosas son irremediablemente plebeyas, eso lo sabe desde hace cincuenta años. Agustin Filon dijo de su cabeza que parecía la de un tapicero, y Monselet lo caracterizó como un «diplomático con cara de boticario». Pero incluso tales juicios le parecen sumamente amables, porque ahora Stendhal juzga por sí mismo, y mirando fijamente, malhumorado, al implacable espejo, se dice: «*Macellaio italiano*», el rostro de un carnicero italiano.

¡Si al menos ese cuerpo obeso y corpulento fuera masculino y brutal! Hay mujeres que se fían de los hombres de anchos hombros y a las que un cosaco les complace más, en ciertos momentos, que cualquier dandi. Sin embargo, por desgracia, él sabe que en su caso esa figura ruda de campesino, esa rubicundez de la sangre es sólo apariencia, una fachada. En el interior de ese coloso vibra y se estremece un manojo de nervios de una sensibilidad agudísima, casi enfermiza, todos los médicos se asombran al descubrir que es un «monstruo de sensibilidad». Y un alma de mariposa como la suya—¡menuda fatalidad!—está encarcelada en ese cuerpo gordo y robusto. Sin duda, algún demonio nocturno debió de cambiar en la cuna el alma de ese cuerpo, porque no se ha visto otra psique tan enfermiza y sensible, que se estremezca tanto con cualquier excitación, en un envoltorio tan recio. Si se abre una ventana en la habitación contigua, un intenso escalofrío recorre su fina piel; si una puerta se cierra de golpe, los nervios se estremecen y se desgarran con violencia; basta un mal olor para que Stendhal se maree; la cercanía de una mujer hace que lo embarguen la turbación o el miedo, o que se vuelva grosero y maleducado por puro temor a parecer estúpido. ¡Una mezcla incomprensible! ¿Para qué tanta carne, tanta grasa, tanta barriga, para qué esa recia osamenta de carretero en una sensibilidad tan aguda y susceptible? ¿Para qué ese cuerpo tosco, insignificante y rudo en un alma tan complicada e inquieta?

Stendhal se aparta del espejo. Su aspecto no tiene remedio, lo sabe desde joven. De nada sirve que el sastre sea un mago y le haya confeccionado la faja que lleva debajo del chaleco para comprimir hábilmente la panza, o los elegantes pantalones de seda de Lyon hasta la rodilla, que disimulan sus ridículas piernas cortas; de nada sirven tampoco el tinte para el cabello que oscurece con un viril tono castaño las patillas hace tiempo encanecidas, ni la elegante peluca que cubre la calva cabeza, ni el uniforme consular con ribetes dorados, ni las uñas limadas y relucientes. Todos esos remedios y trucos adornan y mitigan bien poco: disimulan la edad, la obesidad y la calvicie, pero a pesar de todo ninguna mujer se volverá para mirarlo en un bulevar, ninguna lo contemplará a los ojos con el éxtasis y el arrobo de una madame de Rênal por su Julien o de una madame de Chasteller por su Lucien Leuwen. No, ellas nunca se han fijado en él, ni siquiera cuando era un joven teniente, de modo que mucho menos lo harán ahora, cuando la grasa aprisiona su alma y la edad le surca la frente. ¡Se acabó, ha perdido la partida! ¡No es posible seducir a las mujeres con esa cara, pero no tiene otra!

De modo que sólo le queda una salida: ser inteligente e ingenioso para resultar interesante y desviar la atención del rostro hacia el interior, deslumbrar, sorprender, seducir mediante la elocuencia: «Los talentos pueden compensar la falta de belleza». Cuando la fisonomía es tan desafortunada, es preciso cautivar a las mujeres por el espíritu, alentar su curiosidad en lo más profundo de sus almas, ya que falta la belleza que podría despertar sus sentidos. Hay que mostrarse, pues, melancólico con las sentimentales, cínico con las frívolas, y a veces al revés. En cualquier caso, hay que estar siempre alerta y ser ingenioso. «Divertid a una mujer y será vuestra». Es preciso aprovechar hábilmente la menor debilidad, fingir ardor cuando uno está helado y frialdad cuando a uno lo besan, cambiar de actitud inesperadamente para desconcertar, crear malentendidos por medio de tretas, mostrar siempre que uno es diferente. Y, ante todo, no desperdiciar ninguna oportunidad, no temer el fracaso, porque a veces las mujeres olvidan el rostro de un hombre: ¿acaso Titania, en una misteriosa noche de verano, no besó la cabeza de un asno?

Stendhal se pone su sombrero a la moda, coge los guantes amarillos y ensaya una fría sonrisa burlona delante del espejo. Sí, así debe comparecer esta noche en casa de madame de T.: irónico, cínico, frívolo y gélido como un témpano. Es preciso epatar, sorprender, deslumbrar, ocultar ese rostro espantoso bajo la máscara de la elocuencia. Necesita impresionar, llamar la atención desde el primer lance, ocultar su angustia interior tras sonoras bufonadas. Mientras baja la escalera imagina su entrada triunfal: hará que el criado lo anuncie como el comerciante César Bombet y una vez en el salón fingirá ser un comerciante de lanas parlanchín y locuaz. No dejará hablar a nadie, les contará sus negocios imaginarios con brillantez y desparpajo, hasta que logre acaparar la curiosidad de la concurrencia, divertida, y las mujeres se acostumbren a su cara. Luego, bastará un puñado de anécdotas divertidas y picantes que despierten los sentidos, algún rincón oscuro que disimule su físico, un par de copas de ponche y tal vez—sólo tal vez—a eso de la medianoche ya les parezca encantador a las mujeres.

III
LA PELÍCULA DE SU VIDA

1799. La diligencia de posta que cubre el trayecto de Grenoble a París se detiene en Nemours para cambiar el tiro. Hay piquetes de gente excitada, pancartas, gacetillas: el día anterior, en París, el joven general Bonaparte ha terminado por someter a la República, ha propinado un puntapié a la Convención y se ha proclamado cónsul. Todos los viajeros debaten acaloradamente, y sólo un jovencito de dieciséis años, de anchos hombros y mejillas sonrosadas, se muestra indiferente. ¿Qué le importan a él la República o los consulados si sólo viaja a París, supuestamente, para estudiar en la École Polytechnique? En verdad, sin embargo, lo único que le importa es huir de la provincia, vivir en París. ¡París, París! De inmediato, el eco enorme de este nombre se colma con un torrente de sueños. París significa lujo, elegancia, júbilo, cosmopolitismo, libertad y, sobre todo, mujeres, muchas mujeres. Seguramente intimará con alguna joven hermosa, distinguida y elegante (tal vez parecida a aquella Victorine Cably, la actriz de Grenoble a la que ha amado siempre, tímidamente, en silencio), y la conocerá en algún trance romántico, la salvará de ser aplastada por algún carruaje, para lo cual el joven Henri se arrojará delante de los caballos en estampida; en sus sueños, hará algo grande por ella, y la muchacha se convertirá en su amante.

El coche de posta continúa traqueteando de un modo implacable y el estrépito de las ruedas acalla las ensoñaciones prematuras. El joven apenas echa un vistazo al paisaje, casi no intercambia palabra con sus compañeros de viaje. Por fin, el carruaje se detiene delante de una barrera. Con paso estruendoso, las ruedas se adentran en ese estrecho, sucio y escarpado desfiladero de edificios, a través de unas callejuelas sinuosas, cubiertas por el vaho de comida rancia y miseria sudorosa. Asustado y decepcionado, el joven contempla su tierra soñada. ¿Es esto París? «*Ce n'est donc que cela?*», ¿no es más que esto? En adelante, repetirá esas palabras una y otra vez: después de su primer zafarrancho, durante el paso del ejército a través del San Bernardo, en su primera noche de amor. Comparada con los desmedidos anhelos románticos y los sueños exaltados, la realidad siempre le parecerá insípida y fría.

Lo dejan en un hotel cualquiera de la rue Saint-Dominique. Allí, en una buhardilla de la quinta planta, con una claraboya en lugar de ventana, auténtico semillero de feroz melancolía, habita el pequeño Henri Beyle durante algunas semanas, sin echar ni un vistazo a sus libros de matemáticas. Pasa horas trotando por las calles, siguiendo a las mujeres con la mirada. ¡Qué seductoras se ven con la insinuante moda neorromana que exhibe su desnudez! ¡Qué distinto es su comportamiento cuando bromean con sus adoradores! ¡Qué gracia y ligereza! Sin embargo, este joven torpe y tímido, tan poco elegante y osado, que viste una levita verde provinciana, no se atreve a acercarse a ninguna. Ni siquiera se atreve a aproximarse a las jóvenes que complacen por dinero y deambulan alrededor de las farolas de aceite. Henri se muere de envidia por lo que ve hacer a sus compañeros más osados. No tiene amigos, ni compañía ni trabajo: melancólico, vaga por las sucias calles, a la espera de una aventura romántica, tan absorto en sus ensoñaciones que a menudo falta poco para que lo atropelle un carruaje.

Finalmente, cansado, menesteroso de conversación y de afecto, visita a sus parientes, los ricos Daru. Éstos se muestran amables con él, lo convidan, le abren las puertas de su hermosa casa, pero también ellos vienen de la provincia—¡pecado original para Henri Beyle!—y eso es imperdonable. Viven como burgueses, son ricos y disfrutan de todas las comodidades, lo cual lo exaspera, pues él tiene los bolsillos vacíos. Hosco y torpe, como un enemigo secreto, se sienta con ellos a la mesa, ocultando su ardiente deseo de cariño tras un mutismo irónico y terco: es un tipejo desagradable y desagradecido, debieron de pensar los viejos Daru. Luego, entrada la noche, llega del Ministerio de Guerra, agotado, exhausto y taciturno, el héroe de la familia, Pierre Daru, quien más tarde llegaría a ser conde pero por entonces era la mano derecha del todopoderoso Bonaparte. Dada su íntima inclinación, a este militar le gustaría ser colega de ese joven poeta (al que no obstante considera un pobre imbécil y un perfecto ignorante, a fuerza de verlo enrocarse tercamente en el mutismo), ya que en sus horas de ocio traduce a Horacio y escribe tratados filosóficos, y llegará a ser el autor de una historia de la República de Venecia, aunque ahora se dedica a misiones más importantes a la sombra del futuro emperador Napoleón. Incansable trabajador, escribe día y noche, en el gabinete secreto del Estado Mayor, planes, cálculos y cartas, y nadie sabe para qué. El pequeño Henri Beyle lo detesta justamente por eso, porque Daru quiere ayudarlo a salir adelante y lo único que a él le interesa es encontrarse a sí mismo.

Así pues, un día Pierre Daru manda buscar al holgazán para que acuda de inmediato al Ministerio de Guerra, donde hay un puesto para él. Bajo la fusta de Daru, el pequeño y obeso Henri Beyle debe redactar cartas y más cartas, ponencias e informes desde las diez de la mañana hasta la una de la madrugada, hasta que se le acalambran los dedos. Todavía no sabe para qué sirve toda esa frenética labor, pero pronto el mundo lo sabrá. Sin sospecharlo, es también un gestor de la campaña de Italia, la que comienza con Marengo y concluye con la fundación de un imperio; por fin su instructor le revela el secreto: se ha declarado la guerra.

El pequeño Henri Beyle respira hondo. ¡Gracias a Dios! Su verdugo está a punto de partir al cuartel general y se acabará el odioso trabajo de redactar cartas. Henri respira aliviado: es preferible la guerra a seguir haciendo la labor más horrible del mundo, las dos cosas que más detesta: el trabajo y el tedio.

Mayo de 1800. En la retaguardia del ejército de Bonaparte en Lausana. Algunos oficiales de caballería reúnen sus caballos y ríen tanto que se estremecen los penachos de sus chacós. El espectáculo es ridículo. Hay allí un joven rechoncho y de piernas cortas, mitad civil y mitad militar, sentado sobre su jamelgo, al que se aferra torpemente como un mono, mientras lucha con el terco animal que, al parecer, pretende hacer besar el suelo a aquel jinete de pacotilla. El enorme sable atado alrededor de la barriga se sacude y golpea la grupa, azuzando al pobre jamelgo, que finalmente se levanta sobre las dos patas traseras y sale disparado, con un galope que no es intencionado, sacudiendo al triste jinete a través de campos y trincheras.

Los oficiales se divierten de lo lindo. «¡Seguidlo y socorred a ese Damián!», ordena por fin el capitán Burelvillers, compadecido, a su ordenanza, que galopa a toda velocidad y le propina al jamelgo desbocado un par de buenos azotes hasta que lo tranquiliza; entonces toma las riendas y tira del novato, rojo como un tomate a causa de la rabia y la vergüenza. «¿Qué quiere usted de mí?», le pregunta alterado al capitán. El eterno fantaseador piensa ya en algún arresto o en un duelo, pero el joven capitán, al saber que se trata de un primo del todopoderoso Daru, se muestra muy cortés, se ofrece a acompañarlo y le pregunta al dudoso recluta dónde ha estado hasta entonces. Henri se ruboriza: a ese hombre trivial no puede revelarle que ha estado en Ginebra y se ha detenido, con los ojos llenos de lágrimas, delante de la casa donde nació Jean-Jacques Rousseau. Entonces se muestra intrépido, atrevido, finge ser un valiente, y lo hace de un modo tan ingenuo que cae en gracia a todos. Primero los oficiales, con camaradería, le enseñan el noble arte de llevar las riendas correctamente, entre el segundo y el tercer dedo de la mano, y a ajustarse el sable, así como algunos otros secretos del ejército. Y de inmediato Henri Beyle se siente un soldado y un héroe.

Se siente un héroe o, por lo menos, no permite que nadie siga dudando de su coraje. Preferirá, en adelante, arrancarse la lengua antes que hacer una pregunta delatora o dejar escapar de sus labios un suspiro de temor. Tras el mundialmente célebre cruce a través del paso del Gran San Bernardo, se da la vuelta sobre la silla de montar y le pregunta al capitán, casi con desdén, su eterna pregunta: «¿Esto es todo?». Cuando, en Fort Bard, escucha tronar algunos cañones, vuelve a mostrarse atónito: «¿Esto es la guerra, nada más?». En cualquier caso, ya ha sentido el olor de la pólvora, ha perdido, en cierto modo, la virginidad ante la vida, y entonces, con impaciencia, clava las espuelas a su caballo, se dirige rápidamente a Italia, procurando no perder de vista a los otros, y una vez concluida esta breve aventura bélica se apresura a vivir esa otra aventura infinita que es el amor.

1801, Milán. La calle junto a la Porta Orientale. La guerra ha sacado a las mujeres del Piamonte de su cautiverio. Desde que los franceses están en la región, desfilan a diario por las relucientes calles en sus bajas calesas, bajo un cielo azul, se detienen, charlan con sus amantes o con sus chichisbeos, sonríen a los jóvenes y atrevidos oficiales, mirándolos pícaramente a los ojos, juguetean con sus abanicos y hablan con ellos el insinuante lenguaje de las flores.

Oculto bajo la escasa sombra de los árboles de esta calle, un suboficial de diecisiete años mira con avidez a las elegantes mujeres. Sí, Henri Beyle se ha convertido de repente en suboficial del Sexto Regimiento de Dragones sin haber participado en una sola batalla: como primo del todopoderoso Daru se consigue cualquier cosa. La crin que orna el reluciente casco de los dragones franceses flota por encima de su nuca, tras su capa blanca de soldado de caballería resuena el temible sable y en los tacones de sus altas botas tintinean las espuelas; el joven bajito y obeso de anteayer tiene ahora un aspecto realmente marcial.

A decir verdad, en lugar de andar deambulando por la calle mayor, golpeteando el adoquinado con el sable y mirando con avidez a las mujeres, debería estar con su compañía, persiguiendo a los austríacos para llevarlos más allá del Mincio. Pero a este chico de diecisiete años no le gusta lo vulgar, y ha descubierto recientemente que blandir el sable requiere poco espíritu. Cuando uno es el primo del gran Daru prefiere quedarse en Milán, en la fulgurante zona de retaguardia, en lugar de cumplir con los arduos deberes militares: en el vivaque no hay tantas mujeres bellas a las que suplicar favores, y sobre todo no existe la Scala, la divina Scala con sus óperas de Cimarosa y las sublimes cantantes. Es allí, y no en una tienda de campaña en algún rincón de la alta Italia, donde Henri Beyle instala su verdadero cuartel general. Por las noches, es siempre el primero cuando los palcos de las cinco plantas de la Scala comienzan a iluminarse poco a poco; cuando las damas, más que semidesnudas (*«più che seminuda»*) en sus ligeros vestidos de seda, hacen su entrada y permiten que los relucientes uniformes se inclinen sobre sus hombros desnudos. ¡Ah, qué hermosas son las mujeres italianas, qué alegres y amables, y cuánto les gusta que Bonaparte haya traído a Italia a cincuenta mil jóvenes, para desesperación—o alivio—de los maridos italianos!

Sin embargo, por desgracia, a ninguna de ellas se le ha ocurrido aún escoger entre esos cincuenta mil a Henri Beyle, el joven de Grenoble. ¿Cómo iba a saber la exuberante Angela Pietragrua, la rolliza hija de un comerciante de telas a la que le gusta mostrar su níveo escote a los huéspedes y acariciar con sus labios los bigotes de los oficiales, que ese joven bajito y de cabeza redonda, con los ojos negros, brillantes y diminutos—«*il Cinese*», el Chino, como lo llaman en broma y con cierto desdén—, cómo iba a saber esta muchacha de corazón complaciente que ese joven la amaba, que soñaba día y noche con ella como si de un ídolo inalcanzable se tratara? ¿Cómo iba a sospechar ella, la rolliza esposa de burgués, que ese hombre habría de inmortalizarla más tarde gracias a su amor romántico? El joven acude cada noche a jugar al faraón con los demás oficiales, se sienta taciturno y tímido en un rincón y palidece cada vez que ella le dirige la palabra, pero ¿acaso le ha tomado la mano alguna vez, ha rozado ligeramente su rodilla, le ha escrito alguna carta o le ha susurrado al oído algún «*mi piace*»? Acostumbrada a otras insinuaciones más palpables de los oficiales de los dragones franceses, Angela la de grandes pechos apenas presta atención al jovencito suboficial, y es así como el desgraciado se pierde sus favores, sin sospechar con cuánto gusto y buena voluntad ella entregaría su amor a cualquiera que la desease. A pesar de su gran sable y de sus altas botas de montar, Henri Beyle sigue siendo tan tímido como en París, y el modoso Don Juan sigue siendo virgen. Cada noche se propone iniciar el gran ataque, anota cuidadosamente en su cuaderno las enseñanzas de otros camaradas más experimentados para lograr que una dama renuncie a su virtud, pero apenas está cerca de la amada y divina Angela este Casanova imaginario se inhibe, se muestra confuso y se ruboriza como una doncella. Para llegar a ser un hombre entero decide sacrificar por fin su virginidad. Cualquier profesional milanesa («He olvidado del todo quién era y cómo era», escribiría más tarde en sus notas) le sirve de altar en el que realizar su ofrenda, pero, por desgracia, ella le corresponde con un regalo más desagradable: le contagia la enfermedad que supuestamente llevó a Italia la gente del condestable de Borbón, que desde entonces se conoce con el nombre de «mal francés». Y es así como este servidor de Marte, ansioso de entregarse a la dulce Venus, termina sacrificándose durante años a la severidad del dios Mercurio.

1803, París. Beyle, de nuevo como civil, vuelve a vivir en una buhardilla de la quinta planta. Ya no lleva sable, ni espuelas ni galones; el grado de teniente ha quedado relegado en algún rincón. Está harto de jugar a los soldaditos («*J'en suis soûl*»). Apenas esos necios empezaron a exigirle que hiciera vida de cuartel en serio, con servicios de guarnición en puebluchos odiosos, que cepillara su caballo y obedeciera, Henri Beyle emprendió la retirada. No, lo de obedecer no se le da bien a este joven terco, cuya máxima dicha consiste en «no dar ni recibir órdenes». Escribió una breve carta al ministro presentando su dimisión al mismo tiempo que enviaba otra a su padre con la intención de sacarle un poco de dinero a ese hombre severo y tacaño. Pese a que este último le enviaba dinero todos los meses, Henri Beyle lo calumnió profusamente en sus libros (un hombre que, probablemente, amara a su hijo de la misma manera torpe y tímida con la que éste amaba a las mujeres) y lo calificó burlonamente de *father* y *bâtard* en sus notas. Es cierto que no le manda mucho dinero, pero sí el suficiente para encargar un traje aceptable, comprarse corbatas elegantes y papel para escribir sus comedias. Porque Henri Beyle ha tomado una nueva decisión: ya no quiere estudiar matemáticas, sino convertirse en autor dramático.

Lo primero que hace es acudir con frecuencia a la Comédie Française para aprender de Corneille y de Molière. Luego se ocupa de otro asunto fundamental para un futuro dramaturgo: intimar con las mujeres; es preciso amar y ser amado, encontrar un «*belle âme*», un «*âme aimante*», un alma bella y un alma amante. Empieza a cortejar entonces a la pequeña Adèle Rebuffel y disfruta hasta la extenuación el placer romántico de la desdicha amorosa; afortunadamente, la exuberante madre de Adèle (según escribe en su diario) lo consuela varias veces a la semana de un modo más terrenal. El episodio le resulta divertido y aleccionador, pero no le basta. De modo que Henri sigue buscando a su ídolo sublime. Hasta que Louason, una joven actriz de la Comédie Française, despierta su tumultuosa pasión y tolera sus agasajos, aunque sin permitirle nada al principio. No obstante, Henri nunca ama mejor a una mujer que cuando ésta se le resiste, porque sólo ama lo inalcanzable, y muy pronto el corazón del joven de veinte años arderá en llamas.

1803, Marsella. Una metamorfosis sorprendente, casi increíble. ¿Es éste realmente Henri Beyle, antiguo teniente del ejército napoleónico, dandi parisino y—todavía ayer—poeta? ¿Es realmente él ese dependiente con bata negra sentado en un taburete en Meunier & Cie, una angosta tienda de ultramarinos que comercia al por mayor y al detalle situada en los bajos de un edificio? ¿Es él ese hombre sentado detrás de un mostrador en esa tienda donde huele a aceite rancio y a higos situada en una mugrienta calle que desemboca en el puerto de Marsella? ¿Es ésa realmente el alma sublime que ayer todavía expresaba en versos sus sentimientos más nobles y ahora despacha pasas y café, azúcar y harina, hace advertencias a sus clientes y discute con los funcionarios de la Aduana? Pues sí, es él, ese hombre de cabeza dura y redonda. ¿Acaso no se disfrazó Tristán de mendigo para acercarse a su amada Isolda? ¿No han vestido varias hijas de reyes la ropa del paje sólo para seguir al amado caballero en sus cruzadas? Henri Beyle ha hecho algo más heroico aún: se ha convertido en dependiente de una tienda de ultramarinos a fin de acompañar a su Louason a Marsella, pues el teatro de la ciudad la ha contratado. ¿Qué tiene de malo ensuciarse las manos de azúcar o harina durante el día si por las noches puede recoger a su amante en el teatro y llevársela a su lecho?

¡Qué deliciosos momentos, la suprema felicidad! Pero, por desgracia, no hay nada más peligroso para un romántico que aproximarse demasiado a sus ideales. De pronto descubre que Marsella, la soñada ciudad mediterránea, es realmente tan provinciana en sus ruidosos gestos meridionales como Grenoble, que sus calles son tan malolientes y sucias como las de París. Y que, aunque viva con la diosa de su corazón, se puede tener la decepcionante experiencia de que esa diosa tan hermosa sea también profundamente estúpida y que uno comience a aburrirse. Al final, Henri Beyle se pondrá incluso contento cuando a la diosa la despidan del teatro y se marche a París, desapareciendo como una nube. El enamorado se habrá curado de una ilusión para partir al día siguiente, cazador infatigable, en busca de la próxima.

1806, Brunswick. Nuevo disfraz. Otra vez de uniforme, pero ya no es el grosero uniforme de suboficial, que sólo impresiona a las cantineras y a las aprendices de costurera. Ahora los sombreros de los notables alemanes se levantan rápida y ceremoniosamente cuando el sustituto del intendente del Gran Ejército, *monsieur l'intendant* Henri Beyle, avanza por las calles en compañía del señor Von Strombeck o de algún otro ilustre representante de la sociedad de Brunswick. Pero no, ya no es Henri Beyle, pues tuvo a bien introducir una pequeña corrección en su nombre: desde que está en Alemania y en tan digna posición firma como Henri *von* Beyle. Es cierto que Napoleón no le ha concedido ningún título de nobleza, ni siquiera le ha otorgado ninguna orden de la Legión de Honor ni ningún otro adorno para la botonadura, pero Henri *de* Beyle, observador sagaz, se ha dado cuenta de que a los probos alemanes les chiflan los títulos y los atraen como la miel a las moscas. Así pues, no va a permitir que en una sociedad aristocrática, donde hay infinidad de rubias hermosas y apetecibles que lo invitan a bailar, lo consideren un simple burgués. Añadir como por arte de magia al pomposo uniforme esas dos letras le otorga una aureola muy especial.

Sin embargo, la misión encomendada a Henri Beyle es bastante engorrosa: tiene que sacar siete millones más de contribución a la guerra a esta provincia terriblemente devastada, organizarla y mantener el orden. Por lo visto, lo hace con habilidad y presteza, con mano izquierda, siempre dejándose la diestra libre para jugar al billar, para disparar la escopeta de caza o para otros placeres más delicados. Porque también en Alemania hay mujeres muy agradables. Hay una tal Mina, rubia y aristócrata, con la que Henri puede satisfacer su necesidad de un amor platónico, mientras que las necesidades más vulgares las satisface con la complaciente amiga de un amigo, agraciada con el hermoso nombre de Knabelhuber, que lo consuela por las noches, así ha conseguido acomodarse Henri de nuevo. Sin tener nada que envidiar a ningún mariscal o general, obligados a cocinar su insípida sopa bajo el sol de Austerlitz o de Jena, permanece sentado tranquilamente a la sombra de la guerra, leyendo, haciéndose traducir versos alemanes y escribiendo maravillosas cartas a su hermana Pauline. Desarrolla poco a poco su arte de vivir con la mayor sabiduría y maestría, como un turista rezagado en todos los campos de batalla, diletante intelectual en todas las artes, cada vez más independiente en la medida en que va aprendiendo a conocerse a sí mismo, y a entender y observar mejor el mundo.

31 de mayo de 1809, Viena. Iglesia de los Escoceses, la nave a oscuras y medio vacía, a horas tempranas de la mañana. En el primer banco están arrodillados, en sobrio atuendo de luto, algunos ancianos y mujeres. Son los parientes de Haydn, oriundos de Rohrau. El silbido de los obuses franceses sobre su querida Viena ha matado del susto al pobre, encorvado y tembloroso anciano: el compositor de los himnos populares ha muerto como un patriota, balbuceando las siguientes palabras: «¡Dios salve al emperador Francisco!». En medio del tumulto del ejército que se aproxima, los parientes han tenido que trasladar a toda prisa su cuerpo, ligero como el de un niño, desde la casita de los suburbios de Gumpendorf hasta el camposanto. Ahora, *a posteriori*, los músicos de Viena celebran en la iglesia de los Escoceses una misa de difuntos en honor del maestro. Un número considerable de personas se ha atrevido a salir en su honor de sus casas ocupadas por el enemigo. Quizá entre ellas también se encuentre ese hombre huraño de cortas piernas, rostro atormentado e inquieta y revuelta cabellera de león, el señor Beethoven; tal vez esté cantando en el coro un mozo de doce años oriundo de Lichtental llamado Franz Schubert. Pero ahora nadie presta atención a los demás, porque de repente irrumpe en uniforme completo un, al parecer, alto oficial francés, acompañado de un segundo señor que viste un traje de gala bordado de la Academia. La multitud se estremece involuntariamente: ¿acaso pretenden los intrusos franceses prohibirles que rindan el último

tributo al bueno y querido Haydn? No, en absoluto: el señor de Beyle, auditor de la Grande Armée, comparece allí a título privado, pues se enteró de que en su distrito estaba anunciado el *Réquiem* de Mozart en el programa de la ceremonia. Y para escuchar a Mozart o a Cimarosa este dudoso militar está dispuesto a cabalgar ciento cincuenta kilómetros si es preciso, ya que para él cuarenta compases de esos dos amados maestros valen más que cualquier pomposa batalla histórica con cuarenta mil muertos. Con gesto circunspecto, se acerca al banco de la iglesia y escucha la música que ya comienza lentamente. El *Réquiem* no le dice nada especial, le parece demasiado «ruidoso», no es «su» Mozart, el músico ligero y desenfadado. Cada vez que el arte rebasa la línea clara de lo *cantabile*, cuando se eleva por encima de la voz humana y se adentra en las regiones más indomables y caóticas de la naturaleza eterna, se vuelve extraña para él. También por la noche, en el Teatro de la Puerta Carintia, le cuesta entender el *Don Giovanni*, y si en ese momento Beethoven, de quien nada sabe, desatara ante él su borrascoso temperamento, a Beyle no le asustaría menos ese caos sagrado que a su eminente hermano de Weimar, el señor Von Goethe.

Al terminar la misa, Henri Beyle sale de la iglesia con mohín alegre, imponente con su radiante uniforme, y camina entre las tumbas. Le parece encantadora esa Viena hermosa y limpia cuyos habitantes saben hacer tan buena música sin entregarse a sesudos pensamientos como los alemanes del norte. En realidad, ahora Henri Beyle debería ir a su despacho y ocuparse del aprovisionamiento de la Grande Armée, pero esas cosas tienen para él una importancia secundaria. El primo Daru trabaja como un mulo y Napoleón conseguirá el triunfo muy pronto. Da gracias a Dios por haber creado a esos tipos raros que aman trabajar, ya que uno puede vivir muy bien a su costa. Por eso el primo Beyle—desde joven un virtuoso en el diabólico arte de la ingratitud—asume con agrado una labor más cómoda: consolar a madame Daru, que se encuentra en Viena, de la manía de trabajar que aqueja a su marido. ¿Es posible vengarse mejor de su benefactor que prodigándole a su esposa cariñosos sentimientos? Salen a cabalgar juntos hasta el Prater y allí comparten toda suerte de intimidades en una abandonada casa de campo acribillada por las balas. Visitan galerías de arte, los tesoros reales y los hermosos palacios campestres de la nobleza; viajan a Hungría en calesas bien acolchadas, mientras los soldados combaten a vida o muerte en Wagram y el esforzado esposo suda tinta y sangre. La tarde pertenece al amor, la noche al Teatro de la Puerta Carintia, preferiblemente si interpretan a Mozart. Poco a poco, este hombre curioso enfundado en el traje de intendente va comprendiendo que el arte es lo que da sentido y el dulzor a su vida.

1810-1812, París. Los años del glorioso Imperio. Todo va cada vez mejor. Henri Beyle tiene dinero y ya no ostenta ningún cargo; gracias a sus delicadas manos de mujer se ha convertido—¡sin mérito alguno, bien lo sabe Dios!—en miembro del Consejo de Estado y administrador del Mobiliario Imperial. Pero como por suerte Napoleón no necesita realmente a los miembros de su Consejo de Estado, éstos disponen de tiempo suficiente para salir de paseo o viajar. Así que Beyle, con la bolsa llena de dinero gracias a los repentinos ingresos como funcionario, posee su propio cabriolé, reluciente por la pintura, come en el Café de Foy, tiene sastre particular y un romance con su prima, además de mantener (¡ideal de su juventud!) a una bailarina llamada Bereyter. Qué curioso que tenga más suerte con las mujeres ahora, a los treinta años, que a los veinte; qué inexplicable que éstas se vuelvan más apasionadas cuanto más frío se muestra él. París, la ciudad que el humilde estudiante encontró tan horrible, empieza a gustarle. En efecto, la vida se ha vuelto hermosa. Y más hermoso todavía es tener dinero y tiempo, mucho tiempo, suficiente incluso para escribir por puro placer, para recordar a su amada Italia y escribir un libro sobre ese mundo: *Historia de la pintura en Italia*. Es facilísimo escribir una historia del arte, sobre todo cuando uno se contenta, como Beyle, con copiar las tres cuartas partes de otras obras y completar el resto con anécdotas y curiosidades. El simple hecho de contemplar las obras del espíritu y disfrutarlas constituye una alegría. Henri Beyle piensa que tal vez cuando sea mayor escribirá libros para recordar el pasado y a las mujeres que ha conocido, pero ¿para qué hacerlo ahora? ¡La vida es demasiado rica y hermosa como para malgastarla sentado delante de un escritorio!

1812-1813. Un pequeño contratiempo: Napoleón vuelve a estar en guerra, esta vez a unos cuantos miles de kilómetros de casa. Pero Rusia, ese país tan extraño y distante, atrae mucho al turista eternamente curioso. Qué oportunidad única para ver el Kremlin y a las moscovitas, para viajar al este a costa de los fondos públicos, siempre en la retaguardia, por supuesto, rodeado de comodidades y sin correr ningún riesgo, como ya hizo en su momento en Italia, en Alemania y en Austria. Entonces, en efecto, María Luisa le entrega una carpeta enorme llena de cartas para su esposo y le encarga viajar de inmediato a Moscú con un correo secreto, en carruajes rápidos y trineos bien abrigados. Y puesto que la guerra—Beyle lo sabe por experiencia—es de un mortal aburrimiento, se lleva consigo algunas cosas destinadas a su diversión personal: una copia de los doce volúmenes manuscritos de la *Historia de la pintura en Italia*, encuadernada en tafilete verde, y la comedia que empezó a escribir años atrás. Porque ¿dónde se trabaja mejor en los propios proyectos que en un cuartel general? A fin de cuentas, el actor Talma y la Gran Ópera visitarán Moscú, así que no se aburrirá demasiado; y además existe otro factor: las mujeres polacas y rusas…

En el camino, Beyle sólo hace escala donde hay teatro: ni siquiera en medio de la guerra, ni durante un viaje, puede prescindir de la música, en todas partes el arte ha de ser su compañía. Sin embargo, un espectáculo teatral mucho más asombroso lo espera a su llegada a Rusia: Moscú, la metrópoli mundial, está envuelta en llamas. Es un panorama magnífico que ningún poeta ha visto desde la época de Nerón, pero Henri Beyle no compone ninguna oda inspirada en este patético suceso, y sus cartas son poco pródigas en comentarios sobre el desagradable acontecimiento. Hace mucho tiempo que, para este sutil sibarita, las contiendas bélicas del mundo no son tan importantes como diez compases de música o un libro inteligente: un delicado estremecimiento del corazón lo conmueve más que los cañonazos de Borodino, y poco le interesan otras historias que no sean las de su propia vida. Así, consigue salvar del colosal incendio una lujosa edición encuadernada de Voltaire y piensa llevársela consigo como un recuerdo de Moscú. Pero esta vez la guerra y el invierno pisan los talones a este soñador de la retaguardia. En la Beresina, el auditor Henri Beyle todavía tiene tiempo de afeitarse impecablemente (sin duda es el único oficial del ejército francés que todavía piensa en esas cosas), pero de inmediato tiene que cruzar a toda prisa el puente que está a punto de venirse abajo, pues de lo contrario su vida corre peligro. Su diario, así como la *Historia de la pintura en Italia*, la hermosa edición de Voltaire, el caballo, la pelliza y el portamantas caen en manos de los cosacos. Con la ropa hecha jirones y mugrienta, jadeante y con la piel cuarteada por el frío, busca refugio en Prusia. Y su primera parada es otra vez la ópera. Como otros se apresuran a tomar un baño para reponerse, Henri Beyle necesita zambullirse en la música para volver en sí. Para él la campaña en Rusia y la aniquilación de la Grande Armée no es otra cosa que un intermedio entre dos veladas operísticas: *El matrimonio secreto*, en Dresde, antes de partir al campo de batalla, y *La clemencia de Tito*, en Königsberg, de regreso.

1814-1821, Milán. Henri Beyle va vestido una vez más de paisano y está harto de las guerras. Una batalla, vista de cerca, siempre se parece a la otra, siempre se ve lo mismo, «es decir, nada». Está harto de todas sus misiones y cargos, de patriotas y masacres, de papeleo y oficiales. Puede que Napoleón, en su *courromanie*, su feroz belicosidad, pretenda conquistar Francia de nuevo, pero en adelante tendrá que hacerlo sin el concurso del señor auditor Beyle, que lo único que quiere es no tener que dar órdenes ni recibirlas, que no anhela nada más natural y, a la vez, más difícil que vivir por fin su propia vida.

Tres años atrás, entre dos de las habituales guerras napoleónicas, con dos mil francos en el bolsillo, se había marchado de vacaciones a Italia, alegre como un niño: ya había empezado entonces esa añoranza de la juventud que no abandonaría nunca al Beyle que envejece. Y su juventud tiene dos nombres: Italia y Angela Pietragrua, la mujer a la que amó con timidez cuando todavía era un simple suboficial, la mujer en la que ya no puede dejar de pensar ni un instante apenas cruza los viejos pasos fronterizos. Llega a Milán al atardecer. Se lava las manos y la cara a toda prisa, se cambia de ropa y se marcha a la patria de su corazón—la

Scala—para escuchar música. Y es que, según sus propias palabras, «la música despierta el amor».

A la mañana siguiente se apresura a casa de Angela Pietragrua y se hace anunciar. Ella aparece, todavía hermosa, lo saluda con cortesía pero extrañada. Él se presenta: Henri Beyle. El nombre no le dice nada. Entonces él la ayuda a recordar, le habla de Joinville y de los demás camaradas. Por fin una sonrisa ilumina ese rostro mil veces amado y soñado: «*Ah, ah, è il Cinese*» ('Ah, es usted el Chino'). El desdeñoso apodo es lo único que la dama recuerda de su novelesco enamorado. Pero Henri Beyle ya no tiene diecisiete años ni siente temor: arrebatado de deseo le confiesa audazmente su pasión de ayer y de hoy. Ella se muestra asombrada: «Pero ¿por qué no dijo nada entonces?». Le habría concedido gustosamente esa nimiedad que nada le cuesta a una dama generosa, pero por suerte aún tienen tiempo, y muy pronto el romántico, al cabo de once años, podrá hacer bordar en sus tirantes la fecha de su triunfo amoroso sobre Angela Pietragrua: el 21 de septiembre a las 12:30 del mediodía.

Pero entonces lo llaman de regreso a París. Corre el año 1814 y, una vez más—será la última—, tiene que administrar una provincia para el corso belicoso, defender la patria. Por suerte, muy pronto los tres emperadores de la coalición contra Napoleón hacen su entrada en París: sí, por suerte, pues para ese mal ciudadano francés que es Henri Beyle es una alegría que la guerra llegue a su fin, aunque sea al precio de una derrota. Ahora, por fin, puede viajar definitivamente a Italia, liberarse para siempre de todos los cargos y de todo patriotismo. Son años gloriosos, años de entrega absoluta a la música, a las mujeres, a la conversación, a la escritura, al arte. Años con amantes, hay que admitirlo, que lo engañan de manera infame, como la demasiado pródiga Angela, o que lo rechazan por castidad, como la hermosa Matilde. No obstante, son años en los que descubre y siente cada vez con mayor intensidad su yo, en los que baña cada noche su alma en la música de la Scala, en los que disfruta a menudo de la conversación con el poeta más excelso de su tiempo, el señor Byron, y se impregna de todos los tesoros del arte y la vida intelectual del país, desde Nápoles hasta Rávena. No depende de nadie ni nadie se interpone en su camino, es su propio dueño y muy pronto será su propio maestro. ¡Son años incomparables de libertad! «*Evviva la libertà!*».

1821, París. *Evviva la libertà?* No, ya no conviene hablar de libertad en Italia. La palabra hace estornudar peligrosamente a los señores de las autoridades austríacas. Ya no es oportuno escribir libros, pues aunque sean plagiados, como la *Vida de Haydn*, o tres tercios hayan sido copiados de otros autores, como la *Historia de la pintura en Italia* o *Roma, Nápoles y Florencia*, Beyle les echa siempre demasiada sal y pimienta para el gusto de las autoridades austríacas, que tienen las papilas muy sensibles. Al poco tiempo, el severo censor Wabruschek informa al ministro de Policía en Viena de «innumerables pasajes censurables» en las obras de Beyle. Este hombre de espíritu libre y crítico corre el riesgo de que en breve los austríacos lo tomen por un carbonario y los italianos por un espía, de modo que es mejor poner pies en polvorosa, aunque por el camino pierda una ilusión. Además, para ser libre se necesita otra cosa, dinero, y el bastardo de su padre (Beyle pocas veces lo denomina de un modo más amable) ha demostrado definitivamente lo tonto que era, pues ni siquiera su racanería y sus denodados esfuerzos le permitieron dejar al menos una pequeña y modesta renta a su hijo desnaturalizado. ¿Adónde ir entonces? En Grenoble la vida es asfixiante, por desgracia, y los tiempos de los hermosos paseos en la retaguardia han terminado desde que la silueta de los rostros fofos de los Borbones vuelven a adornar las monedas. De modo que lo mejor será regresar a París, volver a la buhardilla y convertir en trabajo lo que hasta entonces era mero placer de diletante: escribir libros, muchos libros.

1828, París. Salón de madame de Tracy, la esposa del filósofo. Es medianoche. Las velas casi se han consumido. Los caballeros juegan al *whist*, mientras madame de Tracy, una mujer de avanzada edad, charla en el sofá con una marquesa y su amiga, aunque no presta demasiada atención a la charla, sino que aguza el oído con inquietud. Desde el fondo, desde la habitación de la chimenea, le llega un ruido sospechoso, una aguda risotada de mujer y el vocerío oscuro y sonoro de un caballero, luego unos gritos indignados de «*Mais non, c'est trop*» ['No, eso es demasiado'], y luego de nuevo la risotada, está vez sofocada de inmediato. Madame de Tracy se inquieta: seguro que es el repulsivo Beyle, que se dedica a contarles historias picantes a las damas. Es un tipo inteligente y sensible, extravagante y divertido, pero el trato con las actrices, sobre todo con la tal madame Pasta, lo convierte en un grosero. Madame de Tracy se disculpa y se dirige presurosa hacia el lugar para poner orden. En efecto, allí está él, con un vaso de ponche en la mano, agazapado a la sombra de la chimenea, tal vez para ocultar su gordura, encadenando anécdotas subidas de tono que causarían rubor a un mosquetero. Las damas parecen estar prestas para huir a la primera, ríen y protestan, pero se quedan, retenidas por el famoso narrador, siempre curiosas y excitadas. Su aspecto es el de Sileno, rubicundo y obeso, con los ojos centelleantes, bonachón y astuto. En cuanto advierte la mirada severa que le dirige madame de Tracy al acercarse, Beyle se interrumpe y las damas aprovechan la excelente oportunidad para alejarse entre risas.

Pronto se apagarán las luces, los sirvientes acompañarán a los huéspedes a bajar la escalera llevando unos candelabros chorreantes de cera: tres o cuatro carruajes aguardan abajo, las damas suben con sus esposos, pero Beyle se queda atrás, solo y malhumorado. Ninguna dama lo lleva, ninguna lo convida. Para contar anécdotas es lo suficientemente bueno, pero para otra cosa no interesa a las mujeres. Como la condesa Curial lo ha despedido, no dispone del dinero para mantener a una bailarina, como hacía antes: poco a poco está envejeciendo. Malhumorado, avanza a buen paso hacia su domicilio en la rue Richelieu, bajo la lluvia de noviembre. ¿Qué más da que la ropa se moje? Todavía no le ha pagado al sastre. Suspirando profundamente, piensa que a fin de cuentas lo mejor de la vida ha terminado, habría que ponerle fin. Con el ánimo avinagrado, trepa por la escalera (ahora a menudo le falta el aliento), sube hasta la última planta, enciende la luz y hojea algunos papeles y facturas. ¡Triste balance! Está en la miseria, los libros no le reportan nada: en diez años se han venido en total veintisiete ejemplares de su *Del amor*. («Parece un libro sagrado, nadie se atreve a tocarlo», le había dicho su editor socarronamente la noche anterior). De modo que le quedan cinco francos de renta al día, quizá sea mucho para un muchachito, pero es una miseria para un señor entrado en años que ama a las mujeres y la libertad. Sí, lo mejor sería ponerle fin a todo. Henri Beyle toma una hoja de papel y escribe su testamento por cuarta vez en ese mes de melancolía: «El abajo firmante lega a su primo Romain Colomb todo lo que posee en su estancia, sita en el número 71 de la rue Richelieu. Quisiera ser trasladado directamente al cementerio, los gastos de mi entierro no deben superar los treinta francos». Y, a modo de postdata, añade: «Pido perdón a

Romain Colomb por todos los inconvenientes que pueda causarle, y le ruego, sobre todo, que no esté triste por este incidente inevitable».

«Por este incidente inevitable». Mañana los amigos entenderán esa frase prudente; cuando los llamen para que acudan a su casa, y la bala, en lugar de estar en el revólver del ejército, se encuentre alojada entre los huesos del cráneo. Pero, felizmente, hoy Henri Beyle está cansado, esperará a mañana para suicidarse. Y al día siguiente llegan los amigos y lo animan. Uno de ellos, mientras deambula por la habitación, ve un folio blanco sobre la mesa donde únicamente se lee un nombre: Julien. «¿Qué es esto?», le pregunta lleno de curiosidad. «Ah, quería escribir una novela», responde el escritor. Los amigos se muestran muy entusiasmados y le levantan los ánimos al melancólico. Al día siguiente Beyle se pone en serio a escribir la obra. Tacha el título, *Julien*, y lo sustituye por otro que se volverá inmortal: *Rojo y negro*. Ese día Henri Beyle desaparece y nace otra persona para la eternidad: se llama Stendhal.

1831, Civitavecchia. Nueva metamorfosis. Las cañoneras disparan salvas solemnes, los estandartes ondean prestos cuando un hombre gordo que viste el pomposo uniforme diplomático francés baja del vapor. ¡Abran paso! Ese señor de casaca bordada y pantalones galoneados es el cónsul de Francia, el señor Henri Beyle. Una vez más, una revuelta lo ha ayudado a subir al estribo, como antes lo había hecho la guerra. Ahora ha sido la Revolución de Julio. Ésa ha sido su recompensa por haber hecho una perseverante oposición a los necios Borbones: gracias a las insistentes recomendaciones femeninas, han tardado poco en nombrarlo cónsul en el amado sur, en Trieste para más señas. Por desgracia, el señor Von Metternich ha declarado *persona non grata* al autor de libros tan enojosos y le ha denegado el visado. De modo que Henri Beyle se ha visto obligado a representar a Francia en el lugar menos agradable, en Civitavecchia; de todos modos se trata de Italia y su salario asciende a quince mil francos.

¿Acaso tiene que avergonzarse por no saber en qué parte del mapa está Civitavecchia? Por supuesto que no: de todas las ciudades italianas ésta es tal vez la más miserable, una caldera abominable y costrosa en la que el calor africano cuece las fiebres, un puerto desierto y angosto lleno de arena donde la monotonía mata de aburrimiento. Lo que más le gusta a Henri Beyle de este sitio para deportados es la carretera que va a Roma, a tan sólo veintiocho kilómetros, por lo que decide de inmediato utilizarla más a menudo de lo que exige su cargo. En realidad debería trabajar, garabatear informes, practicar la diplomacia, ocupar su puesto, pero como los ineptos del Ministerio de Asuntos Exteriores no leen sus despachos, ¿para qué malgastar su intelecto en esas artes burocráticas? Es mucho mejor endosarle todos esos expedientes al canalla de Lysimachus Caftangliu Tavernier, su subordinado, un mal bicho que lo odia y al que tiene que conseguirle la Legión de Honor para que mantenga la boca cerrada sobre sus frecuentes ausencias. Porque, una vez más, Henri Beyle prefiere tomarse su servicio a la ligera: engañar a un Estado que confina a sus poetas en estos infames lodazales le parece una cuestión de honor a este egoísta desacomplejado. ¿Acaso no es mejor visitar las galerías romanas en compañía de personas inteligentes? ¿No es mejor salir corriendo a París con cualquier pretexto que embrutecerse en Civitavecchia lenta e infaliblemente? ¿Se puede estar todo el tiempo visitando al mismo anticuario, el señor Bucci, o de cháchara con los aburridos miembros de una aristocracia mediocre? No, es preferible hablar con uno mismo, comprarse un par de volúmenes de crónicas sacadas de antiguas bibliotecas y escribir las más hermosas historias en forma de novelas cortas: a los cincuenta años, convertido en un hombre mayor, relatará cómo ha podido mantener el alma tan joven. Sí, ésa es la manera: para olvidar el tiempo, uno debe mirar en retrospectiva a su propia vida. Y tan lejano le parece al obeso cónsul aquel tímido joven de antaño que, mientras va narrando, cree estar «haciendo descubrimientos sobre otra persona». Así describe Henri Beyle, alias Stendhal, su juventud en clave cifrada, para que nadie sospeche quién ha sido ese H. B., Henri Brulard. Escribe en gruesos cuadernos y se olvida de sí mismo, del hombre al que ya todos han olvidado, para entregarse al artificioso juego, consolador y falaz, de rejuvenecerse.

1836-1839, París. ¡Milagro! Otra resurrección, vuelve a hacerse la luz. Que Dios bendiga a las mujeres, porque todo lo bueno viene de ellas: tanto le han adulado ante el famoso conde de Molé, ahora ministro, que éste ha consentido en cerrar los ojos ante el hecho—casi una traición contra el Estado—de que el señor Henri Beyle, cónsul en Civitavecchia, haya prolongado descarada y silenciosamente sus vacaciones de tres meses a tres años, sin pensar en regresar a su puesto. Así, el cónsul pasa tres años en París cómodamente en lugar de estar en aquellos andurriales; deja allí al bribón griego en lugar de cumplir con lo que le corresponde, pero cobrando puntualmente el sueldo de cónsul. Dispone de tiempo y está de buen humor, puede frecuentar de nuevo la sociedad, y otra vez, tímidamente, intenta iniciar algún idilio. Puede hacer lo que le plazca y, sobre todo, lo que le parece más hermoso en la vida: caminar de un lado a otro por su habitación de hotel mientras dicta una novela, *La cartuja de Parma*. Porque, cobrando un buen salario del Estado sin prestar a cambio ningún servicio, puede darse el lujo de no ser esclavo de las modas, de escribir una novela sin edulcorarla, porque ahora, en definitiva, es libre. Y no existe otro paraíso en la tierra para Henri Beyle que la libertad.

Pero ese paraíso pronto se vendrá abajo. El esforzado e indulgente ministro conde de Molé, su protector—¡a quien ya sería hora de erigir un monumento!—, es depuesto, y un nuevo faraón llega al Ministerio de Exteriores, un tal mariscal Soult que no sabe nada de la existencia de un escritor llamado Stendhal y tan sólo descubre en la lista del cuerpo a un señor cónsul de nombre Henri Beyle al que se le paga por representar a Francia en el Estado Pontificio, y que, en lugar de hacerlo, anda merodeando plácidamente desde hace tres años por los teatros parisinos. El mariscal primero se asombra, luego se indigna por la actitud de ese holgazán que se dedica a vivir en lugar de redactar informes, y de inmediato emite un severo edicto para que parta sin aplazamientos a cumplir con sus funciones. Henri Beyle se pone de mala gana el uniforme y se quita la ropa del poeta Stendhal: cansado, a regañadientes, con cincuenta y cuatro años marcha de nuevo a su destierro bajo el ardiente calor veraniego, y esta vez presiente que será la última.

22 de marzo de 1841, París. Un señor pesado y voluminoso avanza a duras penas por su amada avenida. Pero ¿dónde han quedado los buenos tiempos en los que solía contemplar aquí a las mujeres, haciendo coquetas piruetas con el delgado bastón, como un dandi? Ahora el brazo tembloroso se apoya a cada paso sobre la madera firme. Cuánto ha envejecido Stendhal en el último año: sus ojos, otrora refulgentes, yacen ahora mustios bajo unos párpados pesados y rodeados por una sombra azulada; unos tics ner-

viosos le estremecen las comisuras de los labios. Un par de meses atrás lo ha sorprendido el primer ataque, el rabioso recuerdo de aquel primer regalo de amor que recibiera en Milán. Le han hecho varias sangrías, lo han torturado con ungüentos y brebajes, y por último el ministerio ha autorizado al enfermo el regreso de Civitavecchia. Pero ¿de qué le sirve ahora París?

¿De qué le sirve el entusiasta artículo de Balzac sobre *La cartuja de Parma*? ¿De qué los primeros brotes de la fama a un hombre «que ya se codea con la nada», al que la muerte ya ha señalado con su huesudo índice? Cansada, la triste sombra se arrastra camino de su casa, apenas levanta la mirada, no ve los fulgurantes y lujosos carruajes, ni a los paseantes que charlan despreocupados, ni a las *cocottes* que pasan veloces. Stendhal es una triste sombra que se desplaza lentamente en medio del parpadeo de las luces de la calle, repleta de transeúntes al atardecer.

De repente se produce un revuelo, la gente se apiña, curiosa: el señor gordo se ha desplomado delante del edificio de la Bolsa y yace en el suelo con los ojos fuera de las órbitas y el rostro cianótico. Ha sufrido un segundo ataque, y esta vez es mortal. Le aflojan el cuello de la camisa que lo asfixia, lo llevan hasta la farmacia y luego arriba, a la pequeña habitación de hotel repleta de papeles, de apuntes, de obras empezadas y diarios. En uno de ellos se lee esta frase extrañamente profética: «No me parece ridículo morir en la calle si se trata de un accidente».

1842. La caja. Una enorme caja de madera parte de Civitavecchia y recorre lentamente toda Italia con destino a Francia. La llevan a casa de Romain Colomb, primo de Stendhal y ejecutor testamentario del escritor, quien por piedad—nadie se ocupa a estas alturas del fallecido, al que los periódicos dedicaron una escueta necrológica de seis líneas— pretende sacar una edición de las obras completas de ese personaje extravagante. Colomb hace abrir la caja y, ¡Dios mío!, qué cantidad de papeles y qué escritura tan críptica, con cifras y símbolos misteriosos, qué caos, y eso que escribía para distraerse. Entonces el primo saca dos de los manuscritos más limpios y bien escritos y empieza a copiarlos. Pero hasta este fiel pariente termina por cansarse. En la novela *Lucien Leuwen* escribe una resignada nota que dice: «*Rien à faire*» ('No hay nada que hacer'); también la autobiografía *Henri Brulard* es rechazada como inservible y así permanece durante décadas. ¿Qué puede hacerse con todo ese revoltijo de papeles? Colomb lo embala todo en la caja y se lo envía a Crozet, el amigo de juventud de Stendhal. Por su parte, Crozet lo confía todo a la Biblioteca de Grenoble como última morada. Allí, de acuerdo con la ancestral costumbre de las bibliotecas, los papeles se numeran, se etiquetan, se sellan y se catalogan: *Requiescat in pace!* Sesenta volúmenes de legajos: la obra de la vida de Stendhal y su vida recreada yace ahora, oficialmente sepultada, en la gran cámara mortuoria de los libros, y puede empezar a acumular polvo, pues durante cuatro décadas a nadie se le ocurrirá ensuciarse las manos con esos legajos dormidos.

Noviembre de 1888, París. La población se multiplica, la ciudad crece desmesuradamente. París ha alcanzado ya los ocho millones de pares de piernas, pero no a todas les apetece andar: por eso la compañía de omnibuses planea abrir una nueva línea hasta Montmartre. Un fastidioso obstáculo se interpone en su camino, el cementerio del distrito. Finalmente, la tecnología logra dar con una solución para ese inconveniente: se construirá una pasarela con puente para que los vivos pasen por encima de los muertos. Para hacerlo, sin embargo, no queda más remedio que mover algunas tumbas, y mientras realizan las maniobras encuentran, en el número once de la cuarta hilera, una tumba totalmente abandonada y ruinosa con un curioso epitafio: «*Arrigo Beyle, milanese, scrisse, amò, visse*». ¿Un italiano en este cementerio? ¡Curiosa inscripción, qué hombre curioso! Casualmente, alguien recuerda que existió un escritor francés llamado Henri Beyle que quiso que en su sepultura apareciera esa inscripción apócrifa. Se crea de inmediato una comisión, se reúne dinero a fin de comprar una nueva lápida de mármol para el epitafio. Y así, súbitamente, en 1888 el olvidado nombre brilla de nuevo sobre el cuerpo descompuesto, tras cuarenta y seis años eclipsado.

Otro curioso azar: en el mismo año 1888, Stanislas Stryienski, un joven polaco, profesor de idiomas que ha ido a parar a Grenoble y se aburre desmedidamente, merodea por la biblioteca de la ciudad cuando descubre en un rincón los sesenta volúmenes de viejos legajos manuscritos llenos de polvo, y empieza a leerlos y a descifrarlos. Cuanto más lee, más interesante le resulta la lectura. Busca y encuentra a un editor: salen a la luz el diario, la autobiografía de *Henri Brulard*, la novela *Lucien Leuwen*, y con ellos ve también la luz por primera vez el verdadero Stendhal. Con entusiasmo, sus verdaderos contemporáneos reconocen a un alma gemela, ya que no fue para sus verdaderos coetáneos para quienes aquel hombre concibió su obra, sino para los de la generación venidera. «*Je serais célèbre vers 1880*» ['Seré célebre hacia 1880'], se lee varias veces en sus libros: lo que entonces era una fútil palabra lanzada al vacío es ahora una sorprendente realidad. En el instante en que su cuerpo es exhumado sus obras resurgen de las tinieblas del pasado. Stendhal, normalmente tan poco fiable, supo predecir con exactitud su resurrección: además de poeta en cada una de sus palabras, en esto fue también profeta.

IV

UN YO Y EL MUNDO

> No conseguía agradar a los demás, era demasiado diferente.
>
> STENDHAL, *Rojo y negro*

La dualidad creativa de Henri Beyle es una herencia de sus padres: formaban dos mitades dispares que encajaban difícilmente. Chérubin Beyle—¡que el nombre no nos haga pensar ni mucho menos en Mozart!—, el padre o *bâtard*, como lo llama siempre despectivamente Henri (su hijo y enemigo mortal), representa a la perfección el arquetipo del burgués de provincia, terco, tacaño, calculador y fascinado por el dinero, que Flaubert y Balzac retrataron sin compasión. De él hereda Henri Beyle no sólo la estatura y el cuerpo rechoncho, sino también la egoísta obsesión consigo mismo que circula por sus venas y tensa sus nervios. Por su parte, la madre, Henriette Gagnon, es oriunda del romántico sur y también la hemos visto caracterizada psicológicamente en algunas novelas. Podría haber sido protagonista de un poema de Lamartine o el modelo sentimental de Jean-Jacques Rousseau: una naturaleza cariñosa y musical, llena de sentimiento y sensualidad. A esta madre fallecida prematuramente debe Henri Beyle su pasión amorosa, la exaltación del sentimiento, la vulnerable y casi femenina sensibilidad. Arrastrado de un lado a otro por esos dos flujos contrapuestos de su sangre, esta extraña criatura de caracteres discrepantes oscila durante toda su vida entre la herencia paterna y la materna, entre el realismo y el romanticismo: el futuro escritor Henri Beyle seguirá siendo un ser dual que habita entre dos mundos.

Las simpatías del jovencito Henri se afirman muy pronto: ama a su madre (y, según confiesa él mismo, lo hace con un amor peligrosamente apasionado) y odia con toda su alma al *father*, con un rencor fríamente español, sordo, cínico, inquisitorial. No existe otra obra que proporcione al psicoanálisis una exposición literaria más ejemplar del complejo de Edipo que las primeras páginas de *Henri Brulard*, la autobiografía de Stendhal. Sin embargo, esa precoz tensión se rompe de golpe al morir la madre, cuando el chico tiene sólo siete años, y a los dieciséis, cuando abandona Grenoble para siempre en una diligencia y da por muerto al padre en su fuero interno. A partir de ese día sólo se referirá a él con silencios, con odio y desprecio, lo ha eliminado y sepultado. Pero por mucho que le vierta encima la cal de su desprecio, su terco progenitor, el burgués Beyle, un hombre frío y pragmático, seguirá vivo durante cincuenta años bajo la piel de Henri Beyle y continuará persiguiéndolo hasta su muerte. Durante cinco décadas luchan incesantemente en su interior las dos estirpes que conforman su alma, la de los Beyle y la de los Gagnon, el espíritu pragmático y el romántico, sin que ninguna de ellas logre vencer a la otra. En este minuto Stendhal es el hijo perfecto de su madre, pero en el siguiente, a menudo en el mismísimo instante, es el hijo de su padre, ora tímido y cohibido, ora implacable e irónico; a veces entusiasta y romántico, otras desconfiado y calculador. En el brevísimo intervalo de un segundo a otro lo caliente y lo frío se enfrentan en su interior, y sus ataques y contraataques equilibran sus fuerzas: el sentimiento inunda la razón y a su vez el intelecto reprime la sensibilidad. Ninguna de las dos esferas triunfa jamás sobre la otra. Pocas veces se han librado batallas más hermosas en la eterna guerra entre el intelecto y el corazón que ese gran conflicto psicológico llamado Stendhal.

Pero para empezar conviene dejar claro que tal dualidad no desgarró a Stendhal: una especie de indolencia ética, una curiosidad despierta y fríamente observadora protege a su naturaleza epicúrea de un destino verdaderamente trágico. Durante toda su vida ese espíritu esencialmente despierto y pragmático evita con cuidado todas las fuerzas destructivas y demoníacas, porque el primer mandamiento de su inteligencia es la autoconservación, y del mismo modo que en los conflictos reales—en las guerras napoleónicas, por ejemplo—se las arregla siempre para mantenerse en la retaguardia, lejos de los disparos, también en su batalla interior prefiere adoptar el punto de vista más seguro del observador que el de un resuelto luchador a vida o muerte. Carece por completo de ese supremo abandono moral de un Pascal, de un Nietzsche o de un Kleist, quienes solían elevar sus conflictos a la categoría de decisión vital. Cuando Stendhal experimenta el conflicto interior se contenta con observarlo como si de un espectáculo estético se tratara, de modo que su seguridad espiritual no quede comprometida. Su ser nunca se ve estremecido por esas mitades en conflicto y jamás deplora seriamente esa dualidad, más bien la adora. Su inteligencia afilada como un diamante le resulta muy valiosa, pues le permite comprender el mundo y, en medio de la exaltación sentimental, le proporciona una clarividencia absoluta. Pero, por otra parte, Stendhal adora los sentimientos exaltados, su hipersensibilidad, ya que ésta le permite evadirse de la insípida monotonía de la vida cotidiana. También conoce el peligro inherente de cada una de esas dos tendencias de su carácter: el intelecto es capaz de enfriar y eliminar la embriaguez de los instantes más sublimes, y el sentimiento puede arrastrarlo a la confusión y ofuscar así la claridad mental que es de vital importancia para él. Lo que desearía es lograr inculcar a cada mitad las cualidades de la otra: Stendhal se esforzará sin cesar por esclarecer sus sentimientos gracias a la inteligencia y por insuflar pasión a la razón. En la vida de este hombre curioso y sensible convivirán dos facetas: la cerebral romántica y la romántica cerebral.

Cualquier fórmula de Stendhal arroja siempre un número de dos cifras, jamás una unidad redonda: sólo en ese mundo dual se realiza plenamente. Siempre debe sus instantes de mayor fuerza a la imbricación y la yuxtaposición de esa oposición originaria. «*Lorsqu'il n'avait pas d'émotion, il était sans esprit*» ['Cuando no sentía emociones, se esfumaba su ingenio'], escribió en *Armance*, lo cual significa que no puede pensar bien sin experimentar emociones, pero tampoco puede sentir como es debido sin medir de inmediato los latidos de su corazón. Por un lado, idolatra la ensoñación («*Ce que j'ai le plus aimé, était la rêverie*» ['Lo que más he amado ha sido la ensoñación']) y no puede vivir sin su opuesto, la vigilia («*Si je ne vois pas clair, tout mon monde est anéanti*» ['Si no veo con claridad, todo mi mundo se desmorona']). Al igual que Goethe, que en una ocasión confesó que aquello a lo que normalmente llamamos *goce* para él era algo que «siempre oscilaba entre la sensualidad y la razón», Stendhal sólo es capaz de sentir la belleza del mundo gracias a la fogosa mezcla de la carne y el espíritu. Él sabe que la electricidad espiritual sólo surge de la fricción de sus opuestos, de las chispas que producen los cortocircuitos nerviosos y le infunden esa vivacidad petulante, estimulante, que seguimos sintiendo al leer uno de sus libros o de sus páginas. A esos saltos de vitalidad que van de un polo a otro debe Stendhal su poder creativo, que genera su característica calidez y luminosidad; y su instinto siempre atento al equilibrio se esfuerza con entusiasmo en mantener la tensión. Entre sus numerosas y extraordinarias observaciones psicológicas, expresa en una ocasión una muy acertada al señalar que, del mismo modo que los músculos de nuestro cuerpo necesitan la gimnasia constante para mantenerse en forma, también es preciso entrenar, desarrollar y cultivar sin tregua las fuerzas psíquicas. Stendhal realizó esta labor de perfeccionamiento con una tenacidad insólita. En su afán de alcanzar el conocimiento, protege y cultiva en todo momento esos dos extremos de su esencia, y lo hace con el mismo amor con el que un artista cuida su instrumento o un soldado su arma. Jamás renuncia a ejercitar su yo espiritual. Para mantener en estado latente la tensión sentimental, su «*érectisme morale*», caldea cada noche sus emociones en la ópera escuchando música, y de mayor cultiva la inquietud emocional por medio de intrigas siempre nuevas. Para obligar a su memoria, en ocasiones débil, a la mayor fidelidad, se impone ejercicios especiales, afila su capacidad de percepción—como hace con la navaja de afeitar cada mañana—mediante la práctica de la autoobservación. Todos los días procura obtener de los libros o de las conversaciones «uno o dos cubos de nuevas ideas»; se instruye, se exalta y se domina para alcanzar una intensidad cada vez más sutil; aguza incesantemente su juicio y atempera los sentimientos.

Gracias a esa sabia y minuciosa técnica del autoperfeccionamiento, Stendhal alcanza un grado poco habitual de sensibilidad tanto intelectual como sensual. Es preciso retroceder varias décadas en la literatura universal para encontrar una sensualidad de parecida delicadeza y agudeza, una sensibilidad tan a flor de piel aliada con una razón tan clara y fría. Pero no es posible tener la piel tan fina y unos sentidos tan excitables impunemente: la delicadeza implica susceptibilidad, y lo que es una bendición para el arte casi siempre se convierte en padecimiento para el artista. ¡Cuánto sufre este ser superdotado a causa del entorno, cuánto le exaspera su siglo patético y plañidero! Toda forma de torpeza espiritual le ofende: la insensibilidad y la pereza espiritual de las multitudes son para él una pesadilla. Como a la princesa del cuento que no pudo dormir a causa de un guisante colocado bajo varios colchones, a Stendhal le lastima cualquier palabra inexacta, cualquier gesto afectado. El falso romanticismo, las burdas exageraciones, la vaguedad y la confusión producen en su infalible instinto el mismo efecto que el hielo sobre una muela enferma. Su pasión por la sinceridad y la naturalidad, hipertrofiada y clarividente a un tiempo, su conocimiento espiritual, sufren todos los extremos, tanto la escasez como el exceso de sentimiento—«*mes bêtes d'aversion, ce sont le vulgaire et l'affecté*» ['mis bestias negras son la vulgaridad y la afectación']—, lo banal como lo precioso. Una simple frase de un sentimentalismo demasiado edulcorado o de un patetismo exacerbado puede estropearle un libro; un gesto torpe, la aventura erótica más hermosa. En una ocasión contempla conmovido una batalla napoleónica: el estruendo de los cañones, el caos homicida iluminado por el fortuito juego cromático de la puesta de sol y las nubes sangrientas ejercen sobre su alma de artista un efecto irresistible y embriagador. Contempla la escena estremecido y conmovido, hasta que, por desgracia, un general que se encuentra a su lado comete el desatino de calificar el imponente espectáculo con una frase grandilocuente: «¡Una batalla de gigantes!», dice complacido a su compañero. Esa frase de un burdo patetismo destruye para Stendhal toda posibilidad de sentir. Presuroso, maldiciendo al necio, se aleja del lugar, furioso, decepcionado y frustrado. Una frase huera o que expresa torpemente un sentimiento lo subleva. El pensamiento confuso, la redundancia, cualquier expresión que deforme el sentimiento asquean a este genio de la sensibilidad: por eso disfruta tan poco el arte de sus contemporáneos, de un romanticismo melifluo (Chateaubriand) o pseudoheroico (Victor Hugo), y por eso soporta a tan pocas personas.

Sin embargo, la excesiva hipersensibilidad no se dirige menos contra sí mismo. Cada vez que se descubre algún signo de mal gusto, cualquier *crescendo* innecesario, cada vez que echa mano del sentimentalismo o incurre en confusión o en mala fe, se golpea en los dedos como lo haría un maestro severo. Su razón, siempre despierta e implacable, lo acompaña hasta sus ensoñaciones más tortuosas y le arranca sin consideración la máscara tras la cual se oculta el pudor. Pocas veces un artista se educó de forma tan radical para la honestidad, pocas veces un observador del alma vigiló con tanta crueldad los recodos y laberintos de su alma.

Como se conoce tan bien, Stendhal sabe mejor que nadie que su susceptibilidad nerviosa y espiritual constituye su genio, su virtud, pero es a la vez su peligro: «*Ce que ne fait qu'effleurer les autres, me blesse jusqu'au sang*» ('Lo que a los demás apenas los roza, a mí me desuella'). Y por eso, desde su juventud, instintivamente a Stendhal los otros le parecen un polo diametralmente opuesto a su yo, criaturas que pertenecen a una especie psicológica extraña con la que cualquier intercambio verbal y cualquier comunicación es imposible. Esa extrañeza la sintió muy pronto el niño torpe y tímido en Grenoble, cuando veía a sus condiscípulos saltar con alegría irreflexiva. Más tarde la experimentó de un modo aún más doloroso en Italia: pese a ser incapaz de imitar a los otros oficiales los envidia por saber volver locas a las mujeres milanesas y hacer sonar sus sables con grandilocuencia y bravura. En esa época todavía consideraba su delicadeza, su timidez y su sensibilidad como falta de virilidad, como un lamentable signo de su inferioridad. Durante años intentó—es ridículo e inútil oponerse a la propia naturaleza—imitar la vulgar jactancia de la plebe y adoptar los modos de los bravucones con el único propósito de parecerse a sus rudos compañeros e impresionarlos. Sin embargo, poco a poco, con mucho esfuerzo y dolor, este hombre sensible va descubriendo cierto atractivo melancólico en su irremediable diferencia, y entonces despierta el psicólogo. Stendhal ha empezado poco a poco a sentir curiosidad por sí mismo y comienza a descubrirse. Primero constata únicamente que es diferente a la mayoría, más organizado, sensible y atento. Nadie a su alrededor siente con tanta pasión, nadie piensa con tal claridad, nadie posee una mezcla tan singular que le permita sentir lo más delicado en todas partes y, no obstante, no conseguir nada desde el punto de vista práctico. No cabe duda de que tiene que haber otras personas de esa curiosa especie de los «seres superiores», porque, de lo contrario, ¿cómo podría comprender a Montaigne, ese espíritu cáustico, inteligente para todo lo grande y desdeñoso con lo grosero, si no fuera afín a su manera de ser? ¿Cómo podría disfrutar de Mozart si no reinara en él la misma ligereza espiritual? Así comienza Stendhal, más o menos a los treinta años, a sospechar por primera vez que él no es un ejemplo de humanidad defectuosa, sino más bien un espécimen muy singular, perteneciente a esa rara y muy noble estirpe de los «seres privilegiados», que surge de vez en cuando en las distintas naciones, que destacan de sus congéneres y compatriotas como las piedras preciosas de los conglomerados comunes. Se siente hermano de esos «pocos afortunados» (no los franceses, rechaza la nacionalidad como un traje demasiado estrecho) que conforman una patria invisible, personas dotadas de órganos espirituales y de nervios muy sutiles, que jamás se agrupan para formar groseras muchedumbres ni atareadas camarillas, sino que de vez en cuando envían un mensaje a su época. Sólo para ellos escribe Stendhal, para esos seres raros, de buen oído y larga vista, los que entienden rápidamente, pueden leer sin subrayados y comprenden el menor gesto gracias a un instinto del corazón; para ellos escribe sus libros, más allá de su propio siglo, sólo a ellos les revela en el espejo de sus obras los secretos de su alma. ¿Qué le importa, desde que ha aprendido a despreciarlo, el populacho grosero y charlatán al que sólo le llama la atención la letra gruesa y chillona de las pancartas, al que sólo le sabe bien la comida muy condimentada y empalagosa? «*Que m'importent les autres!*» ('¡Qué me importan los demás!'), exclama con orgullo su Julien Sorel. No, no hay que avergonzarse de no tener éxito en un mundo tan envilecido y vulgar. «*L'égalité est la grande loi pour plaire*» ['La igualdad es la gran ley para complacer']: hay que estar hecho de la misma pasta que la multitud para rebajarse a su nivel. Pero gracias a Dios él se sabe extraordinario, superior, único, alguien especial, un individuo, no un cordero del rebaño. Todas las humillaciones externas, su lento ascenso en la carrera administrativa, los fracasos con las mujeres, la total falta de éxito de su obra literaria, todo eso Stendhal lo disfruta desde que ha descubierto su rareza como una prueba de su superioridad. Triunfante, convierte su sentimiento de inferioridad en una desenfadada altivez, la magnífica, alegre y desenfadada altivez de Stendhal. Se mantiene cada vez más aislado a propósito y sólo conoce una preocupación, «*travailler son caractère*», forjar su carácter, perfilar con mayor precisión su fisonomía espiritual. Sólo la singularidad tiene valor en un mundo uniformado: «*Il n'y a pas d'intéressant que ce qui est un peu extraordinaire*» ['Nada hay interesante salvo lo que es un poco extraordinario']. Por lo tanto, ¡seamos singulares, tenaces, fortalezcamos el germen de rareza que hay en nosotros! Ningún fanático cultivador de tulipanes holandés, por esmero que pusiera, consiguió jamás un cruce más espléndido que el logrado por Stendhal gracias al cultivo de su ambigüedad y su rareza, dos cosas que preserva en su propia esencia espiritual, que denomina «beylismo», una filosofía que consiste únicamente en el arte de mantener intacto al Henri Beyle que hay en Henri Beyle. Con el propósito de aislarse mejor del resto, se opone conscientemente a su época y vive como su personaje Julien, «*en guerre avec toute la société*», en guerra con toda la sociedad. Como escritor, desdeña la forma bella y proclama el Código Civil como la verdadera *ars poetica*; como soldado, se burla de la guerra; como diplomático, se mofa de la historia; como francés, se ríe de los franceses: por todas partes abre trincheras y levanta alambradas de espinos entre él y los demás hombres para que no puedan acercarse a él. Sin duda, con ello obstaculiza cualquier posibilidad de ascender, pierde la oportunidad de tener éxito como soldado, diplomático o escritor, pero eso sólo multiplica su orgullo: «Como no soy un borrego del rebaño, no soy nada», pero él prefiere no ser nada para esos espíritus plebeyos, prefiere seguir siendo nadie para todos esos ceros a la izquierda. Se siente feliz de no encajar en ninguna parte, en ninguna clase social, en ninguna profesión ni en ninguna patria; le entusiasma ser una paradoja andante y recorrer su propio camino en lugar de trotar por la avenida del éxito en medio del servil rebaño de borregos. Es preferible quedarse rezagado, o permanecer fuera, estar solo, con tal de ser libre. Esa libertad, esa liberación de todas las ataduras e influencias, fue lo que Stendhal supo hacer de un modo genial. Si de vez en cuando, por necesidad, se ve obligado a aceptar una profesión o a vestir un uniforme, sólo da de sí lo estrictamente imprescindible para cobrar su sueldo, ni un ápice más. Si su primo le endosa el sayo de húsar, no por ello se siente soldado; si escribe novelas, se obliga a no convertirse jamás en escritor profesional; si tiene que llevar los galones del diplomático, se sienta en el escritorio durante las horas de trabajo un hombre que sólo comparte con Beyle el aspecto físico. Jamás sacrificará una sola parte de su esencia real al arte, o a la ciencia, y mucho menos a su cargo: ninguno de sus camaradas en el servicio sospecha nunca que recibe instrucción militar en la misma compañía o examina expedientes en el mismo escritorio que el escritor más grande de Francia. Y ni siquiera los ilustres colegas escritores (excepto Balzac) vieron en él más que a un divertido y excelente conversador, un ex oficial al que de vez en cuando le gustaba salir a cazar como amateur por los territorios de la literatura. Tal vez, de todos sus contemporáneos, fue Schopenhauer el único que actuó y vivió en un aislamiento hermético comparable al de Stendhal, su hermano mayor en lo psicológico.

Hemos llegado a esa parte de la sustancia stendhaliana, única en su género, que aún no hemos examinado. El análisis químico del maravilloso elemento que representa, la voluntad de mantener intactas y activas sus propiedades, fue para Stendhal la única actividad real e intensa de su vida.

Jamás negó el personalismo y el amor propio de una posición tan singular como la suya ante la vida, por el contrario, se vanaglorió de su egocentrismo y lo bautizó ostentosamente con un provocador neologismo: *egotismo*. Sí, no se trata de un error tipográfico, y conviene no confundirlo con su hermano bastardo, más plebeyo y grosero: el egoísmo. Éste pretende acaparar con burdas maneras todo lo que pertenece a otros, tiene manos codiciosas y la torcida mueca de la envidia. El egoísmo es envidioso, mezquino, insaciable, y ni siquiera los instintos espirituales pueden redimirlo de su brutalidad y su falta de imaginación. El egotismo de Stendhal, en cambio, no pretende quitar nada a nadie; con altanería aristocrática, deja el dinero a quienes lo codician, los cargos a quienes los ambicionan, las condecoraciones y los banderines a los arribistas, y para los literatos deja las pompas de jabón de su gloria. ¡Que les aproveche! Él los observa sonriendo desdeñosamente al verlos estirar el pescuezo en pos del oropel, o doblar el lomo servilmente, o atribuirse títulos y llenarse de condecoraciones, formar grupos y grupúsculos, convencidos de que gobiernan el mundo. «*Habeant, habeant!*», les dice sonriendo con ironía, pero sin envidia ni codicia. ¡Que se llenen los bolsillos y las barrigas! El egotismo de Stendhal es sólo una apasionada estrategia defensiva, nunca se entromete en el coto de nadie, pero tampoco deja que nadie traspase el suyo. Su única ambición es crear para Henri Beyle un espacio absolutamente aislado entre los hombres, una celda de incubación en la que pueda desarrollarse a plenitud la rara planta tropical de su individualidad. Porque Stendhal desea cultivar sus opiniones, sus inclinaciones, sus pasiones y sus locuras exclusivamente en y para sí mismo. Le resulta totalmente indiferente e insignificante cuánto valoran los demás un libro o un acontecimiento, ignora con altivez las repercusiones de un hecho en el presente, en la historia del mundo o hasta en la propia eternidad: él sólo considera hermoso lo que le gusta, llama correcto a lo que en ese instante le parece apropiado o desdeñable a lo que desdeña. No lo inquieta en absoluto quedarse totalmente solo con sus opiniones; por el contrario, la soledad satisface y fortalece su sentimiento de individualidad. «*Que m'importent les autres!*»: la divisa de Julien Sorel también es aplicable en lo estético al egotista Stendhal.

Pero—podría objetársenos—¿con qué fin se emplea una palabra tan pomposa como *egotismo* para calificar esa actitud? ¿Acaso no es lo más natural del mundo calificar de hermoso lo que uno considera hermoso y hacer de su capa un sayo? Sin duda, pero ¿quién consigue sentir o pensar siempre de un modo independiente? ¿Y quién de los que se forman una opinión sobre un libro, un cuadro o un hecho cualquiera a partir de una valoración aparentemente propia tiene luego el valor de defenderla frente a toda una época, frente al mundo? Todos nosotros estamos en mayor o menor grado influenciados inconscientemente, más de lo que suele gustarnos admitir: el aire de nuestros tiempos penetra en lo más profundo de nuestros pulmones e incluso de nuestro corazón, nuestros juicios y nuestras opiniones coexisten con multitud de otros modos de ver, y el contacto los va limando; la opinión pública flota invisible en la atmósfera como las ondas de radio. El acto reflejo natural del hombre no es la reafirmación de su yo, sino el acomodo de la opinión propia a la de la época, la capitulación ante el sentimiento de la mayoría. Si la mayor parte de la humanidad, la más abrumadora, no fuera dúctil y acomodaticia, si millones de seres no renunciaran por instinto o inercia a los puntos de vista privados y personales, haría mucho tiempo que toda esa gigantesca maquinaria se habría detenido. De modo que se requiere una energía muy particular, un espíritu rebelde—¡ese que tan pocos conocen!—para oponer la voluntad aislada frente a la presión moral de millones. Un individuo debe reunir fuerzas excepcionales para defender su originalidad: un firme conocimiento del mundo, perspicacia intelectual, absoluto desprecio de las sectas y los partidos, una temeridad audaz y amoral, y sobre todo valentía, un coraje inquebrantable para defender las propias convicciones.

Stendhal, el egotista por excelencia, poseía ese coraje: es una bendición para el alma ver la osadía con que arremete contra su época, solo contra todos, y cómo se abre paso durante medio siglo, con astucia e ímpetu, sin otra coraza que su reluciente arrogancia; es conmovedor verlo herido, sangrando por infinidad de heridas secretas, pero erguido hasta el último instante, sin sacrificar ni un ápice de su individualidad ni de su obstinación. La oposición es su elemento; la independencia, su voluptuosidad. Hay cientos de ejemplos de la resolución y el descaro con los que este rebelde irredento hace caso omiso de la opinión general y del modo temerario con que la desafía. En una época en la que todos hablan extasiados de las batallas—ya que, como dice el propio Stendhal, «el francés sólo reconoce la valentía cuando suena el tambor mayor»—, él describe Waterloo como una enmarañada confusión de fuerzas caóticas; admite sin tapujos que durante la campaña en Rusia (la misma que los historiadores ensalzan como epopeya de la historia universal) él, personalmente, se aburrió de mala manera. No titubea al afirmar que un viaje a Italia para verse con su amada le resulta más importante que el destino de su patria, y que un aria de Mozart le parece más interesante que una crisis política. «*Il se fiche d'être conquis*», le importa un bledo que Francia sea conquistada y ocupada por tropas extranjeras, porque se siente desde hace mucho tiempo ciudadano europeo por elección, es un cosmopolita y no le preocupan ni un minuto las descabelladas piruetas de los azares bélicos, ni las opiniones de moda, ni los patriotismos («*le ridicule le plus sot*» ['la ridiculez más absurda']), ni los nacionalismos, sino únicamente el desarrollo y la realización de su naturaleza espiritual. Y expresa todas estas ideas con tal calma y autonomía, con tanta naturalidad en medio de un cataclismo espantoso, que uno, leyendo sus diarios, duda en ocasiones de que haya presenciado realmente todas esas jornadas históricas. De hecho, en cierto sentido puede decirse que Stendhal no estuvo allí, pues aunque cabalgara en medio de las batallas u ocupara cargos administrativos, siempre estuvo a solas consigo mismo. Jamás se siente comprometido a tomar partido espiritual por acontecimientos que no lo conmueven en el alma, ni a acomodarse a lo que hacen o piensan los demás. Como Goethe, quien en días cruciales de la historia del mundo apuntaba en sus cuadernos sus lecturas del chino, Stendhal anota, en los instantes más estremecedores de la historia de su época, únicamente sus inquietudes íntimas. La historia de su tiempo y la suya manejan alfabetos y un vocabulario distintos. De ahí que Stendhal sea un testigo poco fiable de su entorno al mismo tiempo que un observador incomparable de su mundo interior: para el egotista consumado, perfecto e insuperable, todo acontecimiento mundano se reduce única y exclusivamente a la emoción que el individuo único e irrepetible llamado Stendhal-Beyle experimenta o sufre a causa del curso de la historia; tal vez nunca un artista haya vivido para su yo de un modo más obstinado, radical y fanático, ni lo haya desarrollado tan artísticamente como este heroico egocéntrico y egotista convencido.

Pero precisamente a causa de ese feroz aislamiento, de esa tenaz y hermética reclusión, la esencia de Stendhal se preservó invariable y pura, con su característico aroma natural. Podemos observar en él, en quien el tiempo no ha impreso su huella, a un espécimen raro y hermoso, completamente singular desde el punto de vista psicológico, del «hombre por excelencia». En efecto, no hay en Francia obra ni autor de su siglo que haya permanecido tan joven, tan nuevo e intacto: puesto que Stendhal se mantuvo al margen de su época, sus obras son atemporales, y puesto que se consagró esencialmente a su vida interior aún hoy nos parece vivo. Cuanto más vive un hombre en su tiempo, más muere con él; y cuanto más preserva su verdadera esencia, más perdura en la posteridad.

V
EL ARTISTA

> Francamente, no estoy en absoluto seguro de tener el talento necesario para que me lean. Pero a veces encuentro un placer inmenso en escribir, eso es todo.
>
> STENDHAL a Balzac

A nada se entrega plenamente Stendhal, el más celoso guardián de sí mismo en la literatura: a ninguna persona, a ningún oficio, a ningún cargo. Y cuando escribe novelas, relatos y obras psicológicas, lo único que hace es plasmarse: también su pasión por la escritura está al servicio exclusivo de su yo. Stendhal, quien en sus memorias se vanagloria de que el mayor mérito de su vida es no haber hecho nunca nada que no le reportase placer, fue artista solamente mientras ese oficio le brindó satisfacciones, sólo sirvió al arte en la medida en que éste le sirviera para alcanzar sus propósitos: su deleite, su comodidad, su amor propio. Así pues, quienes suponen que el escritor atribuía una gran importancia a la literatura por el mero hecho de que actualmente Stendhal se haya convertido en un escritor importante en todo el mundo se equivocan. ¡Ni mucho menos! ¡Cuán decepcionado se hubiese sentido este fanático de la independencia si llegara a verse como integrante del clan de escritores profesionales! Fue una decisión de su ejecutor testamentario, contra la última voluntad de Stendhal, hacer inscribir sobre el mármol las palabras «*scrisse, amò, visse*», pese a que el testamento disponía expresamente que figuraran en este orden: «*Visse, scrisse, amò*». Pues Stendhal, fiel a su divisa, quería mostrar a la eternidad que anteponía la vida a la escritura, que para él disfrutar era más importante que crear, y la escritura no era más que una divertida función de su formación personal, uno de los muchos tónicos contra el aburrimiento. Es conocer poco a Stendhal no percatarse de que para este apasionado amante de la vida la literatura era solamente una forma ocasional de expresar su personalidad, pero en ningún modo la decisiva.

Cierto es que siendo joven, recién llegado a París, imbuido de un ingenuo idealismo, había deseado convertirse en un escritor famoso. Pero ¿qué quinceañero no lo ha deseado? Pergeña por entonces algunos ensayos filosóficos, escribe una comedia en versos que jamás concluirá, todo ello sin demasiado entusiasmo ni ambición. Y luego, durante catorce años, se olvida por completo de la literatura: monta en su caballo o despacha en su escritorio, pasea por los bulevares, corteja melancólicamente y en vano a las mujeres que ama y se ocupa mucho más de la pintura y de la música que de la literatura. En 1814, en un momento en que anda corto de dinero, apurado tras haber tenido que vender incluso su caballo, escribe apresuradamente y con un nombre falso su *Vida de Haydn*, o más bien plagia descaradamente el texto de un autor italiano, el pobre Carpani, que más tarde pondrá el grito en el cielo contra este desconocido señor Bombet que lo ha saqueado impunemente. Luego publica una historia de la pintura italiana, también copiada de otros libros, aunque incluye algunas anécdotas, e improvisa—ya sea porque le reporta dinero, o porque le divierte dejar correr la pluma y burlarse del mundo con toda suerte de pseudónimos—algún que otro libro, hoy como historiador del arte, mañana como economista (*Un complot contre les industrielles*), pasado como esteta literario (*Racine et Shakespeare*) o como psicólogo (*Del amor*). Escribir, según parece descubrir al realizar esas azarosas tentativas, no es tan difícil. Si uno es astuto y las ideas le fluyen con facilidad a los labios, no existe gran diferencia entre escribir y conversar, mucho menos entre hablar y dictar, pues la forma le tiene a tal extremo sin cuidado que a veces garabatea sus libros con el lápiz y otras veces, sencillamente, los dicta de memoria. Stendhal, en el mejor de los casos, ve la literatura como la simpática diversión de un hombre raro. El simple hecho de no haber sentido la necesidad de que su nombre verdadero, Henri Beyle, figurase en su obra es prueba suficiente de su indiferencia respecto a cualquier ambición.

Sólo cumplidos los cuarenta años se sienta a trabajar con disciplina. ¿Por qué? ¿Se habrá vuelto más ambicioso, apasionado, amante del arte a esas alturas? No, en absoluto, simplemente se ha vuelto más corpulento, y—¡ay!—tiene menos éxito con las mujeres, mucho menos dinero y mucho más tiempo disponible que no sabe cómo usar. En suma, necesita sucedáneos, escribe «*pour se désennuyer*», para evitar el aburrimiento. Del mismo modo que una peluca sustituye ahora su cabello otrora abundante y rebelde, la novela sustituye a la vida, compensa la disminución de la aventura real con toda suerte de ensoñaciones ficticias, y al final acaba resultándole divertida la escritura, encuentra en ella a un interlocutor más agradable e ingenioso que todos los charlatanes de salón. Sí, escribir novelas—en tanto no se lo tome muy en serio ni se ensucie las manos con sudor y ambición, como hacen los literatos parisinos—es realmente un placer agradable, sano y muy noble, digno de un egotista, un divertimento elegante y poco exigente en el que Stendhal encuentra un aliciente cada vez mayor a medida que envejece. Es una ocupación que no lo fatiga en absoluto: dicta una novela en tres meses, sin complicarse la vida, a algún copista barato, de modo que no malgasta mucho esfuerzo ni tiempo. Además, puede darse el gusto de retratar sarcásticamente a sus enemigos y burlarse de la mezquindad de la gente sin mostrarse. Oculto tras una máscara, puede confesar las más tiernas emociones del alma sin delatarse, basta con atribuírselas a algún joven desconocido. Puede ser apasionado sin comprometerse y, pese a ser un anciano, soñar como un adolescente sin necesidad de avergonzarse. De ese modo, la creación se convierte en un goce para Stendhal, y poco a poco se va transformando en el éxtasis más íntimo y oculto que este experimentado hedonista es capaz de procurarse. Sin embargo, jamás tiene la sensación de estar haciendo gran arte ni historia de la literatura. Como le confiesa a Balzac con absoluta franqueza en una carta: «Hablo de cosas que adoro y jamás he pensado en el arte de hacer una novela». Stendhal no piensa en la fama, ni en la crítica, ni en el público, ni en los periódicos, ni en la eternidad; como auténtico egotista, al escribir piensa únicamente en sí mismo y en su satisfacción personal. Y finalmente, a punto de cumplir los cincuenta años, hace un curioso descubrimiento: es posible incluso ganar dinero escribiendo. Eso redobla su satisfacción, ya que el ideal supremo de Henri Beyle siempre será la soledad y la independencia.

Es verdad que sus libros alcanzan un éxito relativo y que el estómago del público no se acostumbra a una comida poco aliñada con sentimentalismos, razón por la cual Stendhal se ve obligado a imaginar, además de los propios personajes, a un público distinto, en un porvenir lejano, una elite que aparecerá en torno a 1890 o el 1900. No obstante, esa indiferencia de sus contemporáneos no le afecta demasiado: a fin de cuentas, sus libros son cartas dirigidas a sí mismo: «¡Qué me importan los demás!». Stendhal escribe para él mismo. El hedonista que envejece ha inventado un nuevo y último goce, el más delicado: escribir en su buhardilla, a la luz de dos velas, sentado a su escritorio de madera, o dictar; y ese íntimo y profundo soliloquio consigo mismo, con su alma y sus pensamientos, será para él, al final de su vida, más importante que todas las mujeres y todas las alegrías, más que el café Foy, que las charlas de salón, más incluso que la música. El disfrute en soledad y la soledad en el disfrute: su primero y más antiguo ideal lo descubre el hombre quincuagenario, por fin, en el arte.

Una alegría tardía, ciertamente, crepuscular y ensombrecida por la resignación. Porque la creación literaria de Stendhal comienza demasiado tarde para determinar su vida desde un punto de vista creativo, más bien pone fin, musicaliza, su lenta agonía. A los cuarenta y tres años comienza su primera novela, *Rojo y negro* (su temprana *Armance* no cuenta), a los cincuenta escribe *Lucien Leuwen* y a los cincuenta y cuatro aparece la tercera novela, *La cartuja de Parma*. Tres narraciones agotan su impulso literario, tres obras que, desde el punto de vista de su núcleo motor, conforman una sola, tres variaciones de una sola y misma aventura: la historia moral de la juventud de Henri Beyle, una historia que el hombre que envejece no quiere dejar morir en su interior, sino resucitar de forma permanente. Las tres podrían llevar el título de una novela de Flaubert, su heredero y mayor detractor: *La educación sentimental*.

Los tres jóvenes protagonistas—Julien, el maltratado hijo de campesinos; Fabrizio, el marqués mimado, y Lucien Leuwen, el hijo de un banquero—se adentran con el mismo idealismo fervoroso y desmedido en un siglo gélido: son entusiastas de Napoleón, adoran el heroísmo, la grandiosidad y la libertad. Todos buscan en la exaltación del sentimiento una forma más elevada, espiritual y sublime que la que les proporciona la vida real. Los tres poseen un corazón tumultuoso pero cándido, lleno de pasión contenida por las mujeres, un romanticismo juvenil que la mezquindad y el materialismo del mundo aún no ha pervertido. Y para los tres el despertar es amargo, pues descubren que en un mundo gélido y hostil es preciso disimular el fervor del corazón, negar el propio entusiasmo. La pureza de su ímpetu se estrella contra la trivialidad de una época interesada exclusivamente en el dinero, contra la mezquindad y el temor burgués a los «otros», los eternos enemigos de Stendhal. Poco a poco van aprendiendo las tretas de sus enemigos, las intrigas, las mezquinas maquinaciones, los astutos cálculos, y así se vuelven más sofisticados, perversos, mentirosos, mundanos y fríos. O peor aún, se vuelven astutos, manipuladores y egoístas como el viejo Stendhal: se convierten en brillantes diplomáticos, genios de los negocios o magníficos obispos; en suma, pactan con la realidad y se acomodan en cuanto se sienten dolorosamente expulsados de su verdadero reino espiritual: el de la juventud y el más puro idealismo.

En nombre del joven de antaño cuyo corazón latía otrora dentro de su pecho, tímido y ardiente a un tiempo, del joven lleno de fe y cohibido, Stendhal escribe a los cincuenta años esas tres novelas, para revivir con pasión renovada su vida a los veinte años. Resabiado, frío y decepcionado, recrea la juventud de su corazón; como lúcido conocedor del arte, describe el eterno romanticismo de los primeros pasos en la vida. Sus tres novelas relatan de un modo asombroso el contraste que define su carácter, y la noble confusión de la juventud está representada con la lucidez del hombre maduro: la guerra a muerte entre el realismo y la imaginación que se libra en la mente y el corazón del autor se resuelve en tres batallas tan memorables e imperecederas en la memoria de la humanidad como las de Marengo, Waterloo o Austerlitz.

Los tres jóvenes protagonistas de Stendhal, aunque sujetos cada uno a un destino, estirpe y carácter distintos, son hermanos en el sentimiento: su creador les legó lo que de novelesco había en su propia naturaleza y lo hizo florecer en ellos. Y también sus tres antagonistas en las novelas conforman una sola persona: el conde Mosca, el banquero Leuwen y el marqués de La Mole son, a su vez, el propio Beyle, pero en este caso corresponden a esa inteligencia cuyo espíritu se ha helado, la del anciano astuto y resabiado en el que la corrosiva razón ha calcinado y consumido cualquier ideal. Esos tres personajes muestran de un modo simbólico lo que la vida termina haciendo con el adolescente, cómo el «entusiasta de todo se va asqueando y resabiando poco a poco», según describe Henri Beyle su propia vida. En los tres personajes se ha extinguido la llama del romanticismo heroico, y la triste superioridad de la táctica y la práctica han sustituido a la mágica ebriedad; una fría pasión por el juego ocupa el lugar de la pasión juvenil. Los tres gobiernan el mundo—el conde Mosca, un principado; el banquero Leuwen, la Bolsa de Valores; el marqués de La Mole, la diplomacia—, pero no aman a las marionetas cuyos hilos manejan, desprecian a los hombres precisamente porque los conocen de cerca y han visto sus debilidades. Todavía son capaces de apreciar la belleza y el heroísmo, pero sólo pueden apreciarlos, y de buen grado cambiarían todos sus éxitos por el embriagador, confuso y torpe entusiasmo de la juventud, ese que nada consigue pero sueña eternamente. Como Antonio, el sabio, frío y astuto aristócrata que acompaña al joven y apasionado poeta Tasso, estos maestros del prosaísmo existencial se muestran mitad deferentes, mitad hostiles o desdeñosos, pero en lo más profundo y secreto de su alma envidian a sus jóvenes rivales, del mismo modo que el intelecto envidia al sentimiento, y la vigilia, al sueño.

Entre esos dos polos extremos del destino humano se desarrolla el universo de Stendhal: entre la pueril y confusa necesidad de belleza y la firme, irónica y superior voluntad de alcanzar el poder real. Las mujeres despiertan los deseos tímidos y ardientes de estos jóvenes, vibran gracias a su tumultuosa pasión y satisfacen sus febriles deseos insatisfechos con musical delicadeza. Los personajes femeninos de Stendhal encienden una llama pura en los corazones de esos jóvenes, son nobles incluso en la pasión: madame de Rênal, madame de Chasteller, la duquesa de Sanseverina. Pero ni siquiera la abnegada entrega de las enamoradas logra preservar en sus amantes el primer candor del alma, ya que cada paso con el que ellos se adentran en la vida los hunde cada vez más en el lodazal de la miseria humana. Frente a ese heroico elemento femenino, que eleva y dilata el alma gracias a la bondad, se yergue como siempre la vulgar realidad, las maniobras de los fríos y astutos intrigantes, de los arribistas, en suma, de los hombres tal como le gusta retratarlos a Stendhal dado su intransigente desprecio por los mediocres. Mientras que idealiza a las mujeres mirándolas con los ojos de su novelesca juventud, pues pese a su avanzada edad sigue siendo un enamorado del amor, introduce al mismo tiempo en la trama, con toda su rabia contenida, a esa camarilla de criaturas mezquinas, como si las llevara al cadalso. Retrata de forma despiadada a jueces, abogados, ministrillos, oficiales de pacotilla, charlatanes de salón, almas mezquinas siempre prestas a la delación. Cada una por separado es maleable como el barro, pero una fatalidad irremediable hace que todos esos ceros a la izquierda sumados formen un gran número y, como suele ocurrir en este mundo, sofoquen lo sublime. Así, en su estilo épico alternan siempre la melancolía trágica del romántico incurable con la ironía punzante del hombre desencantado. Stendhal describe en sus novelas el mundo real de forma descarnada y el mundo ideal imaginario con ardor apasionado, pues domina la esfera del intelecto y la del sentimiento como un auténtico anfibio.

Eso es precisamente lo que da a las novelas de Stendhal su atractivo y su carácter particulares, el hecho de ser novelas de madurez, juveniles en el sentimiento y sabiamente superiores en el pensamiento. Porque sólo la distancia es capaz de explicar de un modo creativo el sentido y la belleza de toda pasión. «*Un homme dans les transports de la passion ne distingue pas les nuances*» ['En los arrebatos de pasión un hombre no distingue los matices']. La persona conmovida no conoce, en el instante de la conmoción, los matices de lo que siente. Tal vez pueda expresar sus éxtasis en un lirismo desbordante, pero jamás podrá explicarlos ni interpretarlos claramente. El auténtico análisis exige elevarse por encima de la pasión, requiere estar lúcido, despierto y sereno. En efecto, las novelas de Stendhal sintetizan magníficamente lo íntimo y lo externo: en ellas, un artista domina su arte, conoce sus sentimientos, pese a estar bajo la influencia de sus pasiones las comprende y está en condiciones de expresarlas en una obra distanciándose del sentimiento. Stendhal, conmovido, revive de nuevo la pasión *a posteriori*, pero ahora la *entiende*. En cambio, el acontecimiento externo, la técnica de la novela, importa poco al artista, y a menudo se libera de ésta improvisando (incluso admitía que al concluir un capítulo jamás sabía lo que iba a suceder en el siguiente). Las obras de Stendhal obtienen fuerza artística y grandeza sentimental únicamente gracias a esa recreación de las pasiones. Las páginas más hermosas son aquellas en las que advertimos la presencia de sus sentimientos, las más sublimes aquellas donde su alma tímida y reservada inspira las palabras y los actos de sus protagonistas, donde transpone a sus personajes su propio conflicto. La descripción de la batalla de Waterloo en *La cartuja de Parma* constituye una de esas geniales síntesis de sus años juveniles en Italia: del mismo modo que él marchó a Italia, marcha su Fabrizio siguiendo los pasos de Napoleón para descubrir el heroísmo en los campos de batalla, pero la realidad destruye sus idealistas ilusiones. En lugar del estrépito de las cargas de la caballería, lo que vive el personaje es el caos del combate moderno; en lugar de la Grande Armée, encuentra una soldadesca injuriosa y cínica; en lugar de héroes, encuentra a hombres tan mediocres y adocenados bajo el colorido uniforme como con su indumentaria de civiles. Esos instantes de desencanto han sido iluminados de un modo magistral por el autor: ningún otro artista ha expresado con tan perfecta intensidad la manera en la que, en nuestro universo terrenal, el éxtasis del alma se estrella una y otra vez contra la indiferente y áspera realidad. Sólo cuando hace vivir a sus personajes sus vivencias más íntimas se convierte en artista y trasciende incluso su propia concepción del arte: «Cuando no sentía emociones, se esfumaba su ingenio».

Sin embargo, curiosamente, es ese secreto el que Stendhal, el novelista, quiere ocultar a cualquier precio: teme que un lector fortuito adivine cuánto de su alma pone al desnudo en sus imaginarios Julien, Lucien o Fabrizio, y se burle del autor, de modo que su pudor moral exige que nadie pueda sospechar que son sus fibras las que vibran en esos personajes. Por eso Stendhal se muestra frío en sus obras épicas y adopta deliberadamente un estilo glacial: «*Je fais tous les efforts pour être sec*» ['Hago todos los esfuerzos por mostrarme seco']. Es preferible parecer insensible que sensiblero, insulso que patético, lógico que lírico. Fue así como legó al mundo esa frase repetida hasta la saciedad, según la cual leía todas las mañanas el Código Civil a fin de acostumbrarse por la fuerza a un estilo seco y objetivo. Sin embargo, con ello Stendhal no aspiraba a la aridez como ideal: en realidad, con su exagerado amor por la lógica («*amour exagéré de la logique*»), con su pasión por la claridad, sólo pretendía conseguir que su estilo pasara inadvertido tras la descripción: «*Le style doit être comme un vernis transparent: il ne doit pas altérer les couleurs ou les faits e pensées, sur lesquels il est placé*» ['El estilo debe ser como un barniz transparente: no debe alterar los colores ni los hechos y pensamientos sobre los que se aplica']. La palabra no debe contaminarse con las coloraturas artísticas, con las *fiorituri* de la ópera italiana, por el contrario, tiene que desaparecer detrás del objeto, tiene que pasar inadvertida (como el traje cortado a medida de un *gentleman*) y conseguir expresar tan sólo, con exactitud, los movimientos del alma. Lo que más importa a Stendhal es la precisión: su sentido galo de la claridad detesta todo lo vago, oscuro, patético, pomposo o enfático, y sobre todo detesta el sentimentalismo autocomplaciente que Jean-Jacques Rousseau introdujo en la literatura francesa. Stendhal exige claridad y verdad aun en el sentimiento más confuso, iluminar hasta los rincones más sombríos del laberinto del corazón. Escribir significa para él «*anatomiser*», es decir, diseccionar un sentimiento complejo para analizar cada uno de sus elementos, tomarle la temperatura, observar la pasión con ojo clínico, como si de una enfermedad se tratase. Sólo quien sabe sondear con claridad la profundidad de su ser lo disfruta de veras, con intensidad; sólo quien observa su confusión conoce la belleza del propio sentimiento. Así, Stendhal no hace otra cosa que practicar la antigua sabiduría de los persas, que consiste en mantener el espíritu despierto, meditar sobre lo que el corazón revela en sus éxtasis, en la embriaguez de sus arrebatos. Al mismo tiempo que Stendhal pone celosamente su alma al servicio de la pasión, se erige en su amo y señor con la ayuda de la razón.

Explorar su corazón, profundizar mediante la razón en los misterios de la pasión, ésa es la fórmula de Stendhal. Y de ese modo sienten también sus hijos del alma, sus héroes en la ficción. Tampoco ellos quieren dejarse llevar por el sentimiento ciego: quieren estar alerta, espiar, indagar, analizar; no sólo quieren *sentir* su sentimiento, sino también *entenderlo*. Constantemente se examinan, suspicaces, para verificar si su emoción es sincera o falsa, si oculta otro sentimiento más profundo. Cuando aman, comprueban la presión atmosférica bajo la que se encuentran y se preguntan sin cesar: «¿Ya la amo? ¿La amo aún? ¿Qué sensación me procura este amor y por qué no es más intenso? ¿Es sincero o forzado mi cariño? ¿Acaso no es más que autosugestión y me estoy engañando a mí mismo?». Se toman las pulsaciones cuando están agitados y advierten de inmediato la menor alteración en la curva de su temperatura emotiva. Aun en los momentos más arrebatadores de la aventura, los eternos «pensó», «se dijo a sí mismo» interrumpen el impaciente curso de la narración. Para cada tensión muscular o nerviosa buscan—como físicos o fisiólogos—un comentario intelectual. Un ejemplo admirable de la extraña duplicidad stendhaliana es la descripción de la famosa escena de amor en *Rojo y negro* donde el personaje se comporta con sangre fría y clarividencia incluso en el instante más ardiente en que una joven va a entregársele. En esa escena, Julien arriesga su vida para subir una noche, a la una de la madrugada, por una escalera que lo lleva hasta la ventana de Mathilde de La Mole, y lo hace muy cerca de la ventana abierta de la madre de la joven. Es un acto calculado y apasionado, concebido por un corazón romántico. Sin embargo, en medio de su pasión, los dos personajes se vuelven todo juicio.

Julien estaba muy confuso, no sabía qué conducta adoptar, no sentía en absoluto ningún amor. En su confusión y pensando que debería atreverse a hacer algo, trató de besarla.

—¡Déjeme usted!—le dijo Mathilde rechazándolo.

Muy contento de verse rechazado, se apresuró a echar una ojeada a su alrededor.[1]

[1] Stendhal, *Rojo y negro*, ed. Fátima Gutiérrez, trad. Emma Calatayud, Madrid, Cátedra, 1997, p. 433.

Ésta es la presencia de espíritu, la flema, con la que piensan los héroes de Stendhal, aun en medio de las aventuras más audaces. Leamos cómo sigue la escena y veamos cómo por fin, después de todas las reflexiones hechas en medio de la excitación, tiene lugar la entrega de la orgullosa joven al secretario de su padre.

Mathilde hacía un esfuerzo por tutearlo; estaba evidentemente más atenta a esa extraña forma de hablar que a las cosas que decía. Aquel tuteo, en el que no se leía ninguna ternura, no le producía a Julien ningún placer. Le extrañaba no sentirse feliz. Con el fin de conseguirlo, recurrió a su razón. Aquella joven tan orgullosa, que nunca concedía sus alabanzas sin restricción, acababa de demostrarle su estimación. Su razonamiento le hizo sentir, por lo menos, una felicidad producida por su amor propio halagado.[1]

Gracias a una «reflexión», pues, a una constatación desprovista de ternura y de entusiasmo, este enamorado cerebral seduce sin apasionamiento alguno a la romántica enamorada, y ella, a su vez, se dice: «Tengo que hablar con él. Entra dentro de las convenciones, la gente acostumbra a hablar con su amante». Parece difícil no preguntarse, con Shakespeare: «¿Se ha cortejado jamás a una mujer en tal humor?». ¿Se ha atrevido algún escritor antes que Stendhal a mostrar a unos personajes que se dominan y hacen cálculos tan fríos en un instante de seducción pese a no ser naturalezas frías en el amor? Éste es, sin embargo, el meollo de la técnica de su arte de la descripción psicológica, que desmenuza el ardor en sus distintos grados de calor y disecciona los impulsos del sentimiento. Stendhal jamás observa una pasión en bloque, sino siempre en sus detalles, sigue su cristalización con la ayuda de una lupa, e incluso en cámara lenta: lo que en el espacio real se produce como un mo-

[1] *Ibid.*, p. 436.

vimiento único y brusco, su genial intelecto analítico lo divide en fracciones infinitesimales, ralentiza artificialmente ante nuestros ojos el movimiento psíquico para que podamos captarlo mejor intelectualmente. Por lo tanto, la trama de la novela de Stendhal—en eso es un innovador—tiene lugar única y exclusivamente en un tiempo psicológico, no real. Con él, el arte épico (anticipando una evolución posterior) se ocupa por primera vez de explicar el funcionamiento del inconsciente. *Rojo y negro* inaugura la era de la «novela experimental», la misma que más tarde hermanará definitivamente la psicología con la poesía. De hecho, algunos pasajes de las novelas de Stendhal recuerdan la sobriedad de un laboratorio o la frialdad de una clase. Sin embargo, no por eso su apasionado furor artístico es menos creativo que el de Balzac, pese a su apego a la lógica, su búsqueda fanática de la claridad y el deseo de elucidar todos los misterios del alma. Sólo en el tumultuoso universo logra la humanidad retener su apasionada curiosidad, y sólo como miembro de esa humanidad le cautiva ese ser único, insondable a sus ojos, que es Stendhal. Para desentrañarlo se hizo escritor y para moldearlo se hizo escultor. Aunque por su genio es uno de los artistas más perfectos, Stendhal jamás se puso personalmente al servicio del arte, sino que se sirvió del mismo como del instrumento moral más sofisticado para medir las vibraciones del alma y transformarlas en música. El arte jamás fue para él un fin, sino un medio para alcanzar su único fin eterno: el descubrimiento de su Yo, la dicha de conocerse a sí mismo.

VI

«DE VOLUPTATE PSYCHOLOGICA»

> Mi verdadera pasión es conocer y sentir. Jamás he podido satisfacerla.
>
> STENDHAL

Un día un buen burgués se acerca en sociedad a Stendhal y le pregunta con amabilidad y cortesía por su oficio. De inmediato, una sonrisa maliciosa se dibuja en la boca del cínico, sus ojos pequeños fulguran con altanería y descaro, y con modestia fingida el autor responde: «Soy un observador del corazón humano». Es una ironía, en efecto, para dejar perplejo al burgués incauto, pero hay algo de verdad en la socarrona respuesta, pues Stendhal jamás se consagró con tanta constancia y método a nada como a la observación de los fenómenos psíquicos.

Stendhal conocía como pocos el placer del psicólogo, la *voluptas psychologica*, y se entregó casi como un adicto a esa pasión del hombre de espíritu. Pero ¡qué elocuente resulta la exquisita embriaguez en que lo sumen los misterios del corazón! ¡Qué ligero y edificante es su arte de la psicología! Gracias a sus tensos nervios, a sus sentidos atentos y clarividentes, a una curiosidad insaciable, extiende sus tentáculos para captar sutilmente la dulce savia espiritual de los seres vivos. Este intelecto dúctil no necesita apoderarse de las cosas violentamente, jamás inflige a los fenómenos el tormento de Procusto para inscribirlos en un sistema: los análisis de Stendhal poseen el encanto inesperado de los descubrimientos repentinos, la divertida novedad de los encuentros fortuitos. Su viril y noble deseo de conquista es demasiado altivo para fatigarse persiguiendo el conocimiento, para lanzar una jauría de argumentos tras el saber. Le horroriza disecar minuciosamente los hechos, interrogar las vísceras como si fuera un siniestro augur. Su sensibilidad, su delicado tacto para las cuestiones estéticas lo eximen de cualquier gesto brutal. El aroma de las cosas, las sutiles emanaciones de su esencia, su irradiación espiritual más etérea revelan a este genio de la percepción los atributos y los secretos de su sustancia interior. El menor movimiento le descubre a Stendhal el sentimiento, en una anécdota ve toda una historia, en un aforismo a un ser humano. Le basta el detalle más fugaz, más imperceptible, un *raccourci*, para captar el fondo de las cosas. Sabe que las observaciones más insignificantes son precisamente las más decisivas en materia de psicología. «*Il n'y a d'originalité et de vérité que dans les détails*» ['Sólo hay originalidad y verdad en los detalles'], dice su banquero Leuwen, y el propio Stendhal se precia orgulloso del método de su época, que ama los detalles con razón, como si presintiera que el siglo venidero no volverá a practicar la psicología a partir de hipótesis vacías, tediosas y llenas de lagunas. Por la misma época en la que los herederos de Kant—Schelling, Hegel *e tutti quanti*—asombran a todo el mundo haciendo sus trucos de manos desde lo alto de sus púlpitos, este solitario amante del conocimiento ya sabe que los impenetrables y absolutos sistemas filosóficos han quedado definitivamente obsoletos, y que lo que terminará imponiéndose para descifrar las profundidades del océano del espíritu serán las observaciones concretas y puntuales. Sin embargo, ¡en qué soledad debe practicar este hombre su arte adivinatorio, rodeado de expertos doctrinarios y de escritores indiferentes! ¡Qué solo está y cuánto se anticipa a los psicólogos graduados de su época! ¡Cuánto se les adelanta con su paso ligero este hombre que no carga a sus espaldas un fardo de hipótesis! «*Je ne blâme ni approuve, j'observe*»

['Yo no censuro ni apruebo, observo']. Stendhal practica el conocimiento como un juego, como un deporte, por el simple placer de conocerse. Como Novalis, su hermano espiritual, que como él se puso a la cabeza de la filosofía gracias a su sentido poético, Stendhal sólo ama los «granos de polen» del saber, las partículas que el viento dispersa al azar pero que contienen las simientes, el germen de los sistemas que echarán raíces en el futuro. Stendhal se limita a observar las transformaciones ínfimas, microscópicas del sentimiento en el preciso instante de su primera cristalización. Sólo allí, cerca de la vida, percibe ese instante de unión del alma y el cuerpo que los escolásticos denominaron enfáticamente «el enigma del mundo». De una percepción mínima Stendhal obtiene el máximo de verdad, por eso su psicología parece a primera vista una filigrana del pensamiento, un arte menor, un juego de sutilidades. Pero tiene la convicción inquebrantable (y acertada) de que cualquier percepción exacta, por ínfima que sea, nos proporciona una visión más luminosa del universo instintivo de los sentimientos que cualquier teoría: «*Le cœur se fait moins sentir que comprendre*» ['El corazón, más que sentirse, se comprende']. La ciencia no dispone de un medio más seguro para sondear las tinieblas del alma que esas percepciones fragmentarias y fortuitas: «*Il n'y a de sûrement vrai que les sensations*» ['No hay nada más seguro y verdadero que las sensaciones']. Así pues, basta con observar atentamente durante toda una vida cinco o seis ideas para sacar algunas conclusiones—no universales, sino puramente individuales—, para sugerir un orden mental que es preciso entender o simplemente intuir, y que constituye el interés y el encanto de la verdadera psicología.

Stendhal hizo innumerables observaciones pequeñas y útiles de este tipo, descubrimientos mínimos e irrepetibles, algunos de los cuales, desde entonces, se han vuelto axiomáticos y hasta fundamentales para cualquier interpretación artística de la psicología. Sin embargo, Stendhal jamás aprovecha esos hallazgos propios, sino que recoge las ideas que le surgen como fogonazos y las plasma con descuido en el papel, sin ordenarlas ni clasificarlas de modo sistemático: en sus cartas, en sus diarios y novelas, se encuentran diseminadas esas fructíferas semillas, confiadas al azar del lector que las descubra. Toda su obra psicológica consiste, en suma, en un puñado de sentencias y pasajes novelescos: pocas veces se toma el trabajo de unir tales observaciones y jamás las enuncia con vistas a construir un orden real, una teoría cerrada. Hasta la monografía sobre el amor—la única que nos legó en forma de libro sobre una pasión concreta—es un popurrí de fragmentos, sentencias y anécdotas. Con cautela, el autor no pone a su estudio el título *El amor*, sino *Del amor*, que podría traducirse más adecuadamente como «Algunas observaciones sobre el amor». En esta obra el autor establece despreocupadamente algunas distinciones básicas—el amor-pasión, el amor físico y el amor-placer—o esboza una rápida teoría del comienzo y el declive del amor con el trazo efímero del grafito (de hecho, escribió el libro a lápiz). Stendhal se limita a sugerir, a proponer hipótesis poco comprometedoras que salpica con divertidas anécdotas en tono coloquial. Y es que Stendhal no pretendía ser un pensador profundo que lleva las ideas hasta sus últimas consecuencias y ofrece un pensamiento útil para los otros; jamás se toma la molestia de profundizar en lo que descubre por azar. Con magnanimidad e indiferencia, este despreocupado turista del alma deja la reflexión de largo aliento, la labor de clasificación y construcción, a los peones de la psicología; y, a decir verdad, toda una generación de franceses parafraseó luego la mayoría de los motivos que él anticipó con ligereza. Un sinfín de novelas psicológicas posteriores parten de su célebre teoría de la cristalización del amor (que compara la revelación del sentimiento con la «ramita de Salzburgo», esa rama saturada de agua salada en la colada de las minas donde en cuestión de segundos se inicia la formación de cristales visibles). A partir de una sola observación suya sobre la influencia del origen y del medio en el artista, Taine, por ejemplo, elaboró una extensa y sesuda teoría. Al propio Stendhal, sin embargo, al hombre que no le gustaba trabajar, al improvisador genial, la psicología no le atrae más allá del fragmento, del aforismo. En este sentido, es un discípulo de algunos de sus antecesores franceses como Pascal, Chamfort, La Rochefoucauld o Vauvenargues, quienes, por un análogo sentimiento de respeto ante el carácter esquivo de toda verdad, jamás sintetizan sus opiniones para erigirlas en principios. Stendhal vierte sobre el papel sus constataciones sin preocuparse de si son convenientes o no para los demás, ni de si su época las considera verdaderas o hay que esperar cien años. A Stendhal no le preocupa que alguien haya escrito lo mismo antes ni que lo haga después: él piensa y observa con la misma facilidad y naturalidad con la que respira, habla y escribe. Buscar adeptos jamás fue una preocupación para este librepensador. Observar de un modo cada vez más penetrante y pensar siempre con mayor claridad bastaban para satisfacerlo.

Como Nietzsche, no sólo tiene el encomiable valor de pensar, sino que en ocasiones también muestra una seductora arrogancia al hacerlo. Es lo suficientemente fuerte y osado para jugar con la verdad y amar el conocimiento con una voluptuosidad casi carnal. Qué efervescente y burbujeante, espumoso y ligero es este espíritu de vitalidad desbordante, y sin embargo sus aforismos aislados son tan sólo gotas sueltas del caudal de su alma, gotas que salpican azarosamente por encima del borde: en el interior de Stendhal, el verdadero contenido permanece intacto, frío y ardiente a la vez, en el pulido cáliz que sólo la muerte destruirá. Pero esas simples gotas poseen la virtud propia de las manifestaciones del espíritu: embriagan, deslumbran y estimulan. Como el buen champagne, animan el perezoso ritmo de nuestro corazón y despiertan la vitalidad aletargada. La psicología de Stendhal no es la geometría de un cerebro bien instruido, sino la esencia concentrada de una existencia: eso hace que su verdad sea tan verdadera, sus juicios tan lúcidos y sus descubrimientos de un valor tan universal y, sobre todo, tan originales y duraderos. No existe afán del pensamiento capaz de alumbrar lo vivo de un modo tan pleno como el valor de pensar espontáneamente de este individuo soberano. Las ideas y las teorías, como las sombras del Hades homérico, son fantasmas volátiles, espectros errantes: sólo cuando están embebidas de la sangre humana cobran voz y rostro, y pueden hablar a los hombres.

VII

AUTOBIOGRAFÍA

> ¿Quién fui? ¿Quién soy? Me costaría mucho decirlo.
>
> STENDHAL, *Vida de Henri Brulard*

Para conseguir la asombrosa maestría alcanzada en su autobiografía, Stendhal no tuvo otro maestro que él mismo: «*Pour connaître l'homme il suffit de s'étudier soi-même: pour connaître les hommes il faut les pratiquer*» ['Para conocer al hombre basta estudiarse a uno mismo, para conocer a los hombres es preciso frecuentarlos'], dice en una ocasión, a lo que añade de inmediato que sólo conoce a los hombres a través de los libros y que todos sus estudios los realizó a partir de sí mismo. La psicología de Stendhal siempre parte de él y siempre tiene como única meta su propia persona. Sin embargo, ese periplo en torno a un individuo encierra toda la complejidad del alma humana.

Stendhal inició el aprendizaje de la observación de sí mismo en la infancia. Abandonado por su madre fallecida prematuramente, a la que amaba con pasión, sólo ve a su alrededor hostilidad y frialdad. Se ve entonces obligado a callar y ocultar sus sentimientos para no llamar la atención, y aprende muy temprano «el arte del esclavo»: mentir. Acurrucado en un rincón, taciturno, aprovecha para espiar a su padre, a su tía, al maestro, a todos sus torturadores y amos, y el odio agudiza su mirada de un modo feroz. Empujado por la necesidad de defenderse y obligado por su condición de incomprendido, Stendhal se volverá un experto psicólogo antes de adentrarse en el estudio objetivo del mundo.

La formación superior de este hombre iniciado gracias a un método tan peligroso se prolongará mucho tiempo, en realidad durante toda su vida: el amor y las mujeres se convierten en su universidad. Se sabe desde hace tiempo que Stendhal no era ningún héroe como amante—el propio escritor jamás niega esa triste realidad—, no era un conquistador, y mucho menos el Don Juan cuyo disfraz le gustaba tanto ponerse. Mérimée nos cuenta que jamás vio a Stendhal en otra condición que no fuera la de enamorado, y casi siempre, por desgracia, la del hombre desdichadamente enamorado: «*Mon attitude générale était celle d'un amant malheureux*» ['En general, mi condición era la de un amante desdichado'], confiesa, y añade que pocos oficiales del ejército de Napoleón poseyeron a tan pocas mujeres como él. Sin embargo, su padre corpulento y su madre de sangre caliente le legaron una sensualidad apremiante, «*un tempérament de feu*» ['un temperamento ardiente']. Pero aunque examine impaciente a todas las mujeres con ardor para saber si son «*ayable*» para él, Stendhal seguirá siendo toda su vida, en cuestiones amorosas, un caballero de triste figura, y bastante triste, por cierto. En su casa, frente al escritorio, lejos del campo de batalla, este hombre que tanto disfrutaba saboreando el placer por anticipado, destaca como estratega en el amor («*Loin d'elle il a l'audace et jure de tout oser*» ['Lejos de ella se siente audaz y jura atreverse a todo']); escribe en su diario con cálculo exacto, excepto por la hora, el momento en que seducirá a su diosa de ese instante («*In two days, I could have her*» ['En dos días podría ser mía']), pero apenas se encuentra junto a ella el aprendiz de Casanova se transforma de inmediato en el más tímido de los bachilleres. Sus primeros asaltos terminan por lo general—como confiesa él mismo—con el hombre avergonzado ante la mujer a punto de ceder. Se vuelve «tímido y estúpido» cuando debería ser seductor; cínico, cuando debería ser sentimental; en suma, entre cálculos y temores pierde y desperdicia las mejores oportunidades, y además, también por timidez, por miedo a parecer sentimental y ser engañado, este romántico intempestivo oculta su ternura bajo el manto del húsar, bajo la brusca y ruda grosería del cosaco. Ésa es la razón de sus fracasos con las mujeres, el origen de su secreta desesperación vital tan comentada por sus amigos. No hubo nada que Stendhal añorara tanto en su vida como los triunfos amorosos: «*L'amour a toujours été pour moi la plus grande des affaires ou plutôt la seule*» ['Para mí el amor ha sido siempre la mayor de las aventuras, o más bien la única']; tampoco hay nadie, ningún filósofo, ningún poeta—ni siquiera Napoleón—, por quien sienta mayor respeto que por su tío Gagnon y su primo Martial Daru, que poseyeron a incontables mujeres pese a no recurrir a ningún truco espiritual ni psicológico—o precisamente gracias a no recurrir a ningún truco, pues poco a poco Stendhal va llegando a la conclusión de que nada dificulta más el éxito con las mujeres que el excesivo compromiso sentimental: sólo se obtienen éxitos con las mujeres cuando para poseerlas uno no se esfuerza más que para ganar una partida de billar, dice para persuadirse a sí mismo—. «*J'ai trop de sensibilité pour avoir jamais le talent de Lovelace*» ['Soy demasiado sensible como para tener algún día el talento de Lovelace']. No hubo ningún otro problema sobre el que Stendhal reflexionara de modo tan constante e intenso. Y precisamente a esa anatomía nerviosa y desconfiada de su yo amoroso debe Stendhal (y nosotros) ese análisis perfecto de la compleja urdimbre de los sentimientos. Según él mismo nos cuenta, nada lo instruyó mejor en la psicología que sus fracasos amorosos, que el reducido número de sus conquistas (que él calcula en un total de seis o siete). Si hubiera tenido la misma suerte que otros en el amor jamás se habría visto obligado a observar de un modo tan frecuente la psique femenina, sus emanaciones más sutiles y delicadas: a través de las mujeres Stendhal aprendió a analizar su propia alma, y también en ese aspecto el rechazo entrena al observador hasta convertirlo en un experto consumado.

El hecho de que esa sistemática observación de sí mismo lleve a Stendhal a retratarse con una precocidad insólita tiene otro motivo particular y muy curioso: este individuo empeñado en conocerse profundamente tiene mala memoria, o más bien tiene una memoria obstinada y caprichosa, poco fiable, razón por la cual nunca suelta el lápiz. Anota todo ininterrumpidamente: en los márgenes de los libros, en hojas sueltas, en cartas, pero sobre todo en su diario. Su temor a no recordar acontecimientos importantes, a que el olvido provoque una interrupción de la continuidad de su vida (esa obra de arte única en la que trabaja de un modo planificado y constante), lo apremia a plasmar de inmediato por escrito cualquier alteración del sentimiento, cualquier episodio. En una carta de amor a la condesa de Curial, estremecedora e interrumpida por los sollozos, escribe, con la fría objetividad de un registrador, la fecha en la que comenzó su relación y la fecha en la que acabó; apunta cuándo y a qué hora venció por fin la resistencia de Angela Pietragrua; y a menudo tenemos la impresión de que sólo comienza a pensar cuando tiene la pluma en la mano. A esa nerviosa grafomanía debemos finalmente sesenta o setenta volúmenes de autorretratos en todas las formas imaginables, literarias, epistolares y anecdóticas (de todas las cuales sólo se ha publicado una parte).[1] No ha sido el vanido-

[1] La primera edición de este libro de Stefan Zweig apareció en el año 1928 en la editorial Insel de Leipzig. La edición en la que se basa esta nueva traducción data del año 1982 y parte de la edición de 1938 publicada en la editorial Herbert Reichner de Viena.

so o exhibicionista afán de confesión, sino el miedo egoísta a ver perderse en su permeable memoria la gota más ínfima de esa sustancia irrepetible llamada Stendhal, lo que ha permitido conservar de un modo tan perfecto la biografía del francés.

Esa particularidad de su memoria la analizó Stendhal con la misma claridad visionaria con la que examinó todo lo que le era propio. Primeramente constató que su capacidad para recordar era en extremo egoísta: «*Je manque absolument de mémoire pour ce qui ne m'intéresse pas*» ['No tengo ninguna memoria para lo que no me interesa']. Es por ello que retiene tan poco de lo que está relacionado con el alma: ni cifras, ni fechas, ni lugares. Olvida por completo los detalles de acontecimientos históricos importantes; en el caso de algunas mujeres o de amigos (como Byron o Rossini), no recuerda el momento preciso en el que los conoció; sin embargo, lejos de negar ese defecto, lo admite sin titubeos: «*Je n'ai de prétention à la véracité qu'en ce qui touche mes sentiments*» ['Sólo tengo pretensiones de veracidad en lo que toca a mis sentimientos']. En su caso la realidad de las cosas está supeditada a la impresión que le producen: «*Je ne prétends pas peindre les choses en elles-mêmes, mais seulement leur effet sur moi*» ['No pretendo describir las cosas en sí mismas, sino únicamente el efecto que tienen en mí']. Así pues, nada demuestra con mayor claridad que, para Stendhal, ningún acontecimiento en sí mismo («*les choses en elles-mêmes*») existe salvo en la medida en que determine una reacción psíquica. Esa memoria absolutamente unilateral explica que en ocasiones Stendhal ni siquiera esté seguro de si habló o no alguna vez con Napoleón, ni de si el recuerdo del paso del Gran San Bernardo lo debe a una experiencia real o a un grabado que representa ese episodio militar que vio diez años más tarde de que tuviera lugar. Pero en otras ocasiones su memoria obra con una agudeza inigualable y le permite recordar con diamantina claridad el gesto fugaz de una mujer, un tono, un movimiento, en la medida en que le causaron una honda impresión. En cualquier circunstancia en la que el sentimiento permanece indiferente, se depositan oscuras e inmóviles capas de niebla, a menudo sobre varias décadas; y, lo que es todavía más extraño, también cuando la impresión ha sido demasiado fuerte sus facultades mnemotécnicas quedan aniquiladas. En centenares de ocasiones, justamente en los instantes más cautivadores de su vida (el paso a través de los Alpes, el viaje a París o la primera noche de amor), Stendhal repite siempre que no recuerda uno u otro episodio porque «la sensación fue demasiado intensa».

Por lo tanto, la memoria de Stendhal (y con ella también su capacidad artística) no es irreprochable. Sólo retiene las impresiones relacionadas con los sentimientos. De ahí que este decidido egocéntrico jamás pueda ser un testigo histórico. En realidad, Stendhal es incapaz de *pensar* en retrospectiva; sólo puede *sentir* en retrospectiva. Reconstruye el curso de los acontecimientos gracias al sesgo de su experiencia, al reflejo de su alma, «inventa su vida»: en vez de recuperar los hechos, convoca los recuerdos de su corazón. De ahí que su autobiografía tenga tantos elementos novelescos como sus novelas aspectos autobiográficos. Nunca debe esperarse de él una descripción de su mundo interior tan ambiciosa como la de Goethe en *Poesía y verdad*. Como autobiógrafo, Stendhal, por su naturaleza, ha de ser un escritor fragmentario e impresionista. En el *Journal* que llevó durante décadas y que, obviamente, estaba destinado a su consumo privado, esboza su autorretrato con unas pocas pinceladas y algunos apuntes aislados y fortuitos. ¡Lo primero es anotar, retener las menores emociones mientras conservan su calor, mientras palpitan todavía inquietas en la mano como el corazón de un pájaro prisionero! ¡Hay que evitar que huyan volando, hay que atraparlas y retenerlas, desconfiar de la memoria, ese flujo inquieto que lo arrolla todo en su curso! No titubeemos a la hora de amontonar en el baúl de los recuerdos un montón de baratijas desordenadas, los juguetes de nuestro pensamiento: quién sabe si precisamente tales banalidades o rarezas no complacerán más al adulto que se asome a ese corazón olvidado. El instinto que empuja al adolescente Henri a reunir y conservar con esmero esos pequeños *flashes* del sentimiento es genial. Agradecido, el hombre maduro, el entrenado psicólogo, el artista superior, los sabrá ordenar luego en el gran fresco de sus primeros años, esa autobiografía a la que da el título de *Henri Brulard*, la maravillosa y romántica recreación tardía de su infancia.

En efecto, Stendhal emprende tardíamente la reconstrucción espiritual de su juventud en una obra intencionadamente autobiográfica. El hombre que envejece se sienta en los peldaños de San Pedro, en Roma, y reflexiona sobre su vida. Faltan unos meses para que cumpla cincuenta años: atrás ha quedado la juventud, atrás han quedado definitivamente las mujeres y el amor. Sería, pues, el momento de preguntarse: «¿Quién fui? ¿Quién soy?». Atrás ha quedado la época en la que exploraba su corazón para estar mejor preparado y fortalecerse, para tomar impulso y emprender una nueva aventura. Ahora el momento exige sacar conclusiones, mirar atrás. Y por las noches, apenas regresa aburrido de las veladas nocturnas en casa del embajador (aburrido porque ya no conquista a ninguna mujer y le cansan esas conversaciones insulsas), Stendhal se decide de repente: «¡Tengo que escribir mi vida! Tal vez por fin sepa, en dos o tres años, quién he sido: si he sido alegre o melancólico, ingenioso o estúpido, valiente o cobarde y, sobre todo, si he sido feliz o infeliz».

¡Un proyecto fácil pero una tarea enorme! Porque Stendhal, en ese *Henri Brulard* (que escribe en clave cifrada, para que ningún curioso lo reconozca) se ha propuesto ser simplemente veraz. Pero sabe lo difícil que resulta ser veraz, permanecer fiel a la verdad frente a uno mismo. ¿¡Cómo arreglárselas en ese sombrío laberinto del pasado, cómo diferenciar entre los fuegos fatuos y la luz, cómo eludir las mentiras encubiertas que aguardan tras cada recodo del camino!? Stendhal, el psicólogo, inventa entonces un método genial—y único, quizá—para no dejarse embaucar por la falsedad de una memoria demasiado autocomplaciente, y ese método consiste únicamente en escribir a vuelapluma, sin leer luego ni reflexionar sobre lo escrito: «*Je prends pour principe de ne pas me gêner et d'effacer jamais*» ['Mi único principio es no molestarme en borrar nunca nada']. Es preciso, por lo tanto, olvidarse del rubor, de los escrúpulos, confesar sin más antes de que la censura, el juez que todos llevamos dentro, despierte y nos reprima. No trabajará como un pintor, sino como un fotógrafo que hace instantáneas: captará la emoción original en su movimiento característico, antes de que adopte una pose artificial. Stendhal escribe sus propios recuerdos a vuelapluma, de un tirón, sin volver a releer jamás lo escrito, sin preocuparse lo más mínimo del estilo, de la coherencia, del método literario, como si escribiera una carta privada a un amigo: «*J'écris ceci sans mentir, j'espère sans me faire illusion, avec plaisir comme une lettre à un ami*» ['Escribo esto sin mentir—espero no estarme engañando—, por placer, como se escribe a un amigo']. En esta frase, cada palabra es importante: Stendhal escribe su autobiografía de forma veraz, por placer, como se escribe a un amigo, para evitar mentir, como Jean-Jacques Rousseau, en nombre del arte. Conscientemente, sacrifica la belleza de sus memorias a la honestidad, el arte a la psicología.

De hecho, desde el punto de vista artístico, tanto *Henri Brulard* como su continuación, *Recuerdos de egotismo*, tienen un valor dudoso: ambas son obras demasiado apresuradas, descuidadas, donde el autor vierte lo que se le pasa por la cabeza sin orden ni concierto, sin ningún plan. Al igual que en sus diarios, en esas obras lo más sublime roza lo frívolo y las generalidades más absurdas, los aspectos personales más íntimos. Pero precisamente esa espontaneidad nos revela montones de verdades, cada una de las cuales resulta más reveladora del alma del autor que cualquier obra voluminosa. Normalmente, las confesiones de índole decisiva, como la peligrosa pasión que sentía por su madre, o el odio feroz y mortal que profesaba al padre—aspectos que, en cualquier otro, quedarían relegados a algún rincón del subconsciente—, no habrían aflorado si se hubiera dado tiempo al censor para reprimirlas. Gracias a ese genial método de jamás conceder tiempo a los sentimientos para acicalarse y presentarse «embellecidos» o «moralizantes», Stendhal puede sorprenderlos en el momento más delicado, ese momento que escapa a la mirada de observadores más torpes y lentos. Y es entonces cuando esos pecados y desviaciones aparecen desnudos sobre el impoluto papel, impúdicamente expuestos por primera vez a las miradas de los hombres. ¡Qué trágicos tormentos, qué feroces rencores estremecen ese corazón infantil! ¿Acaso puede olvidarse la escena en la que el pequeño Henri, el niño amargado y solitario, al recibir la noticia de que ha muerto su odiada tía Seraphie—uno de los dos demonios que lo atormentaron en la infancia, el otro era su padre—se hinca de rodillas y da gracias a Dios? Y a renglón seguido (porque en Stendhal los sentimientos se ramifican y multiplican como en un laberinto) leemos el breve comentario donde el autor confiesa que incluso ese demonio, en alguna ocasión, excitó su precoz deseo durante un segundo (descrito con exactitud). Antes de Stendhal nadie había mostrado hasta qué punto las personas integran distintos estratos, hasta qué punto las cosas más opuestas, más discordantes, se tocan en los extremos de nuestros nervios; nadie había mostrado tampoco que el alma embrionaria del niño encierra ya lo más cruel y lo más sublime, la brutalidad y la ternura, dispuestas en finas capas, en hojas que se doblan unas sobre otras. En realidad, estos descubrimientos fortuitos dan origen al método analítico en la autobiografía.

Es justo esa negligencia, esa indiferencia en lo que se refiere a la forma o la arquitectura de la obra—y también en lo que se refiere a la posteridad y la literatura, la moral y la crítica—, lo que hace de *Henry Brulard*, esa tentativa puramente egoísta, un incomparable documento del alma. Mientras que en sus novelas Stendhal aún aspira a ser artista, en su autobiografía sólo es un ser humano al que la curiosidad de conocerse empuja a escribir. Su autorretrato tiene el indescriptible encanto de lo fragmentario y la espontánea sinceridad de la improvisación: precisamente el carácter inacabado, no definitivo de su obra es lo que mantiene vivo en los lectores el interés por su misteriosa persona. En todo momento nos sentimos invitados a descifrar sus enigmas, a entenderlo para conocerlo mejor. Y por eso sigue tan viva su alma, fría y ardiente a la vez, vibrante de sensibilidad e inteligencia, llena de claroscuros. Al observarse a sí mismo, Stendhal legó a las generaciones venideras el deseo de aprender y su arte de contemplar el alma humana, y de ese modo enseñó al individuo la feliz pasión de cuestionarse y examinarse.

VIII
ACTUALIDAD DE SU FIGURA

Seré comprendido hacia 1900.

STENDHAL

Stendhal se saltó todo un siglo, el XIX. Su vida comienza en el dieciocho, el siglo de Diderot y Voltaire, con su burdo materialismo, y aterriza en medio de nuestra era de la psicofisiología, de la psicología erigida en saber científico. Como dijo Nietzsche: «Fueron necesarias dos generaciones para alcanzarlo en ciertos aspectos, para desentrañar algunos de los enigmas que lo fascinaron». Son poquísimas las obras de Stendhal que han envejecido, una buena parte de sus precursores descubrimientos son hoy patrimonio común, y algunas de sus profecías siguen fluyendo hacia el estuario donde habrán de cumplirse. Durante mucho tiempo rezagado en relación con sus contemporáneos, terminó por superarlos a todos, con excepción de Balzac: por muy en las antípodas que pudieran estar en cuestiones artísticas, sólo Balzac y Stendhal fueron capaces de recrear su época más allá del tiempo. El primero, poniendo una lente de aumento sobre fenómenos de su época como las diferencias entre las clases sociales y sus accidentes, el poder desmedido del dinero y los mecanismos de la política; Stendhal, por su parte, diseccionando al individuo para mostrar detalles inadvertidos «gracias a su visionario ojo de psicólogo y a su aguda comprensión de los hechos». El desarrollo de la sociedad le ha dado la razón a Balzac; la nueva psicología se la ha dado a Stendhal. La revisión del mundo emprendida por Balzac avizoró la llegada de la era moderna; la intuición de Stendhal, la del hombre de hoy.

Porque los personajes de Stendhal somos nosotros, personas entrenadas en la autoobservación, instruidas en psicología, interesadas en conocerse, liberadas de los prejuicios morales, llenas de sensibilidad, cansadas de todas las frías teorías epistemológicas y ávidas de conocer la propia esencia. Para nosotros la persona especial ya no es un monstruo—tal y como se sentía Stendhal, un hombre solitario entre románticos—, pues las nuevas ciencias de la psicología y el psicoanálisis nos han brindado entretanto toda suerte de instrumentos sofisticados para iluminar lo misterioso y desentrañar lo más recóndito. Sin embargo, cuántas cosas que ahora sabemos sabía ya este «hombre magníficamente visionario», como también lo llamara Nietzsche. Su antidogmatismo, su precoz europeísmo, su rechazo de la racionalización mecánica del mundo, su odio hacia toda forma de heroísmo banal son completamente actuales. ¡Qué justificado parece su desprecio manifiesto del sentimentalismo impostado y qué bien reconoció que su hora en la tierra se correspondía con la nuestra! Son incontables los senderos y caminos que abrió con sus inusitados experimentos literarios: el Raskólnikov de Dostoievski sería impensable sin Julien Sorel; la batalla de Borodino descrita por Tolstói no existiría sin su clásico modelo, la primera descripción fidedigna de Waterloo; y en pocas otras obras encontró una satisfacción intelectual tan profunda Nietzsche. ¡Por fin acudían a su encuentro esas «almas superiores» y «fraternales» que buscó en vano a lo largo de su vida! Una patria tardía, la única que reconocía su alma libre y cosmopolita, integrada por sus «iguales», le otorgó para siempre el derecho de ciudadanía y el título de ciudadano. Nadie de su generación, salvo Balzac—que lo recibió fraternalmente—, nos parece tan cercano y contemporáneo en lo que toca a sensibilidad y pensamiento: a través de su psicología impresa, a través del frío papel, la imagen de ese hombre insondable (aunque sondeó su alma como pocos) nos resulta familiar, lo vemos cobrar vida, pese a las innumerables contradicciones, pese a todos los enigmas, como un ser perfecto aunque inacabado, y sobre todo muy vivo, inmensamente vivo. Por lo general, aquellos a los que su época ha relegado suelen ser los que las siguientes generaciones acogen gustosamente en su seno, pues precisamente las vibraciones más delicadas del alma son las que tienen la mayor longitud de onda en el tiempo.

TOLSTÓI

No hay nada (por capacidad de acción y de sumisión de todos los hombres al mismo estado de ánimo) semejante al ejemplo de la vida y, finalmente, a la vida del hombre en su totalidad.

TOLSTÓI, *Diarios (1847-1894)*, 23 de marzo de 1894 [trad. Selma Ancira].

I
PRELUDIO

> Tu tarea no es alcanzar la perfección, sino acercarte cada vez más a ella.
>
> TOLSTÓI, *El camino de la vida*[1]

«Hubo en tierra de Hus un varón llamado Job, hombre recto y justo, temeroso de Dios y apartado del mal. Naciéronle siete hijos y tres hijas; y era su hacienda de siete mil ovejas, tres mil camellos, quinientas yuntas de bueyes, quinientas asnas y siervos en gran número, siendo aquel varón grande entre todos los orientales».

Así comienza la historia de Job, un hombre bendecido con la felicidad hasta el día en el que Dios levantó la mano contra él y le mandó la sarna para afligirlo y que despertara de su embotada molicie. Así comienza también la historia de Lev Nikoláievich Tolstói. También él había estado «en lo más alto», entre los poderosos de la tierra, vivía rica y tranquilamente en la casa heredada de sus mayores. Su cuerpo rebosaba salud y fuerza, y pudo tomar por esposa a la joven a la que con tanto amor deseó y que le daría trece hijos. La obra de sus manos y de su espíritu es imperecedera y refulge más allá de su tiempo: los campesinos de Yásnaia Poliana se inclinan con respeto cuando el poderoso boyardo pasa al galope; con respeto se inclina también el mundo entero ante su clamorosa gloria. Como Job antes de la prueba, a Lev Tolstói no le queda nada que desear, y en una ocasión escribe en una carta las palabras más temerarias que un hombre pueda pronunciar: «Soy totalmente feliz».

[1] Trad. Selma Ancira, Barcelona, Acantilado, 2019, p. 394.

Y de pronto, de la noche a la mañana, nada de eso tiene sentido ni valor. El trabajo empieza a repugnarle al laborioso, la mujer se le convierte en una extraña, los hijos lo dejan indiferente. Se levanta por las noches de la cama revuelta, deambula de un lado a otro como un enfermo, y durante el día se sienta delante del escritorio, embotado, con la mano dormida y la mirada helada. En una ocasión sube con prisa la escalera y oculta la escopeta de caza en el armario, bajo llave, para no verse tentado a usarla contra sí mismo; a veces gime como si el corazón quisiera salírsele del pecho, otras solloza como un niño en la habitación a oscuras. Ya no abre las cartas que le llegan ni recibe a los amigos. Los hijos temerosos y la mujer desesperada miran al hombre cuyo ánimo se ha ensombrecido tan de repente.

¿Cuál es la causa de ese cambio repentino? ¿Corroe en secreto su vida alguna enfermedad? ¿Ha contraído la lepra? ¿Le ha ocurrido alguna desgracia? ¿Qué le ha sucedido a Lev Nikoláievich Tolstói para que el hombre otrora más poderoso se vea de repente privado de alegría, para que el hombre más grande de la tierra rusa esté inconsolablemente desolado?

Y la terrible respuesta es: ¡nada! ¡Nada le ha sucedido! O, peor aún, ha descubierto la Nada, la ha vislumbrado detrás de todas las cosas. Algo ha desgarrado su alma, una grieta se ha abierto en su interior, una estrecha grieta negra, y su ojo estremecido se ve obligado a mirar ese vacío, esa otra vida desconocida, fría e incomprensible, oculta detrás de su propia vida cálida y palpitante: la eterna nada oculta tras lo efímero.

Quien ha mirado una vez ese abismo innombrable ya no puede apartar la vista, la oscuridad invade los sentidos, el brillo y el color de la vida se apagan. La risa se le congela en el rostro, ya no puede tocar nada sin sentir esa frialdad, no puede mirar nada sin pensar en ese *nihil*, en la Nada.

Marchitas y sin valor, las cosas van cayendo de la sensibilidad que un instante antes aún era plena; la fama se convierte en un espejismo; el arte, en un juego de locos; el dinero, en escoria; y el propio cuerpo, ese cuerpo sano que respira, en la morada de los gusanos; una boca invisible absorbe la savia y el dulzor de todos los placeres del mundo. El mundo se vuelve helado a los ojos del mortal que se asoma a esa nada y experimenta toda la angustia primitiva de la criatura: es el Maelström de Edgar Allan Poe, que lo arrastra todo consigo; el abismo de Pascal, cuya profundidad es más honda que cualquier elevación del espíritu.

De nada sirve disimular ni ocultarse, ni llamar divino y santo a ese vacío que lo devora todo. Es inútil tratar de tapar ese agujero negro con las páginas del Evangelio: esa negrura primigenia horada todos los pergaminos y apaga los cirios de las iglesias, ese frío gélido de los polos del universo no se calienta con el tibio aliento del verbo. De nada sirve predicar en voz muy alta para acallar con gritos ese silencio sepulcral, como hacen los niños en el bosque para ahuyentar el miedo a través del canto. No hay voluntad ni sabiduría que pueda iluminar el tenebroso corazón de quien ha visto el horror.

A sus cincuenta y cuatro años de vida mundana, Tolstói mira por primera vez a los ojos esa gran nada, y desde ese momento hasta su muerte contemplará fija e impávidamente ese agujero negro, ese fondo insondable que oculta su propio ser. Pero aun dirigida hacia esa nada, la mirada de Lev Tolstói sigue siendo de una claridad incisiva, la mirada humana más sobria y espiritual que haya conocido nuestro tiempo. Jamás ningún hombre asumió con fuerza tan colosal la lucha contra lo innombrable, contra el carácter trágico de lo efímero; nadie opuso más resueltamente a la pregunta por el destino del hombre la pregunta de la humanidad al destino. Nadie sufrió de un modo más terrible la mirada vacía del más allá que devora el alma, nadie la soportó de una manera más grandiosa, pues en su caso una conciencia viril opone a esa pupila negra la mirada clara, osada, enérgica y observadora del artista. Nunca, ni un solo segundo, Lev Tolstói cerró cobardemente los ojos ante lo trágico del destino humano, pues los suyos fueron los ojos más despiertos, sinceros e incorruptibles del arte moderno: no hay nada, pues, más grandioso que ese intento heroico de otorgar sentido incluso a lo incomprensible y descubrir la verdad de lo inevitable.

Durante treinta años, desde los veinte hasta los cincuenta, Tolstói vivió creando, despreocupada y libremente. Otros treinta años, desde los cincuenta hasta su final, vive consagrado a hallar el sentido de la vida. Las cosas le fueron fáciles hasta que se propuso esa tarea desmedida: salvarse no sólo a sí mismo, sino a toda la humanidad, a través de su lucha por alcanzar la verdad. El hecho de haber emprendido esa misión lo convierte en un héroe, casi en un santo. El hecho de sucumbir a ella, lo convierte en el más humano de los hombres.

II
RETRATO

Mi rostro era el de un campesino común.

TOLSTÓI, *Juventud*

Un rostro tupido como un bosque, sin claros, que impide a las miradas penetrar en su interior: la densa barba de patriarca, ancha y ondeante al viento, invade buena parte de las mejillas, inunda durante décadas los labios sensuales y cubre la tez morena y agrietada. En la frente se enmarañan las poderosas cejas, gruesas como un dedo y desordenadas como las raíces de un árbol; sobre la cabeza se encrespa, como el oleaje, la inquieta espuma de sus mechones revueltos. Por todas partes crece y se enreda con exuberancia vegetal la abundante cabellera de este dios Pan. Al igual que el *Moisés* de Miguel Ángel (el retrato más viril), lo primero que se percibe en el rostro de Tolstói es el oleaje espumoso de su enorme barba divina.

De modo que para descubrir con el alma la desnudez y la esencia de ese rostro impenetrable es preciso desbrozar la enmarañada vegetación que cubre sus rasgos (los retratos del joven imberbe ayudan mucho a ese desvelamiento plástico). Al hacerlo, uno se asusta, porque resulta innegable que los rasgos de este hombre noble de espíritu son toscos y en nada se diferencian de los de un campesino. Como morada y taller el genio ha escogido una choza baja, ennegrecida por el humo, una auténtica *kibitka* rusa; no ha construido el alojamiento de este gran hombre un demiurgo griego, sino un chapucero carpintero de pueblo. Los bajos travesaños de la fachada, cepillados toscamente, bastos como leños recién cortados, parecen los surcos de una frente sobre las diminutas ventanas de los ojos; el revoque es de tierra y arcilla, como una tez sin brillo. En medio de la tosca fachada, una nariz de ollares amplios y abiertos, ancha y aplastada como si la hubiesen enlosado allí de un puñetazo; tras el cabello hirsuto, unas orejas lobuladas e informes; entre los hundidos hoyos de las mejillas, una boca malhumorada de labios gruesos. No hay la menor delicadeza en tales rasgos, son toscos, comunes, casi vulgares.

En ese rostro triste de jornalero todo es sombra y oscuridad, ordinariez y pesadez, no se advierte el menor signo de ímpetu, de anhelo, de lucidez, de inquietud espiritual, como sí ocurre con la cúpula de mármol que es la frente de Dostoievski. El rostro de Tolstói no irradia ni un rayo de luz, ni un destello de brillo, y quien lo niegue e intente embellecerlo miente. Porque ese rostro ordinario e impenetrable no es un templo, sino una prisión de las ideas, una cárcel sombría y desangelada, desapacible y fea, y muy pronto el joven Tolstói se da cuenta de que su fisonomía no es afortunada. Cualquier alusión a su aspecto exterior «le resulta desagradable», duda de que alguna vez pueda haber «felicidad en la tierra para un hombre que tiene una nariz tan ancha, labios tan gruesos y ojos grises tan pequeños». Por tal razón, el adolescente oculta desde muy temprano sus odiados rasgos tras la tupida máscara de la barba negruzca, que más tarde la edad entretejerá con hilos de plata, inspirando gran respeto. Sólo en los últimos diez años, esa oscura nubosidad amaina y, sobre la luz crepuscular del otoño, cae un rayo bondadoso de belleza e ilumina el trágico paisaje.

En el caso de Tolstói, el genio, eterno viajero, se alojó en una tosca posada, en la fisonomía de un ruso cualquiera, detrás de la cual podían imaginarse muchas cosas menos al intelectual, al escritor, al creador. Tanto de niño como de adolescente, de maduro o de anciano, Tolstói pareció siempre uno más entre tantos. Le viene bien cualquier sayo, encaja bajo cualquier sombrero: con esa faz de ruso anónimo es posible presidir el despacho de un ministro u ocupar, borracho, la mesa de juego en una taberna para vagabundos; con esa cara se puede vender pan blanco en el mercado o alzar la cruz por encima de una multitud arrodillada, vistiendo el hábito de seda del arzobispo metropolitano. En ningún oficio, bajo ningún atuendo, en ningún rincón de Rusia llamaría la atención ese rostro que nada tiene de memorable. Siendo estudiante, su aspecto es idéntico al del resto de sus compañeros; como oficial, se parece a cualquiera que porta un sable; como terrateniente, recuerda a cualquier escudero de aldea. Cuando viaja en carruaje junto a un sirviente de blancas barbas, es preciso escudriñar muy detenidamente la fotografía para saber cuál de los dos hombres sentados en el pescante es en realidad el conde y cuál el cochero; si una fotografía lo muestra charlando con unos campesinos, nadie sabría adivinar que ese Lev que aparece en medio de los aldeanos es un conde, millones de veces más importante que todos los Grigors, los Ivanes, los Ilias y Piotrs que lo rodean. Como si aquél fuera todos al mismo tiempo, como si esta vez el genio no hubiera adoptado la máscara del ser especial, sino que se hubiese puesto el disfraz del pueblo, de alguien absolutamente anónimo. Y precisamente porque contiene a toda Rusia dentro de sí, Tolstói no tiene rostro propio, sino únicamente el rostro de la humanidad en Rusia.

Por eso también su cara decepciona inicialmente a casi todos los que la ven por primera vez. Han viajado varios kilómetros en tren, han recorrido luego el trayecto desde Tula para verse ahora esperando con respeto en el recibidor del maestro. Todos, en su fuero interno, esperan encontrarse ante una figura de presencia imponente, y lo imaginan de antemano como un hombre fuerte y majestuoso, con una tupida barba divina, erguido y orgulloso, un coloso y un genio en una misma persona. El temor de la espera oprime a cada adepto, involuntariamente bajan la mirada ante la figura gigantesca del patriarca que de un momento a otro los obligará a alzar la vista. Entonces, por fin, se abre la puerta y se lo ve entrar: es un hombrecito bajo y corpulento, cuyo andar ágil hace que la barba se balancee, que se detiene delante del sorprendido huésped exhibiendo una amable sonrisa. Vivaracho, con voz acelerada, charla con el visitante, le estrecha la mano. Todos, asustados, estrechan esa mano profundamente estremecidos. «Este hombrecito amable y apacible, este "padrecito de nívea barba", es realmente Lev Nikoláievich Tolstói?». El temor previo ante esa majestad se esfuma, y la curiosidad por fin alienta a mirarlo a la cara.

Sin embargo, de repente, al que levanta la vista se le hiela la sangre. Como una pantera, tras las tupidas junglas de las cejas salta una mirada gris, esa mirada inaudita de Tolstói que no revela ningún cuadro y de la cual habla todo el que miró alguna vez a la cara a ese ser imponente. Esa mirada se clava en cada visitante como una cuchillada, dura como el acero, refulgente. Es imposible moverse, evitarla, y todos, paralizados por el hipnotismo, tienen que tolerar que esa mirada los penetre hasta lo más profundo de su ser. No existe defensa contra esa primera estocada de los ojos de Tolstói: como un disparo, atraviesa todas las corazas de la simulación; como el diamante, corta todos los espejos. Nadie puede mentir ante esa mirada penetrante de Tolstói, como atestiguan Turguéniev, Gorki y otro centenar de testigos.

Pero los ojos y el espíritu inquisidor de Tolstói sólo golpean un segundo, luego el iris se deshiela y brillan con color grisáceo, centelleante a causa de la risa contenida, y se vuelven bondadosos, suaves y bonachones. Como las sombras de las nubes sobre el agua, se reflejan sobre esas pupilas mágicas e inquietas todas las metamorfosis del sentimiento. La furia puede hacerlas chisporrotear en un rayo único y frío; el mal humor puede congelarlas, convirtiéndolas en un cristal transparente como el hielo; la bondad puede solearlas y la pasión consumirlas. Esas misteriosas estrellas pueden reír gracias a su luz interior, sin que la dura boca se mueva, y cuando la música las ablanda, pueden llorar a mares, como las pupilas de una campesina. Obtienen la luminosidad de sí mismas, de la satisfacción espiritual, pero también la melancolía puede oscurecerlas o ensombrecerlas de repente; pueden evadirse y volverse impenetrables, pueden observar con frialdad implacable y cortar como el escalpelo o penetrar como los rayos X, para luego, de inmediato, cubrirse del centelleante reflejo de una curiosidad juguetona. Esas pupilas hablan todos los idiomas del sentimiento, son los «ojos más locuaces» que hayan brillado en la faz de un hombre. Y, como siempre, es Gorki quien ofrece el comentario más ilustrativo: «En sus ojos, Tolstói poseía cientos de ojos».

En esos ojos, y sólo gracias a ellos, tiene genio el rostro de Tolstói. Toda la brillantez de este hombre se concentra en las mil facetas de su mirada, del mismo modo que la belleza de Dostoievski, el hombre de pensamiento, se concentra en la bóveda marmórea de su frente. Todo lo demás en el rostro de Tolstói (la barba, las cejas) no es más que envoltorio, una coraza protectora para ocultar la materia preciosa de esas gemas luminosas, mágicas y magnéticas, que absorben el mundo y lo proyectan luego, que son el espectro más preciso del universo que nuestro siglo haya conocido. Nada es tan diminuto como para que esas lentes no puedan hacerlo visible: como una flecha, como un halcón, pueden precipitarse sobre cualquier detalle y, al mismo tiempo, abarcar todos los horizontes con su visión panorámica. Pueden brillar en las cimas del espíritu y ver en las más oscuras profundidades del alma. Esos cristales refulgentes tienen fuego y pureza suficientes para mirar en éxtasis a Dios, y valor para sostenerle la mirada a la nada—esa cabeza de Medusa—y examinar esa faz que nos petrifica. Nada es imposible para ese ojo, salvo, quizá, una cosa: estar inactivo, dormitar entregado a la alegría pura del reposo, a la dicha y la beatitud del sueño. Porque, apenas los párpados se abren, esos ojos se ven impelidos a buscar una presa, implacablemente despiertos, inasequibles a toda ilusión. Atravesarán cualquier quimera, desenmascararán cualquier mentira, destruirán cualquier creencia: ante esos ojos todo queda al desnudo. Y terrible será también, por lo tanto, cuando blanda la daga gris y acerada de su mirada contra sí mismo: entonces su filo se hundirá mortalmente hasta lo más profundo del corazón.

Quien posee tales ojos ve la verdad: el mundo y el saber le pertenecen. Pero nadie puede ser feliz con esos ojos eternamente veraces, eternamente en vela.

III
LA VITALIDAD Y SU REVERSO

> Deseo vivir muchos, muchísimos años, y pensar en la muerte me llena de un temor infantil y poético.
>
> TOLSTÓI, carta de juventud

Una salud elemental. Un cuerpo hecho para aguantar un siglo. Huesos sólidos saturados de tuétano, músculos nudosos, la fuerza de un oso; desde el suelo, el joven Tolstói puede alzar por los aires, con una sola mano, a un pesado soldado. Sus tendones son elásticos: en el gimnasio, sin tomar impulso puede saltar con facilidad la cuerda más alta; nada como un pez, cabalga como un cosaco, siega como un labrador. Este cuerpo de hierro sólo conoce el cansancio del intelecto. Cada nervio, flexible y duro a un tiempo, se tensa y vibra como la hoja de una espada toledana; todos sus sentidos son agudos y están despiertos. No hay una sola brecha, ni hueco, ni ranura, ni carencia, ni defecto en el vallado de esta fuerza vital, por eso jamás una enfermedad seria consigue penetrar en ese cuerpo fortificado: el físico increíble de Tolstói permanece atrincherado contra cualquier debilidad, amurallado contra la vejez.

Su vitalidad no tiene igual: frente a la virilidad bíblica de este hombre de barba campesina y bárbara, todos los artistas de la era moderna parecen afeminados o enclenques. Incluso aquellos que lo igualaron en poder creativo y perduraron hasta una edad provecta vieron envejecer sus cuerpos fatigados bajo el peso de un espíritu siempre activo y al acecho. Goethe (hermanado con Tolstói en el horóscopo por el mismo día de nacimiento, el 28 de agosto, y por mantener su visión creativa del universo hasta los ochenta y tres años), a los sesenta, permanece sentado tras las ventanas cerradas, gordo y temeroso del invierno desde hace mucho tiempo; Voltaire, enjuto y más parecido a un ave de mal agüero que a un hombre, garabatea en su escritorio papel tras papel; Kant, consumido y fatigado, recorre a duras penas la avenida de Königsberg como una momia mecánica. En cambio Tolstói se convierte en un anciano que desborda vitalidad, sumerge el cuerpo enrojecido en el agua helada, siega el jardín y corre con agilidad tras las pelotas cuando juega al tenis. A los sesenta y siete años tiene la curiosidad de aprender a montar en bicicleta; a los setenta, se desliza veloz sobre unos esquís por la nieve; a los ochenta, tensa a diario los músculos con el esfuerzo de la gimnasia; y a los ochenta y dos, a un paso ya de la muerte, azuza a su yegua con el látigo cuando ésta, después de veinte verstas de duro galope, se detiene o corcovea. Definitivamente, no hay comparación: el siglo XIX no conoce otro ejemplo de una vitalidad digna de las época mítica del mundo.

La copa ya alcanza los cielos de los años patriarcales y todavía no se ha aflojado ni una sola raíz en ese gigantesco roble ruso, repleto de savia hasta en sus fibras más recónditas. Su ojo mantiene la agudeza hasta el momento de la muerte: desde el caballo, la mirada curiosa sigue el trayecto del escarabajo más diminuto que recorre una corteza; sin ayuda de prismáticos, sigue el vuelo del halcón; atento permanece el oído, ávidas de deleites las anchas ventanas de la nariz, de aspecto casi animal: una especie de embriaguez sigue estremeciendo al anciano de canosa barba en primavera, cuando de repente aspira el olor acre del estiércol mezclado con la tierra que se deshiela, recuerda ochenta primaveras con claridad, el singular perfume de cada una, su primera exhalación en ese aroma único; lo percibe con tal intensidad, con tal estremecimiento, que de repente se le humedecen los párpados. Las fibrosas piernas del anciano criado en el campo avanzan enfundadas en las pesadas botas de campesino con paso lento pero firme a través del suelo húmedo; jamás la mano pierde los nervios en el temblor de la vejez, la letra de su carta de despedida es igual que la de sus años mozos. Y tan inquebrantable como sus tendones y sus nervios se mantiene también su mente. Su conversación sigue siendo más brillante que la de cualquiera, una memoria extraordinariamente precisa sigue recordando cada detalle del pasado. La ira sigue estremeciendo las cejas del anciano ante cualquier contradicción, una sonora risa redondea sus labios, su lenguaje sigue siendo rico en imágenes originales y la sangre sigue fluyendo cálida. En una ocasión en la que alguien le reprocha al hombre de setenta años, durante una discusión sobre *Sonata a Kreutzer*,* que a su edad resulta fácil abjurar de la sensualidad, el ojo del rudo anciano refulge arrogante y furioso: «Eso no es cierto, mi carne todavía es poderosa, aún tengo que luchar con ella».

Sólo una vitalidad tan imperturbable explica una creatividad que nunca se fatiga: no hay un solo año improductivo entre los sesenta que abarca su obra universal. Porque un espíritu creador no descansa nunca, esa sensibilidad magníficamente despierta jamás dormita ni se aletarga en la molicie. Tolstói no conoce lo que es estar realmente enfermo hasta la vejez; el cansancio jamás contraría seriamente a este hombre acostumbrado a trabajar diez horas; jamás tiene necesidad de recurrir a estimulantes como el vino o el café, sus sentidos disciplinados están tan sanos, tan afinados y en forma, que el más mínimo contacto los hace vibrar, una gota los desborda. A pesar de su salud robusta,

* Lev Tolstói, *Sonata a Kreutzer*, trad. Ricardo San Vicente, Barcelona, Acantilado, 2003.

Tolstói es al mismo tiempo un hombre de «piel muy fina» (¡cómo, si no, podría ser artista sin esa sensibilidad extrema!). Sólo con suma cautela se puede tocar el teclado de sus sensibles nervios; porque precisamente la vehemencia de sus reacciones convierte cada emoción en un peligro. Por eso teme (como Goethe, como Platón) la música, ya que excita con demasiada fuerza la marea misteriosamente profunda de su sensibilidad. «Se dice que la música influye de tal modo que eleva el espíritu. ¡Tonterías, mentiras! Así es, produce efecto, un efecto terrible, lo digo por mí»,[1] confiesa; y, en efecto, mientras su familia escucha amablemente sentada alrededor del piano, a él comienzan a temblarle de un modo extraño las ventanas nasales, escucha con el ceño fruncido; siente «una extraña presión en el cuello» y, de repente, se vuelve con brusquedad y sale por la puerta, porque no puede contener las lágrimas. «¿Qué es la música? ¿Qué me produce?»,[2] dice en una ocasión, totalmente asustado por esa sensación abrumadora. Sí, porque Tolstói siente que la música quiere algo de él, que amenaza con arrebatarle algo que está decidido a no entregar, algo que mantiene oculto en el arcón secreto de los sentimientos y que al escuchar música parece fermentar amenazando con romper los diques.

Algo avasallador, algo cuya fuerza y desmesura teme, comienza a agitarse: contra su voluntad, se siente arrebatado en lo más profundo de su ser por esa oleada de sensualidad y va a la deriva. También odia (o teme) los arrebatos del instinto, que probablemente sólo él conoce, por eso persigue a *la* mujer con un odio de anacoreta, enfermizo en una persona sana. La mujer, para Tolstói, sólo es

[1] *Así era Lev Tolstói. Tolstói y la música*, vol. III, trad. Selma Ancira, Barcelona, Acantilado, 2022, p. 156.

[2] *Ibid.*, p. 111.

«inofensiva» mientras «se consagra a los deberes de la maternidad, o cuando es virgen o cuando alcanza la venerable condición que le otorga la vejez», es decir, más allá de la sensualidad, que él ha considerado «durante toda su vida una humillación de la carne». La mujer, como la música, significa para este espíritu antipagano, este cristiano artificial, este monje forzoso, el mal por excelencia: ambas cosas nos distraen, a través de la sensualidad, «de cualidades innatas en nosotros como el valor, la resolución, la razón y el sentido de la justicia»; ambas—según predicará más tarde el *pater* Tolstói—nos conducen «al pecado de la carne». También las mujeres «quieren algo de él», algo que él se niega a entregar; también ellas despiertan una parte peligrosa que Tolstói teme.

No es precisa demasiada agudeza para adivinar que se trata de una sensualidad desmesurada. La música afloja las ataduras de la voluntad y de inmediato «el animal» se despereza. Las mujeres hacen aullar salvajemente a una jauría ávida de sangre que estremece los férreos barrotes de su prisión. La enloquecida ansiedad monacal y el horror que le provoca a Tolstói la sensualidad sana y alegre, natural y desnuda, permite sospechar esa virilidad del sátiro, ese ardor irreprimible del animal humano que oculta en su interior y que en la juventud se desahogó mediante excesos salvajes—ante Chéjov se describió como un «incansable fornicador»—, la misma lubricidad que luego mantuvo encerrada—pero no sepultada—durante cuarenta años. Sólo un detalle en su obra estrictamente moral delata que la sensualidad de este hombre más que sano siguió siendo desmedida durante toda su vida: precisamente ese miedo a la «mujer», la tentadora, ese pavor que hizo huir al desierto a los anacoretas, ese miedo apremiante y cristiano que lo obliga a su pesar a apartar la mirada, y que en realidad no es más que pavor a su propia lascivia, al parecer desmedida.

Uno lo siente por todas partes: a nada teme Tolstói tanto como a sí mismo, a su fuerza de oso. Inevitablemente, la dichosa embriaguez que a menudo le proporciona su salud queda ensombrecida por el horror que le inspira el poder desenfrenado y bestial de sus sentidos. Sin duda supo dominarlos como nadie, pero también sabe que no es posible ser ruso impunemente, es decir, el hijo natural del pueblo de la desmesura, fanático de los excesos, esclavo de los extremos. Por eso su astuta voluntad fatiga el cuerpo, mantiene ocupados los sentidos, permitiéndoles entregarse a ciertos juegos inofensivos como el aire libre. Tolstói agota los músculos con el esfuerzo desmedido de la hoz y del arado, los extenúa con ejercicios gimnásticos y, para desintoxicarlos, para hacerlos inofensivos, empuja sus peligrosos impulsos a salir de la vida privada para desahogarse en la naturaleza, donde puede desplegarse sin freno lo que la voluntad retiene con energía en su vida espiritual. Por eso la pasión de sus pasiones es la caza: en ella puede dar rienda suelta a todos los sentidos, los luminosos y los sombríos. El Tolstói que aún no se ha convertido en apóstol se embriaga con el olor de los caballos sudorosos, con la excitación de las cabalgadas temerarias, con la persecución de la presa hasta el momento de apuntar, con todo lo que tempera los nervios. Incluso (algo incomprensible en alguien que se convertirá en un fanático de la compasión) se embriaga con la inquietud y el sufrimiento de la pieza derribada, con la agonía del animal ensangrentado que lo mira con los ojos fuera de las órbitas. «Experimento un auténtico deleite con el sufrimiento del animal moribundo», admite al aplastarle la cabeza a un lobo propinándole un violento mazazo; y al emitir esa triunfal exclamación de placer instintivo, atisbamos de pronto todos los brutales instintos que tuvo que reprimir a lo largo de su vida (salvo en los disipados años de juventud). Incluso en la época en la que ya ha renegado, por convicción moral, a los placeres de la caza, las manos le tiemblan involuntariamente cuando ve saltar una liebre por el campo. Sin embargo, también reprime ese placer, como hace con los otros, con una firmeza obstinada, y al final su alegría sensual en lo físico se contenta con la mera contemplación de la vida y su recreación. ¡Pero qué vehemente y sabia sigue siendo esa alegría! Se le dibuja una sonrisa en los labios cuando pasa junto a un hermoso caballo. Casi con voluptuosidad palpa y acaricia el lomo cálido y sedoso del animal, haciendo que sus dedos absorban plenamente ese calor palpitante: todo lo que es puramente animal lo llena de exultación. Puede contemplar durante horas, con ojos arrobados, a unas mozas bailando, sólo por ver la gracia de los cuerpos distendidos, y cuando se cruza en su camino con algún hombre atractivo o alguna mujer hermosa, se detiene y se pone a conversar sólo para poder admirarlos mejor y exclamar entusiasmado: «¡Qué maravillosa es la belleza humana!». Porque Tolstói ama el cuerpo, receptáculo de la vibrante vida, superficie sensible que refleja la luz, órgano respiratorio del perfumado aire, envoltorio de la sangre que corre por las venas; lo ama en toda su cálida palpitación carnal, como el sentido y el alma de la vida.

Sí, el animalista más apasionado de la literatura ama su cuerpo como el artista ama su instrumento, lo ama como la forma más natural del hombre, y se ama a sí mismo en ese cuerpo elemental mucho más que en su alma frágil, que habla un lenguaje ambiguo. Tolstói ama el cuerpo en todas sus formas y momentos, desde el principio hasta el fin, y la primera observación consciente de esta pasión autoerótica se remonta—no es una errata—, ¡a su segundo año de vida! Es preciso señalarlo para que se comprenda con cuánta transparencia y nitidez permanece en Tolstói cada recuerdo, como un guijarro en el curso del tiempo. Mientras que Goethe y Stendhal apenas pueden recordar hasta los siete o los ocho años, Tolstói, a la edad de dos, ya experimenta las complejas sensaciones del artista en que se convertirá (sensaciones a través de las que se afirma con tanta intensidad la multiplicidad de los sentidos). Podemos leer esta descripción de sus primeras sensaciones corporales:

> Estoy sentado en una bañera de madera, rodeado del aroma nuevo para mí, pero agradable, del líquido con el que me frotan el cuerpo. Sin duda es el agua de salvado que también usaban para lavarme la cara. La novedad de la impresión obra su efecto en mí y noto por primera vez, complacido, mi cuerpecito, las costillas visibles en el tórax, las mejillas lisas y oscuras, las mangas arremangadas de la blusa de mi niñera, el chapoteo del agua cálida y humeante, pero sobre todo noto la superficie lisa de la bañera cada vez que paso mi manita por las paredes.

Si analizamos a continuación estos recuerdos de infancia para clasificarlos según sus zonas sensoriales nos admirará la plenitud con la que Tolstói, siendo esa minúscula larva del niño de dos años, percibía el mundo circundante: *ve* a la niñera, *huele* el agua de salvado, *distingue* esa nueva impresión sensorial, *siente* el calor del agua, *escucha* el ruido, *palpa* la lisa superficie de madera, y todas esas percepciones simultáneas de los diversos filamentos nerviosos desembocan en el descubrimiento «complacido» que hace el niño de su cuerpo como superficie sensible de todas sus sensaciones vitales. Entonces se comprende la precocidad con que las ventosas de los sentidos se adhieren a la existencia y cómo los diversos fenómenos del mundo se dividen ya en impresiones diferenciadas en el niño Tolstói. Eso nos permite medir la sutileza y la intensidad que el hombre adulto sabrá aportar a cada una de sus impresiones. Entonces ese bienestar primitivo y lúdico, que permitía sentir al niño su minúsculo cuerpo inmerso en la bañera, se dilatará hasta transformarse en una voluptuosidad vital salvaje y casi furiosa; y, como le ocurría al bebé del pasado, Tolstói fundirá en un mismo sentimiento de embriaguez lo exterior y lo íntimo, el universo y el yo, la naturaleza y la existencia.

En efecto, esa embriaguez del yo que se identifica con el universo le parece algunas veces una gran borrachera al hombre hecho y derecho; basta con leer cómo este individuo vigoroso se levanta en ocasiones por la noche y sale a caminar por el bosque para contemplar el mundo, ese mundo que lo ha elegido a él entre millones para que lo sienta de un modo más intenso y lúcido que todos los demás; basta ver cómo, en ocasiones, un Tolstói extasiado ensancha el pecho y extiende los brazos cuanto puede, como si en el aire que sopla rumoroso pudiera abarcar la infinitud que conmueve su alma; o cómo, igual de estremecido por la criatura más diminuta que por la inmensidad del cosmos, se agacha para enderezar un cardo pisoteado o para contemplar apasionado el centelleante revoloteo de una libélula (tras lo cual, sabiéndose observado por sus amigos, se vuelve rápidamente para no mostrar las lágrimas que le anegan los ojos). Ninguno de los contemporáneos del escritor ruso, ni siquiera Walt Whitman, sintió con tanta intensidad la voluptuosidad física de los órganos terrenales y carnales, ninguno sintió con el ardor de la desbordante sensualidad ni con la grandiosa ubicuidad de un dios antiguo. Comprendemos entonces su orgullosa y exaltada sentencia: «Yo mismo soy naturaleza».

Inquebrantable como un exuberante roble, este ruso que es él mismo un universo dentro del universo hunde sus raíces en tierra moscovita: quedamos persuadidos de que nada puede sacudir su poderosa universalidad. Sin embargo, a veces la tierra se estremece, aquejada por seísmos, y entonces Tolstói se tambalea *media in vita* pese a su firme seguridad. De repente, la mirada queda congelada y no ve más que el vacío, porque algo se ha colado en su campo visual, algo que sus sentidos no pueden aprehender, algo que queda excluido de la plenitud cálida del cuerpo y de la vida, algo que él no entiende por mucho que se tensen sus nervios, algo que esta fuera del alcance de este hombre sensible, porque no es un objeto de este mundo, sino una materia que no puede absorber ni amalgamar, algo que se resiste a ser palpado, sopesado y asimilado por esa sensibilidad universal. ¿Cómo aprehender esa pavorosa idea de que algo, de repente, puede cortar en dos el espacio redondo, cómo concebir que los sentidos inquietos y receptivos un día vayan a enmudecer y quedarse sordos, que la mano vaya a quedar descarnada e insensible, y que el cuerpo desnudo y robusto que ahora calienta la sangre vaya a convertirse en pasto de gusanos, en un esqueleto frío como la piedra? ¿Qué hacer cuando esa nada lo alcance, hoy o mañana, esa negrura, ese misterio contra el que no hay defensa? ¿Qué hacer si se apodera de él, todavía rebosante de savias y fuerzas, ese estado de insensibilidad omnipresente?

Cada vez que a Tolstói lo asalta la idea de la finitud se le hiela la sangre. El primer encuentro con la nada se produce cuando es niño: lo llevan de la mano hasta el cadáver de su madre, frío y rígido, un cuerpo que ayer todavía estaba vivo. A lo largo de ochenta años le resultará imposible olvidar esa visión que por entonces aún era incapaz de asimilar ni sentimental ni intelectualmente. Sin embargo, al niño de cinco años se le escapa un grito de espanto, estridente, y, presa del pánico, sale corriendo de la habitación, perseguido por todas las Erinias del miedo. La idea de la muerte embiste siempre a Tolstói de un modo violento y asfixiante; cuando mueren su hermano, su padre o su tía, esa mano gélida le recorre la nuca, provocando un escalofrío y desgarrándole los nervios.

En 1869, antes de la crisis—muy poco antes—, describe «el blanco terror» de esas embestidas: «Intento acostarme, pero apenas me tumbo me asalta el terror, me invade y me obliga a levantarme. Es una especie de angustia, como la que antecede al vómito, algo que hace pedazos mi existencia sin llegar a destruirla del todo. Intento dormir de nuevo, pero el terror sigue ahí, rojo, blanco; algo me desgarra y, no obstante, contrae todo mi ser». Lo terrible ha sucedido: antes de que la muerte ponga un dedo sobre el cuerpo de Tolstói, cuarenta años antes de su final, el presentimiento de la misma ya ha penetrado en el alma del hombre vivo y nunca lo abandonará del todo. Una gran angustia se sienta por las noches al borde de su cama, devora el hígado de su alegría vital, se agazapa entre las hojas de sus libros y corroe sus pensamientos negros y descompuestos.

Como puede verse, el temor a la muerte es en Tolstói sobrehumano, igual que su vitalidad. Sería inadecuado considerarlo un temor nervioso, comparable al estremecimiento voluptuoso y místico de un Novalis, a la melancolía de un Lenau o a la fobia neurótica de un Edgar Allan Poe. Lo que aflora en el caso de Tolstói es un pavor absolutamente desnudo y animal, un terror bárbaro, un horror extremo, una angustia arrebatadora, el pánico ante la certeza de la desaparición. A Tolstói no le horroriza la muerte intelectualmente, ni como a un espíritu viril y heroico: tiene el horror marcado con hierro incandescente y, desde entonces, le esclaviza para toda la vida, le hace bramar, incapaz de contenerse. Su pavor se manifiesta como el terror y el espanto animal, como una conmoción: es la angustia ancestral de todas las criaturas encarnada en un hombre. Él no quiere que esa idea lo domine, se resiste, pero el espanto le quiebra las articulaciones, porque, no lo olvidemos, a Tolstói le asalta de improviso ese miedo mientras disfruta de una serenidad incomparable: al oso moscovita le falta la transición entre la muerte y la vida. Para esta naturaleza absolutamente sana, la muerte es una sustancia del todo extraña, mientras que el hombre común y corriente tiene que transitar muchas veces un puente entre la muerte y la vida: la enfermedad.

La mayor parte de individuos albergan en su interior, hacia los cincuenta años, una fracción latente de muerte, cuya presencia no es para ellos ajena, no constituye una sorpresa, por eso no se estremecen tan desesperadamente cuando se produce el primer ataque contundente. Un hombre como Dostoievski, por ejemplo—que ha estado atado a un poste, con los ojos vendados, aguardando el fusilamiento, y que lucha cada semana con las convulsiones de la epilepsia—, mira a la muerte a los ojos, acostumbrado al sufrimiento, con mucha más serenidad que el hombre rebosante de salud, que nada sospecha. Por eso la sombra de ese miedo absolutamente desatado y casi ignominioso no se cuela tan gélidamente en la sangre de Dostoievski como en la de Tolstói, quien comienza a temblar ante el primer signo de la proximidad de la Parca. Para él, que sólo siente el pleno valor de la existencia en el florecimiento del yo, en la «embriaguez de la vida», la más tenue disminución de vitalidad significa una especie de enfermedad (a los treinta y seis años ya se considera un «hombre viejo»). Precisamente debido a esa sensibilidad, la idea de la muerte lo lacera como un disparo.

Sólo quien siente la existencia de un modo tan vital puede temer el no ser, la otra cara de la moneda, con tal intensidad: pero precisamente porque en su caso una vitalidad demoníaca se levanta contra un miedo a la muerte igual de demoníaco, surge en Tolstói esa gigantomaquia entre el ser y el no ser, quizá la más grande de la literatura universal. Pues sólo las naturalezas colosales ofrecen una resistencia a la vez colosal: un hombre dominante como Tolstói, un atleta de la voluntad como él, no puede capitular ante la nada: de inmediato, a raíz de la primera conmoción, se recompone, prepara los músculos para derrotar a ese enemigo que lo asalta de pronto. Una vitalidad robusta como la suya no se da por vencida sin luchar. Apenas se ha recuperado del primer horror, se atrinchera en la filosofía, levanta los puentes y apedrea al enemigo invisible con las catapultas sacadas del arsenal de su lógica para obligarlo a retirarse. El desprecio es su primera defensa: «No puedo interesarme por la muerte, principalmente por una razón, y es que mientras esté vivo no existe». La califica de «poco digna de crédito», y afirma con altanería que «no temo a la muerte, sino sólo el miedo a la muerte»; asegura sin cesar (¡a lo largo de treinta años!) que no la teme, que no le angustia pensar en ella. Sin embargo, no engaña a nadie, ni siquiera a sí mismo. Sin duda, desde el primer asalto de ese pavor se ha abierto una brecha en la muralla que protegía la seguridad de su alma y sus sentidos: a partir de los cincuenta, Tolstói lucha sobre las ruinas de la confianza que otrora tuvo en su vida. A fuerza de ir retrocediendo, descubre que la muerte no es un mero «fantasma», «un espantajo», sino un rival muy respetable al que no es posible amedrentar con meras palabras. Y a partir de entonces tantea la posibilidad de seguir viviendo en el seno de la inevitable finitud: puesto que no es posible vivir en constante lucha con la muerte, intenta vivir con ella.

Gracias a esa concesión comienza una segunda y fructífera fase de Tolstói en su relación con la muerte. Ya «no se bate» contra ella, ya no alimenta la ilusión de mantenerla al margen con sofismas, sino que intenta incorporarla a su existencia, amalgamarla con el sentimiento de la vida, fortalecerse contra lo inevitable, «acostumbrarse» a ella. La muerte es invencible, eso tiene que admitirlo el gigante de la vida, pero no el miedo a la muerte: por eso dirige toda su fuerza únicamente contra ese miedo. Como los monjes trapenses, que duermen en un sarcófago para matar el miedo a la muerte, así se entrena Tolstói, recurriendo a obstinados ejercicios diarios de la voluntad para autosugestionarse, a un incesante *memento mori*: se obliga a pensar en la muerte de forma constante y «con toda la fuerza de su alma», sin horrorizarse ante ella. En adelante comenzará cualquier apunte de su diario con esas tres misteriosas letras: «S. e. v» («Si estoy vivo»); y cada mes, a lo largo de varios años, registrará este recordatorio: «Me aproximo a la muerte». De ese modo se acostumbra a mirarla a los ojos, y la costumbre elimina la extrañeza, vence al miedo; por eso, tras treinta años de lucha constante con la muerte, el ser exterior se convierte en ser interior, y el enemigo se vuelve una especie de amigo. Tolstói la atrae hacia él, la incorpora, hace de la muerte un componente espiritual de su vida, con lo cual el miedo original se vuelve «igual a cero». «No es necesario meditar sobre la muerte, pero sí es preciso tenerla siempre presente. La vida entera, entonces, se hace más solemne, más importante, realmente fructífera y alegre».

Lo ineluctable se ha convertido en virtud. Tolstói ha vencido su miedo (¡eterna salvación del artista!), y lo ha hecho en la medida en que lo ha objetivado; ha alejado de sí a la muerte y el miedo a la muerte proyectándolos en otras criaturas, los personajes de sus obras. De ese modo, lo que al principio parecía destructivo, se convierte en una manera de profundizar en la vida y, de modo absolutamente inesperado, da a su obra una dimensión grandiosa. Gracias a sus angustiosas experiencias, a las miles de muertes anticipadas en su imaginación, este vitalista, el más apasionado de todos, se convierte en el creador que mejor y con más sabiduría ha descrito la muerte, el maestro de todos los que alguna vez representaron ese tránsito. El miedo, que siempre se anticipa a la realidad, ese miedo alado por la imaginación, es siempre más creativo que la muda y sorda salud. ¡Cómo no iba a serlo también ese miedo ancestral y pavoroso, ese pánico vivo durante décadas, el horror y el estupor de un hombre tan enorme! Gracias al mismo, Tolstói conoce todos los síntomas de ese momento en que el cuerpo languidece, cada rasgo, cada marca que deja la guadaña de Tánatos en la carne perecedera, cada espanto y cada horror del alma sumida en las tinieblas: el artista se siente poderosamente llamado por el propio afán de saber. *La muerte de Iván Ilich*, con su horripilante lamento «¡No quiero, no quiero!»; la lamentable extinción del hermano de Levin; las múltiples despedidas de la vida en sus novelas; las *Tres muertes*; todos esos instantes en que la mente vigilante se inclina hasta el borde mismo de la conciencia y son—a decir verdad—los mayores méritos psicológicos de Tolstói, serían impensables sin esa terrible conmoción, sin ese naufragio de todo el ser en el horror que sufrió en carne propia. Para describir ese centenar de muertes, Tolstói tuvo que vivir antes su propia muerte cientos de veces en su alma trastornada, y tiene que haberla vivido hasta en sus detalles mínimos. Sólo su angustia alimentada por el presentimiento llevó a su arte de lo superficial, de la mera contemplación y copia de la realidad, a las profundidades del saber; sólo esa angustia le reveló—gracias a una plenitud sensorial de la realidad comparable a la de Rubens—esa luz metafísica que brota desde dentro, entre las trágicas tinieblas, característica de Rembrandt. Puesto que Tolstói vivió la muerte en medio de la vida de un modo más vehemente que los demás, la hizo vívida para todos nosotros como nadie.

Cada crisis es un regalo del destino para el hombre que crea: así surge en la actitud intelectual y en la filosofía del universo de Tolstói, exactamente como en su arte, un equilibrio nuevo y más elevado. Los opuestos se compenetran, el terrible conflicto entre el deseo de vivir y su trágico contrario da lugar a una sabia y armoniosa reconciliación. En el sentido de Spinoza, el sentimiento por fin aquietado descansa en una pura oscilación entre el miedo y la esperanza del inexorable final: «No es bueno temer a la muerte; no es bueno desearla. Es preciso equilibrar la balanza para que ningún platillo pese más que el otro: ésas son las mejores condiciones para la vida».

La trágica disonancia se ha armonizado por fin. El anciano Tolstói ya no siente odio por la muerte ni está impaciente por su llegada; ya no huye de ella, pero tampoco la combate: la sueña en serenas meditaciones, como el artista que, gracias a la imaginación, trabaja en una obra invisible pero ya presente. Y precisamente esa última hora, la hora tanto tiempo temida, le obsequia la perfecta gracia: una muerte tan grande como lo fue su vida, la obra suprema de todas sus obras.

IV

EL ARTISTA

> No existe placer más verdadero que el que surge de la creación. Uno puede producir lápices, botas, pan o hijos, es decir, seres humanos, pero sin creación no existe placer verdadero, sin ella no hay placer que no esté asociado con el miedo, el sufrimiento, los remordimientos o la vergüenza.
>
> TOLSTÓI, en una carta

Cualquier obra de arte alcanza su grado más elevado únicamente cuando consigue hacernos olvidar su gestación artificial y nos parece una realidad. En el caso de Tolstói, esta noble ilusión se consuma con mucha frecuencia. Sus obras nos parecen tan auténticas que resulta imposible pensar que sean el producto de la imaginación y que sus personajes sean inventados. Al leerlas creemos no hacer otra cosa que observar el mundo real a través de una ventana abierta.

Si sólo existieran artistas de la talla de Tolstói podríamos creer falsamente que el arte es un quehacer sencillísimo, que la literatura no es más que un relato de la realidad, un calco que no requiere excesivo esfuerzo intelectual, y que para conseguirlo—según las palabras del propio Tolstói—basta «una cualidad negativa: no mentir». Porque esta obra tiene a nuestros ojos una obviedad impresionante, la naturalidad ingenua de un paisaje rumoroso y rico, como si fuera una segunda naturaleza tan verdadera como la otra. Todas las fuerzas misteriosas de ese furor que es la inspiración o el poder creativo, las visiones fosforescentes de la imaginación desatada y a menudo ilógica, parecen superfluas y ausentes en la obra épica de Tolstói. Llegamos a pensar que no es un demonio ebrio, sino un hombre lúcido y sobrio quien pergeña sin esfuerzo, gracias a su mirada objetiva y a la reproducción fidedigna del original, un duplicado de la realidad.

Sin embargo, la perfección del artista engaña al espectador que disfruta agradecido, porque ¿qué es más difícil de revelar que la verdad, qué es más arduo de conseguir que la claridad? Sus primeros escritos atestiguan que Lev Tolstói no fue un hombre dotado con el don de la facilidad, sino que fue uno de los trabajadores más tenaces y pacientes, y sus inmensos frescos del mundo constituyen un laborioso mosaico artístico formado por un sinnúmero de teselas de colores, es decir, por millones de minuciosas y detalladas observaciones. Siete versiones se escribieron de esa enorme epopeya de dos mil páginas titulada *Guerra y paz*; los bocetos y notas de la misma llenan grandes cajas. Cualquier episodio histórico, cualquier detalle material está cuidadosamente documentado: para dotar de precisión objetiva la descripción de la batalla de Borodino, Tolstói recorre a caballo durante dos días el campo de batalla con el mapa del ejército en la mano, viaja varios kilómetros en tren para escuchar de boca de un veterano superviviente de aquella guerra un detalle que adorne el relato. Tolstói labra cada libro, revuelve bibliotecas, reclama incluso a algunas familias nobles y a algunos archivos que le faciliten ciertos documentos extraviados y cartas privadas, con el único propósito de entresacar de esos materiales un granito de realidad. De ese modo se acumulan durante años esas gotitas de azogue, las de decenas, centenares de miles de diminutos detalles, hasta que todos se funden poco a poco sin dejar fisuras, cobrando su forma redonda definitiva, pura y perfecta. Y sólo entonces, tras concluir esa lucha en aras de la verdad, comienza el combate por alcanzar la claridad. Como Baudelaire, el artista lírico que trabaja cada línea de su poema, así pule y bruñe Tolstói su prosa, así la martillea y la moldea, con el fanatismo del artesano experimentado. Una sola frase descolgada, un adjetivo que no encaja del todo en las diez mil páginas de su obra, puede inquietarlo hasta el punto de hacerlo telegrafiar horrorizado al impresor en Moscú para que detenga las máquinas y él pueda enviar la corrección y mejorar la cadencia del pasaje en cuestión. Esa primera prueba de imprenta sufrirá innumerables cambios, será moldeada de nuevo. Aunque el arte de Tolstói parezca el menos esforzado, su gestación le da muchísimo trabajo. A lo largo de siete años, Tolstói le dedica ocho o diez horas al día. No debe asombrarnos, pues, que este hombre de nervios tan sanos colapse psíquicamente después de cada una de sus grandes novelas. De repente, el estómago le falla, los sentidos se embotan, aturdidos, y tiene que marcharse lejos de la civilización para estar completamente solo, huir a la estepa de los baskires para vivir en chozas y recuperar el equilibrio del alma mediante una cura con *kumís*.[1]

Este genio de la épica, este escritor homérico, narrador por excelencia—dado que posee la claridad cristalina y el talento de los primitivos narradores populares—, esconde dentro de sí a un artista siempre insatisfecho y atormentado (¿acaso hay otros?). Sin embargo, a la obra se le concede la mayor de las gracias: el esfuerzo de la creación permanece invisible en su perfecta forma acabada. Como surgida de lo eterno, sin origen ni edad, igual que la naturaleza misma, así irrumpe la prosa de Tolstói en nuestro tiempo y más allá de cualquier tiempo. En ninguna parte lleva esa obra la marca de una época específica: si nos cayeran por primera vez

[1] *Kumís* o *kumys*: producto lácteo similar al kéfir, pero con más alcohol. Se produce tradicionalmente a partir de leche de yegua y se le atribuyen, aún hoy, excelentes propiedades curativas.

en las manos sus novelas cortas, sin el nombre de su autor, nadie se atrevería a precisar en qué década, en qué siglo fueron escritas, hasta ese punto es atemporal su manera de narrar. Las leyendas populares de *Los tres ancianos* o de *Cuánta tierra necesita un hombre* podrían ser de la época de Ruth o de Job, haberse escrito un milenio antes de que se inventara la imprenta o en los inicios de la escritura. *La muerte de Iván Ilich* o *Polikushka* pertenecen tanto al siglo XIX como al XX o al XXX, porque no es el alma contemporánea la que encuentra en ellas su expresión ajustada al espíritu de la época—como sucede en Stendhal, en Rousseau o en Dostoievski—, sino el alma primitiva de todos los tiempos, la que no está sujeta a ninguna metamorfosis, el *pneuma* terrenal, ese sentimiento primigenio, el miedo ancestral y la soledad originaria del hombre ante lo infinito. Y al igual que en el seno del espacio absoluto para la humanidad, la maestría de Tolstói abole el tiempo en el espacio relativo de su actividad literaria. Él jamás tuvo que aprender o desaprender su arte narrativo, su genio natural no conoce el progreso ni el retroceso. Las descripciones de los paisajes que hizo el escritor a los veinticuatro años en *Los cosacos*, así como la radiante e inolvidable mañana de Pascua en *Resurrección*, que escribió a los sesenta, poseen la misma frescura de la naturaleza, inmediata y sensible para cada uno de nuestros poros, la misma plasticidad tangible del mundo orgánico e inorgánico. En el arte de Tolstói la perfección objetiva persiste durante medio siglo: como las rocas petrificadas delante de Dios, graves y eternas, rígidas e inmutables, sus obras se erigen en mitad del tiempo, siempre cambiante y mudable. Gracias a esa perfección equilibrada en la que no queda rastro de lo personal, apenas se siente la presencia del artista en sus novelas: Tolstói no parece el poeta de un mundo imaginario, sino el cronista de una realidad inmediata. La resistencia a llamar poeta a Tolstói se debe a que esa palabra alada designa a una especie distinta, una forma más elevada de lo humano, un misterioso vínculo con lo mítico y lo mágico. Tolstói, por el contrario, no es en absoluto el tipo de hombre «más elevado», sino un hombre del más acá; no es un ser sobrenatural, sino la encarnación misma de todo lo terreno. Jamás franquea la estrecha zona de lo perceptible sensorialmente, de lo tangible y lo palpable. Pero en el interior de ese dominio ¡cuánta perfección alcanza! No posee cualidades distintas a las de otros hombres, no tiene poderes mágicos sobrehumanos, ni goza del favor de las musas, pero las cualidades que tiene son de una solidez sin igual: Tolstói se contenta con poseer un alma más sensible, con escuchar, oler y percibir con mayor claridad y nitidez, con mayor lucidez y sabiduría que el hombre normal; con recordar más tiempo y más ordenadamente, con pensar más rápido, de un modo más ingenioso y preciso. En suma, cada una de sus cualidades humanas se encarna en el aparato perfecto de su organismo con una intensidad centuplicada por comparación con las naturalezas comunes y corrientes. Pero Tolstói jamás sobrepasa la normalidad—por eso son pocos los que se atreven a llamarlo «genio», algo tan obvio en Dostoievski—, jamás la obra literaria de Tolstói parece animada por un demonio, por lo incognoscible. De ahí su claridad, su comprensibilidad para todo el mundo, pues su imaginación apegada a la tierra no quiere inventar nada que trascienda la «memoria objetiva» y el ámbito de la humanidad común. Su arte será siempre objetivo, preciso, humano, un arte iluminado por la claridad cotidiana, una realidad potenciada.

Ello explica que cuando narra tengamos la impresión de oír hablar, no ya al artista, sino a las cosas mismas. Los hombres y los animales salen de sus obras como de su hábitat natural; notamos que no hay detrás de ellos, apremiándolos para salir, ningún poeta apasionado que los acose y enardezca, como sucede, por ejemplo, en Dostoievski, quien azota enfebrecido a sus personajes con el látigo hasta que éstos se despeñan, ardientes y gritando, en el ruedo de sus propias pasiones. Cuando Tolstói narra no escuchamos su respiración, avanza como un alpinista que asciende hasta una cima: lentamente, con paso moderado, peldaño a peldaño, poco a poco, sin saltos, sin impaciencia, sin agotamiento, sin debilidad. Por eso lo seguimos sin vacilar, sin dudar y sin fatigarnos, ascendemos paso a paso, guiados por su mano firme, a lo largo de esos grandes bloques montañosos que son sus epopeyas, y con cada escalón vemos ensancharse el horizonte y ampliarse las vistas. Los acontecimientos se desarrollan lentamente, sólo poco a poco se acercan los objetos distantes, pero todo sucede con la certeza gradual y natural con la que el sol va iluminando al amanecer el paisaje hasta penetrar en el valle más profundo. Tolstói narra de un modo sencillo, sin énfasis, como los épicos de los primeros tiempos, como los rapsodas, los salmistas y los cronistas narraron sus mitos, cuando todavía la impaciencia no había hecho acto de presencia entre los hombres, cuando la naturaleza no estaba alienada de sus criaturas ni se había establecido la arrogante jerarquía humana que diferenciaba al hombre del animal, a las plantas de las piedras, cuando el poeta aún profesaba el mismo respeto y otorgaba la misma divinidad a lo más pequeño y a lo más grande.

Para Tolstói no existe ninguna diferencia entre las convulsiones de un perro que agoniza entre gruñidos, la muerte de un general cargado de condecoraciones o la caída de un árbol moribundo tumbado por el viento. Lo bello y lo feo, lo animal y lo vegetal, lo puro y lo impuro, lo mágico y lo humano, todo lo ve con la misma mirada pictórica y espiritual a un tiempo, o dicho de otro modo: en balde trataremos de determinar si «naturaliza» lo humano o humaniza la naturaleza. De ahí que no haya esfera del mundo terrenal que le sea ajena, su sentimiento acaricia tanto la piel rosada de un bebé como la de un caballo recién nacido, estremecido en el establo, tanto la basta falda de una aldeana como el uniforme del general más ilustre. Está familiarizado con cualquier cuerpo y con cualquier alma, en todas partes se siente como en casa, y acaudala las impresiones gracias a la seguridad insólita con que penetra en los misterios más profundos de la sangre y de la carne del ser humano. A menudo las mujeres se han preguntado, asustadas, cómo pudo describir Tolstói las sensaciones más secretas y personales, como si hubiera estado en su piel: cómo pudo describir el molesto tirón del seno rebosante de leche de la madre, o el agradable escalofrío que eriza la piel de los brazos desnudos de una jovencita que asiste por primera vez a un baile.

Y si los animales pudieran hablar para expresar su asombro, preguntarían gracias a qué formidable intuición pudo adivinar Tolstói el voluptuoso placer del perro de caza al percibir el olor de la presa o los «pensamientos» instintivos del purasangre, traducidos en meros movimientos, en el instante en el que suena el pistoletazo de salida en las carreras. Basta leer el relato de la jornada de caza que se encuentra en *Anna Karénina*. Todas las observaciones son de una precisión intuitiva comparable por su interés descriptivo a los experimentos de zoólogos y entomólogos, desde Buffon hasta Fabre. La exactitud de la capacidad de observación de Tolstói no discrimina ninguna de las cosas de este mundo: su amor no tiene preferencias. Ante su mirada insobornable, Napoleón no es más ser humano que el último de sus soldados, y éste, a su vez, tampoco es más importante ni esencial que el perro que corre tras él, ni que la piedra que éste pisa con sus patas. Todo lo que existe en el círculo de lo terrenal—los seres vivos y la materia, las plantas y los animales, los hombres y las mujeres, los ancianos y los niños, los generales y los campesinos—, todo registra en sus órganos las vibraciones sensoriales con la misma luz cristalina y uniforme para proyectarla de una manera igualmente ordenada. Eso confiere a su arte ese equilibrio tan natural y veraz, y a sus novelas épicas ese ritmo oceánico, monótono y grandioso, que evoca en el lector el nombre de Homero.

Quien ve con tal claridad, quien observa de un modo tan perfecto, no necesita inventar nada; quien contempla con ese sentido poético no tiene necesidad de poetizar. Como artista objetivo—opuesto a Dostoievski, el visionario— Tolstói no necesita cruzar nunca el umbral de lo real para lograr lo extraordinario: no saca los acontecimientos de un espacio imaginario situado más allá del mundo, sino que excava en la tierra común, en el hombre normal, sus túneles como un minero audaz e infatigable. En ese ámbito humano Tolstói puede prescindir de prestar atención a las naturalezas extrañas o patológicas, o incluso, yendo más allá, como Shakespeare o Dostoievski, de crear, como por arte de magia, misteriosamente, nuevos estadios intermedios entre Dios y el animal, entre Ariel y Aliosha, entre Calibán y Karamázov. Hasta el joven labriego más sencillo reviste un interés secreto en la profundidad sólo alcanzada por Tolstói: para penetrar en las cámaras más profundas de los reinos del alma le basta un simple campesino, un soldado, un borrachín, un perro, un caballo, cualquier cosa, le basta el material humano más banal y común, no las almas más sutiles y exquisitas; a esas figuras absolutamente ordinarias les saca algo espiritualmente insólito, no a fuerza de embellecerlas sino de profundizar en ellas. Su arte sólo habla el lenguaje de la realidad, ése es su límite, pero lo habla más perfectamente que ningún poeta, ésa es su grandeza. Para Tolstói, belleza y verdad son una misma cosa.

Por eso—dicho de forma lapidaria—es el más clarividente de todos los artistas, pero no es un visionario; es el más consumado de todos los cronistas de la realidad, pero no un poeta imaginativo. No es de los nervios, como Dostoievski, ni de las visiones, como Hölderlin o Shelley, de donde Tolstói obtiene sus percepciones más sutiles, sino únicamente de la acción coordinada de sus sentidos, que se proyecta como la luz. Como abejas, los sentidos de Tolstói se mueven siempre en enjambres, para reunir el nuevo polen colorido de la observación, ese que luego, fermentado con su apasionada objetividad, forma el almíbar dorado de la obra de arte. Sólo sus sentidos maravillosamente amaestrados, clarividentes y agudísimos, equilibrados e hipersensibles como los de los animales, son capaces de extraer de cada fenómeno ese inigualable material de la sustancia sensorial que luego la misteriosa alquimia de este artista sin alas transforma en materia psicológica, con la lentitud del químico que destila pacientemente los éteres de las plantas y las flores. La inmensa sencillez de los relatos de Tolstói es el resultado de la enorme e incalculable variedad de observaciones individuales. Como un médico, comienza primero realizando un examen general, un inventario de todas las cualidades físicas del individuo, antes de aplicar el proceso de destilación épica al universo de sus novelas. Como le escribe en una ocasión a un amigo:

> No puede usted imaginar lo difícil que me resulta el trabajo preliminar, esa necesidad de arar primero el campo que deseo sembrar. Es realmente difícil pensar y representarse una y otra vez todo lo que puede ocurrir con todos esos personajes en gestación de la ambiciosa obra que uno ha concebido, es terriblemente difícil imaginar todas las posibilidades de tantas acciones para poder escoger luego una millonésima parte.

Y puesto que ese proceso, más mecánico que visionario, se repite con cada personaje, podemos calcular cuántas partículas de polen han de molerse en ese molino de la paciencia antes de obtener la forma buscada. Cada personaje es el resultado de miles de detalles, y cada uno de esos detalles, a su vez, surge de la observación de otros detalles infinitesimales, ya que, con la fría e infalible precisión de una lente de aumento, Tolstói examina cada síntoma revelador de la personalidad. Al estilo de Holbein, trazo a trazo, dibuja, por ejemplo, una boca: el labio superior se distingue del inferior con todas sus singularidades, cada temblor de las comisuras, delator de las afecciones del alma, se registra con precisión; la naturaleza de una sonrisa, la arruga que delata la ira se representan plásticamente. Sólo luego, poco a poco, se da color a ese labio, se lo palpa con un dedo invisible para determinar si es carnoso o firme, la pequeña oscuridad del bigote que lo rodea se sombrea con sabiduría. Todo ello, no obstante, sólo da como resultado la forma bruta, el aspecto carnoso del labio, luego es preciso añadir su función específica, la entonación del lenguaje, la expresión característica de la voz, que por fin recibe una inflexión apropiada a la individualidad de esa boca.

El meticuloso trabajo realizado con los labios se repite en el atlas anatómico de su minucioso análisis con la nariz, las mejillas, el mentón y el cabello; se engrana de la manera más exacta un detalle con otro, y todas esas observaciones, lo mismo acústicas, fonéticas, motoras que ópticas, se contrastan luego una vez más en el laboratorio invisible del artista. Sólo a partir de esa fantástica suma de observaciones individuales obtiene, una vez ordenadas, la raíz; sólo así la caótica profusión pasa por el tamiz de la selección: de ese modo, a la prodigalidad de la observación se le opone una inmensa economía en el empleo de los rasgos decisivos.

Sólo cuando todo lo sensorial se ha establecido con precisión geométrica, cuando la dimensión física queda concluida, el Golem, el hombre construido a partir de lo visible, empieza a hablar, a respirar, a vivir. En Tolstói, el alma—la *psyche*—es siempre la mariposa atrapada en la tupida red que forman la piel, los músculos y los nervios. En el caso de Dostoievski, el visionario y genial rival, la individuación de un personaje empieza por el alma: ella es el elemento primario, y el cuerpo no es más que una especie de recubrimiento larvario, ligero y accesorio, que se forma en torno a su núcleo ardiente y brillante. En los momentos más dichosos, el alma puede liberarse de su cáscara y salir a volar por las regiones etéreas del sentimiento, en el más puro éxtasis. En el caso de Tolstói—observador lúcido y artista de la precisión—el alma nunca puede volar, ni siquiera puede respirar libremente, porque el cuerpo la aprisiona siempre. Así, ni las más apacibles de sus criaturas pueden elevarse jamás hasta Dios, trascender lo terreno y liberarse de este mundo, sino que ascienden los peldaños que conducen a la santidad y la purificación jadeando con esfuerzo, como un estibador, paso a paso, acarreando a sus espaldas el propio cuerpo, siempre agotadas por la pesada carga de su naturaleza terrenal. Este artista, que no aspira a alcanzar el firmamento, nos recuerda dolorosamente que somos seres terrenales y nos aguarda la muerte, que no podemos huir ni escapar del peso de nuestra naturaleza carnal, que nos rodea *media in vita* la opresiva nada. Como escribió en una ocasión Turguéniev a Tolstói: «Le deseo una mayor libertad espiritual». Eso es justamente lo que uno desearía para sus personajes, un poco más de libertad espiritual, un poco más de fuerza moral para volar, para ir más allá del mundo positivo y físico, o al menos la facultad de soñar mundos más puros y claros.

En suma, podría calificarse el arte de Tolstói de «otoñal»: cada contorno se recorta nítido y afilado como la hoja de un cuchillo sobre el horizonte llano de la estepa rusa, y el aroma amargo de lo marchito y lo perecedero le llega, penetrante, desde los bosques amarillentos. En el paisaje de Tolstói se percibe siempre esa atmósfera otoñal: pronto será invierno, pronto la muerte se apoderará de la naturaleza, pronto habrán fenecido todos los hombres y también la eterna esencia humana que hay en nosotros. Es un mundo sin sueños, sin ilusión, sin quimeras, un mundo terriblemente vacío e incluso sin Dios (sólo más tarde introducirá Tolstói a Dios en su cosmos, por una razón vital, como Kant lo hizo por una razón de Estado): en él no brilla otra luz que la de la implacable verdad, no hay otra claridad que la suya, igualmente implacable. Tal vez en Dostoievski la atmósfera moral resulte más trágica y opresiva que la fría luminosidad de Tolstói, pero a veces destellos de éxtasis o de embriaguez rasgan la noche y al menos durante unos segundos los corazones se elevan en un cielo de visiones. El arte de Tolstói, por el contrario, no conoce la embriaguez ni el consuelo, es siempre, únicamente, un arte sagrado y sobrio, cristalino y puro como el agua: gracias a su inmensa transparencia es posible ver el fondo, pero esa visión jamás embelesa el alma con el éxtasis ni la exultación. La obra de Tolstói nos sume en un estado grave y reflexivo—como la ciencia—a causa de su gélida luz y de su objetividad penetrante, pero no proporciona felicidad.

Pero ¿cómo juzgó él mismo, el más clarividente de todos los autores, ese carácter desencantado e implacable de la severa obra de su ojo, ese arte despojado del bienhechor brillo dorado del sueño, de la gracia de la música? En lo más profundo de sí, Tolstói nunca amó ese arte, porque éste no supo ofrecerle—ni a él ni a los demás—el sentido de la felicidad ni la afirmación de la vida. ¡Qué terriblemente desesperada resulta la existencia a los implacables ojos de Tolstói! El alma es un pequeño aparato estremecido en medio del silencio de la muerte que la rodea; la historia es un caos de hechos fortuitos sin sentido; el ser humano es un esqueleto ambulante recubierto por poco tiempo del cálido envoltorio de la vida; nada en ese engranaje inexplicable y caótico tiene sentido, ni orden, ni propósito, como no lo tienen el agua que corre ni el follaje que se pudre. ¿Resulta entonces tan incomprensible que tras treinta años creando sombríos cuadros, Tolstói experimente el deseo de no contentarse con mostrar cruelmente y de forma desoladora el destino terrenal y desesperanzado de la humanidad? ¿No se entiende que aspire a liberar a los hombres de la pesadilla y desee hacerles más llevadera la existencia creando un arte que «despierte en los hombres sentimientos más elevados y mejores»? ¿Tan difícil es entender que en alguna ocasión quiera tocar la lira de plata de la esperanza, cuya vibración más tenue hace resonar la fe en el pecho de los hombres, o que sienta el anhelo de un arte edificante que nos redima de la angustiosa opresión de lo terrenal?

Pero todo es en vano. Los ojos implacablemente claros, lúcidos y siempre atentos de Tolstói sólo pueden ver la vida tal como es, ensombrecida por la muerte, es decir, tenebrosa y trágica. Ese arte que se quiere veraz jamás podrá proporcionar un auténtico consuelo a las almas. Así, al comprender que no era capaz de ver ni representar la vida real de otro modo que no fuera trágico, debe de haberse despertado en el hombre que envejecía el deseo de *cambiar la vida misma*, de hacer mejores a los hombres y *brindarles consuelo a través de un ideal moral*. En efecto, en su segunda época Tolstói, el artista, ya no encuentra satisfacción en representar la vida sin más, sino que busca a conciencia dar a su arte un sentido, una misión ética, poniéndolo al servicio de la edificación moral y la elevación espiritual. Sus novelas, sus relatos, ya no pretenden reproducir el mundo, sino recrearlo para que resulten «educativas». En esa época comienza Tolstói a producir un particular tipo de obras de arte que pretendían ser «contagiosas», es decir, alertar al lector sobre la injusticia mediante ejemplos y alentarlo a obrar bien con la ayuda de ciertos modelos: el Tolstói tardío, que hasta entonces había sido poeta de la vida, se erige entonces en juez de la vida.

Esta tendencia doctrinaria y pragmática se deja notar ya en *Anna Karénina*, donde el destino separa a los seres morales de los inmorales. El conde Vronski y Anna, personajes sensuales, descreídos, consagrados egoístamente a su pasión, son «castigados» y arrojados a los fuegos de la inquietud del alma; Kitty y Levin, por el contrario, alcanzan el paraíso de la serenidad. Por primera vez, el escritor hasta entonces insobornable toma partido a favor o en contra de algunos de sus personajes. Y la tendencia de subrayar—como los pedagogos—los principales artículos de fe y de llenar de signos de exclamación y entrecomillados se manifiesta de forma cada vez más doctrinaria. Finalmente, en *Sonata a Kreutzer*, en *Resurrección*, sólo un casi imperceptible atuendo poético reviste la desnuda teología moral, y las leyendas sirven (¡de un modo magnífico!) al predicador. Poco a poco el arte deja de ser para Tolstói un fin en sí mismo, porque ya sólo es capaz de amar esa «hermosa mentira» siempre y cuando sirva a la causa de la «verdad», aunque ya no entendida como expresión de lo real, de la realidad del espíritu y de los sentidos, sino como manifestación de una verdad según él más elevada, espiritual y religiosa, que le ha revelado su crisis. A partir de entonces, Tolstói no considerará «buenos» los libros perfectamente escritos, sino sólo aquellos que—con absoluta independencia de su valor artístico—promueven «el bien» y ayudan a que los hombres sean más pacientes, amables, cristianos, generosos y compasivos, de suerte que un escritor banal como

Berthold Auerbach[1] llega a parecerle a Tolstói más importante que Shakespeare, una «planta venenosa». Cada vez más, su rasero va pasando de las manos del artista Tolstói a las del doctrinario moralista del mismo nombre: el incomparable narrador de lo humano abdica consciente y humildemente en favor del reformador de la humanidad, del moralista.

Pero el arte, intolerante y celoso, como todo lo divino, se venga de quien reniega de él. Cuando tratamos de subyugarlo, de someterlo a un poder supuestamente superior, el arte se retira de inmediato, incluso cuando lo convoca su más amado maestro. Así, cuando Tolstói renuncia a su imparcialidad para difundir su doctrina, la sensibilidad elemental de sus personajes se debilita y palidece. La luz gris y fría de la razón se cuela como una niebla, empezamos a tropezar con redundancias lógicas y a buscar a tientas cualquier salida.

Por más que Tolstói terminara desdeñando, por fanatismo moral, obras como *Infancia*, *Guerra y paz* o sus magistrales novelas cortas, calificándolas de «libros malos, insignificantes, indiferentes» puesto que sólo satisfacían una pretensión estética, es decir, «un goce de naturaleza inferior» —¡escucha esto, Apolo!—, en realidad siguen siendo sus obras maestras, mientras que las escritas con un claro propósito moralizador son las menos logradas. Pues cuanto más se entrega Tolstói a su «despotismo moral», tanto más se aleja del elemento original de su genio (la autenticidad de los sentidos), y tanto más incoherente se vuelve como artista: como Anteo, toda su fuerza está en la tierra. Cuan-

[1] Berthold Auerbach (1812-1882), escritor alemán de origen judío. Fue el autor de las conocidas *Schwarzwälder Dorfgeschichten* ('Historias de los pueblos de la Selva Negra'), libro que inauguró todo un género literario, el de las bucólicas «historias de aldea».

do Tolstói, con sus penetrantes ojos diamantinos, mira de frente lo sensual, preserva su genialidad hasta bien entrada la vejez; pero cuando se adentra a tientas en la niebla metafísica su capacidad mengua de manera alarmante. Resulta casi conmovedor ver con qué tenacidad pretende flotar y volar en la esfera espiritual un artista destinado desde el principio, únicamente, a pisar con fuerza la dura tierra, a roturarla y ararla, a reconocerla y describirla como ningún otro artista del presente.

Trágico conflicto, que se repite eternamente en todas las obras y en todas las épocas: lo que debería otorgar legitimidad a la obra de arte (la convicción y el deseo de convencer) casi siempre denigra al artista. El arte verdadero es egoísta, sólo aspira a existir y a su perfeccionamiento, y el artista puro sólo debe pensar en su obra, no en la humanidad a la que la destina. De ahí que Tolstói sea el mayor artista mientras su ojo insobornable e impávido recrea el universo de los sentidos. Pero cuando se vuelve compasivo y quiere ayudar, mejorar, guiar y adoctrinar a través de sus obras, su arte pierde la capacidad de conmover, y el destino que se impone el propio autor lo convierte en el más patético de todos sus personajes.

V
AUTOBIOGRAFÍA

> Conocer nuestra vida es conocernos a nosotros mismos.
>
> TOLSTÓI a Rusanov (1903)

Esa mirada severa que Tolstói dirige implacablemente al mundo es igual de implacable cuando se observa a sí mismo. Su naturaleza no tolera la falta de claridad, lo borroso o lo oscuro, ni en el examen interior ni en el exterior del mundo terrenal: así, el hombre que como artista está acostumbrado a observar con una precisión extrema el relieve más sutil en el tronco de un árbol o en el perfil de un perro asustado, no soporta verse a sí mismo confusa o borrosamente. Por eso, desde joven y de forma persistente, su afán de conocimiento lo dirige hacia sí mismo: «Quiero conocerme más y más», escribe a los diecinueve años en su diario. Un hombre tan fanático de la verdad como Tolstói no puede ser otra cosa que un apasionado autobiógrafo.

Pero a diferencia de lo que ocurre al describir el mundo, la representación del yo jamás puede realizarse de forma completa en una sola obra de arte: el «yo» jamás se deja aislar por medio de una representación, ya que una sola imagen no puede dar cuenta de sus constantes transformaciones. De ahí que los grandes pintores realicen diversos autorretratos a lo largo de la vida. Todos ellos, Durero, Rembrandt, Ticiano, componen sus primeros autorretratos en la juventud, mirándose al espejo, y prosiguen elaborando ese motivo hasta que el pincel se les cae de la mano, porque en su propia fisonomía les atrae tanto lo que persiste y es constante como lo cambiante y mudable. Del mismo modo, ese gran dibujante de la realidad que es Tolstói jamás dejó de retratarse. Apenas acaba de autorretratarse en su forma definitiva, ya sea como conde Nekludov, como Bezújov, como Pierre o como Levin, deja de reconocer en la obra acabada su fisonomía, y para captar la nueva forma tiene que volver a empezar. Pero por más infatigablemente que Tolstói persiga la sombra de su alma, su yo sigue escapándosele en una especie de huida moral, y se produce un desdoblamiento siempre renovado y siempre incompleto que empuja al gigante de la voluntad a satisfacer la necesidad de triunfar. A lo largo de los siguientes sesenta años, Tolstói no produce una sola obra que no contenga el retrato de Tolstói en algún personaje, pero tampoco hay ninguna capaz de abarcar la inmensa complejidad de este hombre. Sólo el conjunto de sus novelas, relatos, diarios y cartas ofrece un retrato exacto de su autor, y ése sí es el retrato más completo, elaborado, lúcido y vívido que haya dejado un ser humano en nuestro siglo.

Poco dado a la invención, y puesto que sólo es capaz de reproducir lo vivido u observado, Tolstói jamás podrá perder de vista su propio yo. De un modo incesante, apremiante, y a menudo en contra de su voluntad, no puede evitar examinarse hasta el agotamiento, espiarse, explicarse, «montar guardia» día y noche sobre su propia vida. Por eso su furor autobiográfico no cesa ni un instante, como no cesa el martilleo de su corazón en el pecho ni las ideas en su cabeza: escribir significa para él, siempre, juzgarse y narrarse. No hay una sola forma de autorrepresentación que Tolstói no haya explorado: la revisión puramente mecánica de los hechos en el recuerdo, la pedagógica y la moral, o la confesión del alma. La representación del yo es en su caso un medio de dominarse y estimularse; la autobiografía, un acto estético y religioso. Jamás terminaríamos de describir en detalle todas las fórmulas, todos los motivos, toda la asombrosa variedad de representaciones del yo, explícitas o encubiertas, que exploró. Conocemos por sus diarios al joven de diecisiete años y al anciano de ochenta; conocemos sus pasiones juveniles, la tragedia de su matrimonio, sus pensamientos más íntimos, con la misma exactitud que sus actos más banales, porque—también en esto es diametralmente opuesto a Dostoievski, que vivía «con la boca cerrada»—Tolstói prefería vivir su vida «con las puertas y las ventanas abiertas». Conocemos cada paso y cada gesto suyo, hasta el episodio más insignificante de su larga existencia, del mismo modo que conocemos su retrato a través de innumerables reproducciones: lo hemos visto con el zapatero o conversando con los campesinos, montando a caballo o arando, en el escritorio o jugando al tenis, con la mujer, con los amigos, con la nieta, incluso durmiendo o en su lecho de muerte. A la abundante documentación y representación moral y física proporcionada por el propio Tolstói se suma el contrapunto de los innumerables recuerdos y apuntes de todo su entorno, de su mujer y de su hija, de secretarios y reporteros, de visitantes ocasionales: creo que podría reforestarse el bosque de Yásnaia Poliana con todos los árboles que se emplearon para imprimir los recuerdos sobre Tolstói. Jamás un creador vivió conscientemente de un modo tan abierto, pocas veces se ha expuesto más al público. Desde Goethe, no habíamos tenido ninguna figura tan documentada como la de Tolstói, gracias a la observación interior y externa.

Esta necesidad de observarse se remonta a los comienzos de su conciencia. Empieza a afirmarse en el cuerpo sonrosado del torpe niño, antes incluso de aprender a hablar, y concluye a los ochenta y tres años, en el lecho de muerte, cuando los labios marchitos tan sólo exhalan un rumor incomprensible. En ese intervalo enorme que abarca desde el silencio del principio hasta el del final, no existió un instante sin habla ni escritura. A los diecinueve años, apenas salido de la escuela, el estudiante se compra un cuaderno para escribir su diario, y en las primeras páginas apunta: «Nunca había llevado un diario porque no le veía ninguna utilidad. Pero ahora que me preocupo por el desarrollo de mis facultades, el diario me permitirá juzgar mis progresos, y deberá contener mis reglas de vida, y también registrar mis actividades futuras». A la manera de un comerciante, Tolstói se obliga a hacer un recuento de sus obligaciones, un Debe y un Haber de propósitos y logros. El joven de diecinueve años tiene absolutamente claro cuál es el capital aportado por su persona. En ese primer inventario de sí mismo, constata que es un «hombre especial», con una misión «especial»: sin embargo, al mismo tiempo, el joven advierte que le hará falta una inmensa voluntad para imponer una conducta moral a su naturaleza proclive a la inercia, a la inconstancia y la sensualidad. De ese modo crea un aparato de control del rendimiento de cada día, a fin de que ninguno se desperdicie sin aportarle algún provecho: el diario le sirve como un estímulo para progresar desde el punto de vista pedagógico, para examinarse a fondo y para—en las palabras del propio Tolstói—«montar guardia sobre mi propia vida». Con un rigor poco ceremonioso, el joven resume, por ejemplo, el resultado del día:

> Desde el mediodía hasta las dos de la tarde con Bigitchev, he hablado con demasiada franqueza, de un modo vanidoso y engañándome a mí mismo. Desde las dos hasta las cuatro de la tarde, gimnasia: poca constancia y paciencia. Desde las cuatro hasta las seis, comer y hacer algunas compras innecesarias. En casa no he escrito, perezoso; no conseguía decidir si ir o no a ver a Volkonski; allí he hablado poco: cobardía. Hoy me he portado mal: cobardía, vanidad, irreflexión, debilidad, pereza.

Como vemos, el adolescente ya se amonesta con dureza, y ese rigor se va a prolongar durante sesenta años; al igual que el joven de diecinueve años, el Tolstói de ochenta y dos tiene listo el látigo para alzarlo contra sí mismo; con la misma severidad, en sus diarios de vejez se califica de «cobarde, malvado, perezoso» cuando su cuerpo exhausto no obedece fielmente a la disciplina espartana que le impone su voluntad.

Pero casi con la misma precocidad que el moralista, el artista que hay en Tolstói también reclama su autorretrato, y a los veintitrés años—¡un caso único en la literatura universal!—comienza una autobiografía en tres tomos. La primera mirada del escritor consiste en observarse en el espejo. El joven apenas tiene experiencia del mundo, de modo que a los veintitrés años escoge como único objeto de su arte el relato de su vida, de su infancia. Con la misma ingenuidad con la que el niño Durero, a los doce años, agarra el lápiz para dibujar sobre una hoja cualquiera su femenino rostro infantil en el que la experiencia aún no ha dejado sus huellas, el subteniente Tolstói, entonces casi imberbe, recluido en una fortaleza caucásica, intenta, por curiosidad, narrarse su «niñez», su «adolescencia» y sus «años de juventud». Por entonces no piensa para quién escribe, y mucho menos le preocupa la literatura, los periódicos o la opinión pública. Obedece a una necesidad de explicarse a sí mismo a través del relato de su vida, y ese impulso oscuro no tiene ningún propósito concreto, ni está—como Tolstói exigirá luego—«iluminado por la luz de la inquietud moral». El pequeño oficial destacado en el Cáucaso traza sobre el papel, por curiosidad y aburrimiento, un croquis de su lugar de origen y de su infancia; nada sabe aún de la transformación que hará de Tolstói una especie de apóstol de la salud; nada sabe todavía de la «confesión» ni de la voluntad «de hacer el bien»; ni siquiera se esfuerza por mostrar, a modo de advertencia, los «horrores de su juventud», ni por ofrecer un ejemplo útil a los demás. No, no escribe para provecho de nadie, sino únicamente por el ingenuo instinto lúdico del muchacho cuya única experiencia es el modo en que el «niño se ha transformado en adolescente». Así pues, el joven de veintitrés años describe esa poca experiencia, las primeras impresiones, el padre, la madre, los parientes, los educadores, los hombres, los animales, la naturaleza. Cuán distante está todavía esa manera despreocupada de narrar de los serios y profundos análisis del escritor sistemático en el que se convertirá Tolstói, el mismo que, por su posición, se sentirá obligado a presentarse ante el mundo como un penitente, ante los artistas como un artista, ante Dios como pecador y ante sí mismo como ejemplo de humildad.

Pero el joven que narra es sólo un muchacho que, en medio de lo desconocido, añora el cálido entorno del hogar, la bondad de figuras hace tiempo desaparecidas. Cuando, más tarde, sucede lo inesperado y la autobiografía que nunca pretendió ser tal le da un nombre, Lev Tolstói interrumpe de inmediato la continuación, el relato de «los años del hombre». El renombrado escritor jamás encuentra el camino de vuelta al tono del hombre anónimo, el maestro maduro nunca consigue un autorretrato tan puro y plástico. Y tendrá que pasar medio siglo—en Tolstói todas las cifras son desmesuradas, como la propia tierra rusa—para que el artista retome la idea—que para el joven había sido un divertimento—de escribir una autobiografía completa y sistemática. Sin embargo, ¡cómo se transformó la tarea a raíz de su conversión religiosa! Tolstói dedica el relato de su vida a toda la humanidad, para que ésta se purifique con la «blancura de su alma». «Una descripción de la propia vida, lo más veraz posible, posee un gran valor para cualquier persona y debe ser de gran provecho para los hombres», anuncia con gravedad. Y con minuciosidad, el anciano de ochenta años emprende todos los preparativos para esta justificación decisiva; sin embargo, apenas empieza esta obra, la abandona, si bien sigue considerando que una autobiografía «absolutamente veraz es más útil [...] que toda la palabrería artística que llena los doce volúmenes de mis obras y a la que los hombres de hoy atribuyen una importancia del todo inmerecida». En efecto, a medida que conoce mejor su vida con el paso de los años, el patrón que le servía para juzgar la verdad se ha vuelto más preciso y exigente: mientras que el joven de veintitrés años se deslizaba despreocupado sobre superficies lisas como el cristal, el hombre consciente de su responsabilidad se asusta y, desalentado, renuncia. Teme «las omisiones y las falsedades que se deslizan inevitablemente en toda autobiografía», le da miedo que, «aun cuando no fuera una mentira deliberada, el relato se volviera mendaz por culpa de una mala iluminación que resaltara lo bueno y dejara en sombra lo malo». Y entonces confiesa abiertamente: «Pero cuando decidí escribir la verdad desnuda, sin ocultar ningún aspecto negativo de mi vida, me horrorizó pensar en el efecto que tendría semejante autobiografía». No lamentemos demasiado esa pérdida, porque a través de los escritos de esa época, por ejemplo de *Confesión*,* sabemos con exactitud que para Tolstói, después de su crisis religiosa, la necesidad de verdad se convirtió en una especie de placer fanático (análogo al de los flagelantes) y cualquier confesión degeneraba en un estallido de violentas invectivas contra sí mismo. El Tolstói de los últimos años ya no quería describirse, sino humillarse ante los hombres, decir cosas que le avergonzaba confesarse a sí mismo, razón por la cual su autobiografía definitiva, con la vehemente condena de sus supuestas

* Lev Tolstói, *Confesión*, trad. Marta Rebón, Barcelona, Acantilado, 2022.

«vilezas» y pecados, probablemente habría terminado distorsionando la verdad. Además, podemos prescindir totalmente de ella, porque poseemos otra autobiografía de Tolstói que, ciertamente, es mucho más exhaustiva y abarca más tiempo, tal vez la más completa de todas las que haya escrito un poeta, aparte de Goethe. Tal autobiografía se encuentra en la suma de sus obras, sus cartas y sus diarios. El pequeño teniente aristócrata Olenin, en *Los cosacos*, quien, para huir de su melancolía moscovita y su inactividad, así como para encontrarse a sí mismo, se refugia en la profesión y en la naturaleza, es, en cada costura de su traje, en cada arruga de su rostro, la copia fiel del capitán de artillería Tolstói; tanto el caviloso y huraño Pierre Bezújov, en *Guerra y paz*, como su hermano Levin, el terrateniente de *Anna Karénina*, un hombre que busca fervientemente a Dios y el sentido de la existencia, son, hasta en lo físico, de un modo inconfundible, el Tolstói en vísperas de su crisis. No hay nadie que no reconozca bajo la sotana del «padre Sergius» la lucha del hombre ya famoso por la santidad, o en el «diablo», la resistencia del Tolstói que envejece contra la sensualidad, o en el príncipe Nejliúdov,* el más curioso de sus personajes (que aparece en toda su obra), la figura ideal de su esencia, el Tolstói ideal al que atribuye todos sus propósitos y actos éticos. Hasta el propio Saryntsev de *Y la luz luce en las tinieblas* lleva una máscara tan transparente y revela tan perfectamente la tragedia familiar de Tolstói, que todavía hoy el actor que interpreta el papel lleva la máscara del gran escritor. Una naturaleza tan vasta como la suya tenía que repartirse en diversos personajes; como la poesía de Goethe, la prosa de Tolstói es una gran confesión única, continuada durante toda su vida, que se

* El protagonista de *La mañana de un terrateniente*, trad. Selma Ancira, Barcelona, Acantilado, 2021.

va completando cuadro tras cuadro, hasta que en ese vastísimo universo espiritual apenas queda un espacio inexplorado, una *terra incognita*: se abordan todas las cuestiones sociales, familiares, épicas o literarias, temporales o metafísicas. Desde Goethe no se había visto a nadie cumplir de un modo tan completo y absoluto la función intelectual y moral de un poeta. Y como Tolstói, dentro de su excepcionalidad, representa la encarnación del hombre normal y sano, el perfecto ejemplar del género humano, el yo eterno y el nosotros universal, su documentada existencia, como la de Goethe, nos parece un compendio de la mismísima humanidad.

VI
CRISIS Y TRANSFORMACIÓN

El acontecimiento más importante en la vida de un ser humano es el instante en el que cobra conciencia de su yo; las consecuencias de ese acontecimiento pueden ser las más favorables o las más terribles.

Noviembre de 1898

En el ámbito de la creación intelectual, cualquier peligro es una bendición, cualquier obstáculo una ayuda y un saludable estímulo, porque desafía fuerzas ignotas del alma y las renueva: nada es más peligroso para el artista que la satisfacción, el trabajo mecánico y el camino fácil. La trayectoria vital de Tolstói sólo conoce una ocasión de distensión y olvido de sí mismo, de dicha para el hombre y de peligro para el artista. Sólo en una ocasión, a lo largo del peregrinaje que debía conducirlo hacia su yo, se regala Tolstói un poco de descanso para su alma insaciable, dieciséis años en una existencia de ochenta y tres. Sólo en la época que va desde su matrimonio hasta la finalización de *Guerra y paz* y *Anna Karénina* vive Tolstói en paz consigo mismo y con su obra. A lo largo de trece años (de 1865 a 1878) se acalla también el diario, ese alguacil de su conciencia. Tolstói, el hombre feliz, perdido en su obra, ya no se observa, se limita a contemplar el mundo. No cuestiona, porque crea y procrea, siete hijos y sus dos obras épicas más poderosas: sólo entonces vive Tolstói con la misma despreocupación que los demás, refugiado en el seno del respetable egoísmo de la familia burguesa, feliz, satisfecho, ya que se ha liberado de la terrible pregunta sobre el porqué de las cosas: «Ya no medito sobre mi situación (toda meditación es cosa del pasado) ni hurgo más en mis sentimientos: en las relaciones con mi familia, me limito a sentir sin reflexionar. Ese estado me procura una libertad espiritual extraordinaria». Su regular actividad artística no se ve obstaculizada por el examen crítico de su yo, el implacable centinela que vigila la moralidad de sus actos se retira soñoliento, otorgándole libertad de movimientos al artista, que puede entregarse al juego de los puros sentidos. Lev Tolstói se hace famoso en aquellos años, cuadruplica su patrimonio, educa a sus hijos y amplía su casa; pero, a la larga, a este genio moral le está vedado satisfacerse en la dicha, saciarse en la gloria y cebarse en la riqueza. Tras cada creación retornará a esa obra que le resulta más íntima, a la perfecta creación de sí mismo, y puesto que ningún dios acude en su ayuda en la desgracia, tendrá que hacerle frente en solitario. Como ningún acontecimiento externo lo aboca a la fatalidad, forjará la tragedia a partir de su mundo interior. Porque la vida es un constante vaivén, ¡y con más razón una vida tan intensa! Si en el mundo se interrumpe el oleaje del destino, el espíritu horada un nuevo manantial para que el ciclo de la existencia no se deseque. Lo que Tolstói experimenta cuando está a punto de cumplir cincuenta años y sorprende a sus contemporáneos, es decir, su respetuoso adiós al arte y su nueva dedicación a lo religioso, no debe considerarse un fenómeno extraordinario: en vano se buscarán anomalías en el desarrollo de este hombre, el más sano de todos. Lo único extraordinario es, como siempre en el caso de Tolstói, la vehemencia de lo que siente. Porque esa transformación que Tolstói experimenta a los cincuenta años revela sobre todo un proceso que en la mayoría de hombres permanece invisible dado que es mucho menos intenso: la inevitable adaptación del organismo físico e intelectual a la vejez inminente, el *climaterio del artista*.

«La vida se detuvo y se volvió lúgubre», así lo plantea

él mismo al principio de su crisis espiritual. El quincuagenario ha alcanzado ese punto crítico en que el vigor de la sangre comienza a disminuir y el alma amenaza con languidecer. Ya los sentidos no apremian con el mismo ímpetu, la fuerza cromática de las impresiones palidece como la del propio cabello; comienza, pues, esa segunda época que también conocemos en el caso de Goethe, cuando el juego de los cálidos sentidos se sublima, convirtiéndose en una almazara donde se elaboran los conceptos depurados: la sustancia se convierte en fenómeno, el retrato, en símbolo, y la colorida facultad de crear da paso a la clasificación clara de los pensamientos. Como en toda profunda transformación del espíritu, también en este caso un ligero malestar del cuerpo anticipa el renacimiento. Una fría angustia espiritual, un terrible temor a la decadencia recorre tenazmente, con un escalofrío, el alma inquieta, y el sensible sismógrafo del cuerpo registra de inmediato la sacudida inminente (¡las místicas enfermedades de Goethe ante cada cambio!). Pero—y aquí nos adentramos en un terreno prácticamente inexplorado—aunque el alma aún no sabe interpretar esa repentina oscuridad y se estremece ante el sentimiento pavoroso de un peligro incomprensible, se han activado ya en el organismo, de forma autónoma, los mecanismos físicos y psíquicos de defensa, sin que intervenga la inteligencia ni la voluntad del hombre, por efecto de la previsión inextricable de la naturaleza. Pues, al igual que los animales ven cubrirse sus cuerpos de un cálido pelaje antes de que empiece el frío, el alma humana, en el instante en que se anuncia el paso a la vejez, se cubre de un nuevo manto protector espiritual, un espeso manto defensivo para evitar congelarse en los años de declive en los que no brillará el sol. Esa profunda reacción, que va de lo físico a lo intelectual y cuyo origen quizá se encuentre en las células de las glándulas para propagarse hasta las últimas vibraciones de la producción creativa, esa época del climaterio está condicionada, en cuanto crisis moral, por la sangre, y es una transformación crítica—como la pubertad—, aunque las manifestaciones físicas de este fenómeno apenas se han estudiado, por no hablar de las intelectuales. En el caso de las mujeres, donde el fenómeno del climaterio aparece de un modo manifiesto y clínico, palpable, se han registrado algunas observaciones aisladas. Sin embargo, este cambio espiritual en el hombre, así como sus consecuencias anímicas, sigue aguardando el estudio de la psicología. Porque el climaterio masculino es casi siempre la época preferida para las grandes conversiones, las sublimaciones religiosas, poéticas o racionales, todas ellas destinadas a proteger al ser cuya sangre ha perdido vigor, sucedáneos espirituales de la decadencia de los sentidos, compensaciones del empobrecimiento de los sentimientos del yo, de la disminución del potencial de vida, a fuerza de una intensificación de la conciencia del universo. Igual de peligroso para los más vulnerables, igual de vehemente para los vehementes y de productivo para los productivos, el climaterio masculino preludia una época intelectualmente creativa pero de una tonalidad distinta, una especie de segunda floración entre el cénit y el ocaso. En todo artista significativo encontramos este inevitable momento crítico, pero en ninguno tiene la impetuosidad volcánica y casi destructiva que adquiere en Tolstói.

Desde el punto de vista positivo, de una cómoda objetividad, lo que le ocurre a Tolstói a los cincuenta años es de lo más normal: simplemente siente que envejece, eso es todo. Se le caen un par de dientes, la memoria le falla, a veces advierte cierta pérdida de la agilidad mental: fenómenos cotidianos en un hombre quincuagenario. Pero Tolstói, ese hombre que rebosa fuerza, esa naturaleza arrolladora y desbordante, en cuanto advierte el primer soplo del otoño se siente acabado y al borde de la muerte. Cree que «no es posible vivir cuando no estamos embriagados de vida». Una depresión nerviosa, un desarreglo causado por la turbación, sobrecoge al hombre ultrasano. No puede escribir ni pensar: «Mi espíritu está adormecido y no puede despertar; no me encuentro bien, me invade el desánimo». Concluir «la aburrida y sosa *Anna Karénina*» es como arrastrar una pesada cadena, su pelo encanece de pronto, las arrugas le surcan la frente, el estómago se rebela, las articulaciones se debilitan. Sumido en una triste apatía escribe que ya nada lo contenta, que nada le cabe esperar de la vida, que pronto morirá, que desea morir con todas sus fuerzas, y casi de inmediato registra en el diario dos lapidarias anotaciones: «el miedo a la muerte» y luego, poco después, «*Il faudra mourir seul*». La muerte—como he intentado mostrar al exponer su vitalidad—significa para este gigante de la vida el más horrible de todos los pensamientos atroces, de ahí que un escalofrío le hiele el cuerpo en cuanto unos pocos hilos de la formidable red de sus fuerzas parecen aflojarse.

Sea como fuere, este hombre genial a la hora de diagnosticar sus propios males no se equivoca del todo al olfatear un final, porque efectivamente algo de Tolstói muere para siempre con esta crisis. Hasta entonces, Tolstói jamás se había interrogado sobre el sentido metafísico del mundo, se limitaba a observarlo como el artista contempla su modelo: los fenómenos se desplegaban dócilmente ante sus ojos para que pudiera reproducirlos, y jamás habían opuesto resistencia a las caricias de sus creativas manos. Pero de repente, esa alegría ingenua, esa contemplación artística le resulta imposible. Las cosas ya no se le revelan de un modo tan íntimo, ni se le entregan del todo. Tiene la sensación de que le ocultan un lado, de que hay una zona que no ve, y es oscura, peligrosa. Por primera vez en su vida este hombre lúcido como pocos descubre el misterio del ser, no está seguro de poder captar con los cinco sentidos el significado de la existencia. Tolstói descubre que para comprender las profundidades de su ser necesita un órgano nuevo, un ojo más sabio y consciente, un ojo de pensador. Algunos ejemplos ilustrarán más claramente esta transformación interior: centenares de veces vio Tolstói morir en la guerra; describió como un pintor, como un poeta, mediante su pupila sensible a la forma, la manera en que se desangraban esos hombres, y nunca se preguntó por la justicia o la injusticia de esas muertes. Ahora, en Francia, ve rodar la cabeza de un criminal en la guillotina y de inmediato una fuerza moral se rebela en su interior contra toda la humanidad. Miles de veces él, el amo, el *barin*, el conde, cabalgó ante sus campesinos y aceptó con indiferencia, dándolo por sentado, el humilde saludo de sus siervos mientras el galope de su caballo los cubría de polvo. Ahora percibe, por primera vez, los pies descalzos, la pobreza, la existencia precaria y despojada de cualquier derecho de sus siervos, y se pregunta si él puede permitirse permanecer impasible ante tanta miseria y tantas penurias. Innumerables veces su trineo pasó volando junto a ejércitos de mendigos moscovitas que tiritaban de frío sin que Tolstói volviera la cabeza ni una sola vez ni les prestara la menor atención. La pobreza, la miseria, la opresión, los militares, las prisiones, Siberia, todas estas cosas eran para él hechos consumados como la nieve en el invierno o el agua en el botijo, hasta que de pronto, durante un censo, percibe la atroz situación de la plebe como una acusación contra su abundancia.

Desde que las personas han dejado de ser para él simples objetos de «estudio y observación» el apacible orden pictórico de la existencia se ha desmoronado: ya no puede contemplar la vida con la fría mirada del artista, sino que está obligado a preguntarse incesantemente por el sentido o la falta de sentido, por la legitimidad o la ilegitimidad de todo acto; ya no siente que todo lo humano emana de sí mismo, egocéntricamente o por medio de la introspección, sino de la sociedad, de la fraternidad, del mundo exterior: la conciencia de su comunión con todos y cada uno lo ha «atacado» como una enfermedad. «No es preciso pensar: es demasiado doloroso», suspira. Pero una vez que ese ojo de la conciencia se ha abierto de golpe, los sufrimientos de la humanidad y el dolor del mundo serán en adelante la más personal de sus preocupaciones. El terror místico a la nada hace surgir en él a un nuevo observador de la existencia, a un nuevo creador: en la renuncia absoluta de su yo el artista asume la misión de reconstruir una vez más su universo, esta vez a partir de la moral. Donde él creía que reinaba la muerte se produce el milagro del renacimiento: ha surgido el nuevo Tolstói al que toda la humanidad venera no sólo como artista, sino como el más humano de los hombres.

Pero entonces, justo en el momento del colapso, en el instante antes del «despertar» (como llamó Tolstói luego, una vez recobrada la serenidad, ese estado de inquietud), el escritor, sorprendido, no sospecha todavía que esa crisis constituye una transición. Antes de despertar a una nueva conciencia, Tolstói se siente completamente ciego, sólo percibe caos y una noche oscura a su alrededor. «¿Para qué vivir si la vida es tan terrible?», se pregunta, planteando la eterna cuestión del Eclesiastés. ¿Para qué esforzarse si todo afán conduce a la muerte? Como un desesperado, avanza a tientas, palpando las paredes de la oscura caverna en que se ha convertido el mundo para encontrar alguna salida, una salvación, un destello de luz, un rayo de esperanza. Y sólo cuando ve que nadie le brinda ayuda ni luz desde el exterior, él mismo cava una galería, metódica y sistemáticamente, golpe a golpe. En 1879 escribe en una hoja de papel estas «preguntas sin respuesta»:

a) ¿Para qué vivir?
b) ¿Cuál es la causa de mi existencia y de la de los demás?
c) ¿Cuál es el propósito de mi existencia y de la de los demás?
d) ¿Qué significa la dualidad del bien y el mal que me divide y a qué se debe?
e) ¿Cómo debo vivir?
f) ¿Qué es la muerte, cómo puedo salvarme?

«¿Cómo debo vivir? ¿Cómo puedo salvarme?», ése es el terrible grito que lanza Tolstói, el grito que la desgarradora crisis le arranca del corazón. Y ese grito resonará a lo largo de los próximos treinta años, hasta que los labios desfallezcan. Ya no cree en el alegre mensaje que le llegaba de los sentidos, el arte no le depara consuelo, la arrebatada embriaguez de la juventud se ha esfumado cruelmente. A su alrededor sopla un aire gélido. ¿Cómo puedo salvarme? Ese grito se vuelve cada vez más apasionado, pues no es posible que ese universo en apariencia absurdo no tenga un sentido. La razón, por sí sola, puede ayudar a comprender la vida, pero no la muerte, de ahí que sea necesaria una nueva facultad espiritual, del todo distinta, para comprender lo incomprensible. Y puesto que él, el incrédulo, el hombre sensual, no encuentra esa facultad en sí mismo, se hinca humildemente, *media in vita*, en medio del camino de la vida, ante Dios, reniega de su conocimiento del mundo, que tantas satisfacciones le proporcionó a lo largo de cincuenta años, e implora con fervor que le sea concedida la fe: «Concédemela, Señor, y permíteme ayudar a los demás a encontrarla».

VII
EL CRISTIANO ARTIFICIAL

> ¡Ay!, qué difícil es vivir solamente ante Dios, vivir como vivieron los hombres metidos en un foso, sabiendo que jamás saldrían y que nadie sabría nunca cómo vivieron. Pero hay que vivir, hay que vivir de ese modo, pues sólo esa vida es la vida. ¡Dame fuerzas, señor!
>
> TOLSTÓI, *Diarios*, noviembre de 1900

«¡Concédeme la fe, Señor!», clama Tolstói desesperado a su Dios, el mismo del que hasta entonces había renegado. Pero parece que ese Dios no se entrega a los que lo reclaman de un modo tan vehemente. Porque Tolstói traslada también a la fe su impaciencia apasionada, un vicio irrenunciable. No le basta con exigir la fe, ha de tenerla al instante, tenerla lista y a mano de la noche a la mañana, como un hacha preparada para desbrozar la maleza de sus dudas, porque el noble señor—acostumbrado a que sus siervos acudan de inmediato, mimado también por sus agudos sentidos, que le transmiten el conocimiento inmediato del mundo—no quiere esperar pacientemente, es un hombre voluntarioso, caprichoso y dueño de sí mismo. No quiere esperar como un monje en su obstinada vigilia, aguardando a que la luz proveniente de lo alto termine filtrándose; él quiere que se haga la luz de inmediato en su alma oscurecida. Con un único salto, con un gesto, su espíritu impetuoso, capaz de sortear todos los obstáculos, pretende correr hacia el «sentido de la vida», «conocer a Dios», «pensar a Dios», como se dice a sí mismo en tono casi febril. Espera poder aprender la fe, la conversión al cristianismo y a la humildad, la vida en Dios, con la misma agilidad y rapidez con que aprendía hasta entonces, y lo vemos estudiar griego y hebreo, convertirse en pedagogo, teólogo y sociólogo en un plazo de seis meses o, a lo sumo, de un año vertiginoso.

Pero ¿dónde encontrar una fe tan repentinamente cuando uno no alberga en sí mismo la menor inclinación a creer? ¿Cómo se vuelve alguien compasivo de la noche a la mañana, bondadoso, humilde, amablemente franciscano, cuando ha vivido cincuenta años observando con ojo implacable el mundo y valorándolo como un nihilista ruso, y sólo ha considerado importante y esencial su yo? ¿Cómo se doblega una voluntad tan rígida de un solo golpe y se transforma en un compasivo amor al prójimo? ¿Dónde se aprende la fe, esa renuncia de uno mismo ante un poder más elevado y sobrenatural? Obviamente, todo eso se adquiere entre aquellos que ya tienen fe o, por lo menos, fingen tenerla, se dice Tolstói: en la *Mater orthodoxa*, la Iglesia ortodoxa. De inmediato (este hombre impaciente no se permite perder tiempo), Tolstói se hinca ante los iconos, hace ayuno, peregrina a los monasterios, conversa con obispos y popes y hojea el Evangelio. Durante tres años se esfuerza por ser un creyente riguroso. Pero la Iglesia esparce vanas nubes de incienso y enfría su alma ya aterida; pronto, decepcionado, cerrará para siempre la puerta a la fe ortodoxa. No, la Iglesia no tiene el patrimonio de la fe verdadera, concluye Tolstói; es más, la Iglesia ha dejado que se seque, se desperdicie y se adultere el agua de la vida.

Así que Tolstói sigue buscando: tal vez los filósofos, los maestros del pensamiento conozcan mejor el misterioso «sentido de la vida». De inmediato, con una furia desmedida y febril, Tolstói empieza a leer a cuanto filósofo existió a lo largo y ancho de los siglos (con demasiada rapidez para digerir y comprender): lee primero a Schopenhauer, luego a Sócrates y Platón, Mahoma, Confucio, Lao Tsé, a los místicos, los estoicos, los escépticos y a Nietzsche. Pronto, sin embargo, cierra de golpe los libros. Tampoco los filósofos disponen de un órgano para esclarecer el sentido distinto del que él posee, la aguda inteligencia que observa dolorosamente el mundo. También ellos buscan a Dios con impaciencia, pero no conocen el reposo en Dios; crean sistemas para el espíritu, pero no alcanzan la paz del alma, que sigue inquieta; proporcionan saber, pero no consuelo.

Y como un enfermo atormentado con el que la medicina ha fracasado, recurre a los curanderos y los baños curativos. A los cincuenta años, Tolstói, el hombre más espiritual de Rusia, acude al pueblo, a los campesinos, para que le enseñen la verdadera fe—para obtener de los ignorantes la sabiduría—. Sí, los analfabetos, los que no han sido deformados por la lectura, los pobres y atormentados que penan sin quejarse, los que se tumban en un rincón, como animales, cuando la muerte los acosa, los que no dudan porque no piensan, *sancta simplicitas*, simplicidad sagrada, ellos tienen que poseer algún secreto, de lo contrario no podrían agachar la cabeza resignadamente bajo el férreo yugo de la pobreza. Ellos, en su ignorancia, tienen que conocer algo que ni la sabiduría ni el espíritu saben, y gracias a lo cual, pese a su atraso, nos sacan tanta ventaja desde el punto de vista espiritual. «La manera en que vivimos es equivocada, la manera en que ellos viven es correcta», piensa Tolstói, por eso Dios se revela de forma visible en la paciente existencia de los humildes, mientras que el espíritu, la sed de saber, con su «avidez frívola y voluptuosa», nos aleja de la verdadera fuente de luz, que viene del corazón. Si no tuvieran el consuelo, si no tuvieran una hierba mágica y medicinal en su seno, no podrían soportar con semejante serenidad una existencia tan lamentable: algún secreto tienen que ocultar en lo más profundo de su ser, alguna fe, algo que los eleve por encima de las penurias de sus existencias. Sólo de ellos, del «pueblo de Dios», se dice Tolstói, puede aprenderse la vida «correcta», la paciencia y la resignación infinita a la dura existencia y a una muerte aún más dura. ¡Hay que acercarse a ellos, vivir con ellos para aprender el secreto de Dios! ¡Hay que despojarse de la casaca del noble y ponerse el blusón del *mujik*; fuera de la mesa las comidas sabrosas y los libros superfluos! Sólo algunas benignas verduras y la dulce leche de los animales deben alimentar a partir de ahora el cuerpo, sólo la humildad y la cándida sencillez deben alimentar nuestro espíritu.

Y es así como Lev Nikoláievich Tolstói, amo y señor de Yásnaia Poliana y de tantas otras cosas, soberano espiritual de millones de personas, a los cincuenta años se pone detrás de un arado, carga desde la fuente toneles de agua sobre su robusta espalda de oso y riega el cereal, en medio de sus campesinos, con una incansable tenacidad. La mano que escribió *Anna Karénina* y *Guerra y paz* maneja ahora la lezna para remendar las suelas de sus zapatos cortadas por él mismo, barre la suciedad de la alcoba y se zurce su propia ropa. Es preciso acercarse a ellos aprisa, unirse a esos «hermanos» cuanto antes. Lev Tolstói espera convertirse en «pueblo» y, con ello, en «cristiano de Dios» gracias a su fuerza de voluntad. Baja hasta la aldea para reunirse con los campesinos que aún son sus siervos (quienes, al verlo acercarse, se quitan tímidamente las gorras), los convoca en casa, donde caminan con sus bastos zapatos por el parquet reluciente como un cristal, y suspiran aliviados al ver que el *barin*, el piadoso amo, no tiene en mente nada malo contra ellos, nada de lo que temían—una subida de los tributos y del arrendamiento—, sino que curiosamente desea hablar con ellos sobre Dios, nada más. Los buenos campesinos de Yásnaia Poliana recuerdan que el señor conde ya había hecho algo parecido con la escuela, cuando durante un año les dio personalmente clases a los niños, hasta que se aburrió. Pero ¿qué querrá ahora? Lo escuchan recelosos, porque, a decir verdad, el nihilista disfrazado se ha acercado al «pueblo» como un espía: quiere descubrir la estrategia necesaria para su cruzada de acceso a Dios.

Pero sólo al arte y al artista les sirven esas apresuradas averiguaciones: Tolstói debe las más hermosas de sus leyendas a los narradores de las aldeas, y su lenguaje cobra un sabor magnífico gracias a los imaginativos dichos de los campesinos. Sin embargo, el secreto de la simplicidad no se aprende. Dostoievski ya había señalado con una lucidez profética, al hilo de la publicación de *Anna Karénina* y a propósito del personaje de Levin, ese álter ego de Tolstói: «Individuos como Levin pueden vivir con el pueblo tanto tiempo como quieran, pero jamás serán como el pueblo: la presunción y la fuerza de voluntad, por tenaces que sean, no bastan para comprender y cumplir el deseo de rebajarse al nivel del pueblo». Con perspicacia psicológica, el visionario genial señala el meollo de la metamorfosis que se ha operado en la voluntad de Tolstói, desenmascarando el acto forzado, el cristianismo artificial de un desesperado y esa fraternidad con el pueblo que no proviene en absoluto de un amor innato y natural, sino de la angustia existencial.

En efecto, no importa cuánto se empeñe el intelectual Tolstói en mostrarse rústico y sencillo como un campesino, jamás conseguirá que la sencilla alma del *mujik* suplante su abarcadora filosofía, jamás un espíritu tan inclinado a la verdad podrá obligarse a adoptar la confusa fe del carbonero. No basta con recluirse en una aldea, como Verlaine, ni rezar: «*Mon dieu, donnez-moi de la simplicité*» ['Dios mío, concédeme la simplicidad'], para que florezca de inmediato en el pecho el mijo dorado de la humildad. Es preciso, ante todo, *ser* y *llegar a ser* lo que uno predica. Ni el vínculo con el pueblo a través del misterio de la compasión, ni la satisfacción de la conciencia gracias a una devota religiosidad pueden establecerse de repente en un alma como si se tratase de un contacto eléctrico. Ponerse el sayo del campesino, beber *kwas*, segar los campos, todas esas aparentes formas de equiparación pueden cumplirse con la facilidad de un juego, pero la inteligencia no se deja engañar ni la clarividencia cegar por las buenas. La brillantez, la lucidez de un espíritu es una facultad innata e invariable en el individuo: no obedece a la voluntad, queda fuera de su alcance, y cuando algo amenaza su deber soberano de vigilancia fulgura con más intensidad. Del mismo modo que no es posible, por medio de ejercicios de espiritismo, conquistar ni un solo peldaño de conocimiento más del que es innato en nosotros, tampoco el intelecto puede, por medio de un solo acto de voluntad, retroceder ni un paso a la simplicidad.

Es imposible que Tolstói no se diera cuenta enseguida de que la voluntad, por poderosa que fuera en su caso, no podía reducir de la noche a la mañana su complejidad intelectual a la simplicidad de un campesino. Él mismo (aunque más tarde) diría esa maravillosa frase: «Actuar con violencia contra el espíritu es como pretender tapar la luz del sol; no importa lo que se use para cubrirlo, siempre brillará por encima de nuestras cabezas». A la larga, no pudo engañarse: su implacable intelecto beligerante y autoritario de amo no era el adecuado para adoptar una ingenua humildad constante; tampoco los campesinos lo acogieron nunca como a uno de los suyos por el mero hecho de verlo vestido con toscas ropas y compartir en apariencia sus costumbres; el mundo siempre vio en ese gesto un mero disfraz. Justamente sus más allegados, su mujer y sus hijos, la *babushka*, sus amigos verdaderos (no los tolstoianos profesionales) observan desde el principio con recelo y malhumor la terca voluntad del «gran poeta del pueblo ruso» (así lo exhorta Turguéniev desde su lecho de muerte para que regrese al camino del arte) de descender a la esfera inculta, tan ajena a su naturaleza. La propia esposa, la trágica víctima de sus luchas del alma, le dice entonces las palabras más decisivas: «Antes decías que estabas inquieto porque no tenías fe. ¿Por qué no eres feliz ahora que dices tenerla?». Un argumento muy sencillo e incontestable. En efecto, nada indica que Tolstói, después de su conversión al dios del pueblo, encontrase en la fe serenidad espiritual; por el contrario, uno tiene la sensación de que cuando habla de su doctrina trata de enmascarar su falta de convicción levantando mucho la voz. Todos los actos y palabras de Tolstói en la época de su conversión tienen un desagradable tono gritón, afectado y fanático. Su cristianismo es estridente, su humildad jactanciosa, y para el observador atento la forma exagerada en que suele denigrarse delata algo de la antigua arrogancia de Tolstói, ahora transformada en el orgullo del converso. Léase simplemente el célebre pasaje de su *Confesión* en el que pretende «probar» su conversión, injuriando y denostando su vida anterior: «Mataba a hombres en la guerra, retaba a otros a duelo para matarlos, perdía dinero jugando a las cartas, dilapidaba el fruto del trabajo de los campesinos, los castigaba; fornicaba, me valía de engaños. La mentira, el robo, la promiscuidad de todo tipo, la embriaguez, la violencia, el asesinato... No existe crimen que no hubiera cometido».[1] Y para que nadie disculpe esos supuestos crímenes apelando a su condición de artista, prosigue con su sonada confesión pública: «En esa época comencé a escribir por vanidad, codicia y orgullo. En mis escritos hacía lo mismo que en la vida. Para obtener la gloria y el dinero por los que escribía era preciso disimular el bien y exhibir el mal».[2]

Sin duda son palabras terribles, estremecedoras por su *pathos* moral. Pero seamos honestos: ¿acaso alguien, ate-

[1] L. Tolstói, *Confesión*, *op. cit.*, p. 14.
[2] *Id.*

niéndose a la confesión que Tolstói hace de sus pecados, lo menospreció como un «hombre vil y pecador» porque en la guerra usara la artillería en el cumplimento de su deber de soldado, o porque de joven, siendo soltero, activo y vigoroso, se prodigara sexualmente? ¿Acaso alguien lo consideró un «insecto», como él mismo se califica con un fanático placer autodenigratorio? ¿No nos asalta más bien la sospecha de que, en su caso, una conciencia enardecida busca a toda costa pecados para poder arrepentirse; de que, de modo similar al siervo Raskólnikov, su alma ansiosa de confesarse se obstina en presentar crímenes para «cargar con la cruz» y «probar» así que es un cristiano? ¿Acaso esa voluntad ostentosa, esa autodenigración convulsiva, patética y escalofriante no revela precisamente que no existe—o no existe aún—una humildad serena y apacible en esa alma estremecida? En cualquier caso, esa humildad no se muestra humilde, al contrario, cuesta imaginar algo más apasionado que esa lucha ascética contra la pasión: apenas surge una llamita incierta de fe en el alma y este hombre impaciente pretende inflamar con ella a toda la humanidad, como los príncipes bárbaros de Germania que, apenas el agua bendita les humedecía la cabeza, tomaban el hacha para cortar el roble que hasta entonces consideraban sagrado. Si la fe significa entrar en el reposo de Dios y ser cristiano, vivir en la serenidad y la paciencia, este hombre increíblemente impaciente jamás fue creyente, este individuo ardiente e insatisfecho nunca fue cristiano; sólo si llamamos religión a una desmedida avidez de religiosidad podemos considerar creyente a este buscador, eternamente inquieto, de Dios.

Pero precisamente debido a ese éxito a medias, a esa convicción religiosa que ha conquistado sin certeza, la crisis de Tolstói adquiere un valor simbólico que trasciende la vivencia individual: se convierte en ejemplo memorable de que ni siquiera el hombre más voluntarioso puede cambiar de golpe su naturaleza originaria, ni transformar su carácter en el opuesto por medio de un mero acto de voluntad. La forma de vida que llevamos admite cambios, puede mejorarse, pulirse o enmendarse, y sin duda la pasión ética puede incrementar, gracias a una labor consciente y tenaz, nuestro sentido moral, pero jamás puede borrar del todo las líneas fundamentales de nuestro carácter, ni reestructurar nuestra carne y nuestro espíritu de acuerdo con otro orden arquitectónico. Cuando Tolstói dice que es posible «deshacerse del hábito del egoísmo como del de fumar», o que uno es capaz de «conquistar» el amor u «obtener por la fuerza» la fe, lo contradice el resultado más bien modesto de su propio esfuerzo, un esfuerzo enorme y casi maníaco. Porque nada indica que Tolstói, el iracundo, «cuyo ojos relampagueaban en cuanto alguien lo contradecía aunque fuera en voz baja», se transformara de inmediato, a raíz de su forzada conversión, en un cristiano bondadoso, dulce, tierno y sociable, en un «siervo de Dios», «hermano» de sus hermanos. Su «transformación» cambió quizá sus criterios, sus opiniones, sus palabras, pero no su naturaleza más íntima («por la ley que al nacer se te impuso | es forzoso que seas, sin que a ti mismo hurtarte puedas», Goethe); antes y después del «despertar» ensombrece su alma la misma inquietud, la sed de tormentos. Tolstói no nació para estar satisfecho. Precisamente por su impaciencia, Dios no le «obsequió» la fe de inmediato, y todavía tuvo que luchar otros treinta años, hasta la última hora de su vida. Su conversión no se completa en un día, ni siquiera en un año: hasta su último aliento, Tolstói no encontró satisfacción en ninguna respuesta, no se contentó con ninguna fe y sintió la vida, hasta el último instante, como un misterio grandioso y cruel.

Así, Tolstói no recibe respuesta a su pregunta por el sentido «de la vida»; su ávida y vehemente búsqueda de Dios ha fracasado. Pero el artista dispone siempre de un recurso cuando no consigue superar sus crisis interiores: puede exteriorizar su angustia, compartirla con la humanidad entera y hacer del problema que atormenta su alma una preocupación universal. De este modo Tolstói convierte el egoísta grito de horror de su crisis, el «¿Qué será de mí?», en un poderoso «¿Qué será de nosotros?». Puesto que no es capaz de convencerse, trata de convencer a los demás. Todas las religiones de todas las épocas surgieron de ese modo, todos los progresos (como bien sabe Nietzsche, el hombre de mirada más penetrante) se deben a la «huida de sí mismo» por parte de algún individuo que siente su alma amenazada y, para sacarse del pecho la fatal pregunta, la lanza al mundo transformando la inquietud individual en una inquietud universal. Este hombre grandioso y apasionado, de ojos sinceros, de corazón resistente y enardecido por la duda, jamás se convirtió en un cristiano devoto y franciscano, pero sí que realizó, a partir del conocimiento del tormento que supone la falta de fe, el intento más fanático de nuestra era moderna por salvar al mundo de su miseria nihilista y hacerlo más devoto de lo que él fue jamás. «La única manera de salvarse de la desesperación de la vida consiste en proyectar el yo en el universo». El yo atormentado y ávido de verdad lanza a la humanidad entera, como un grito de alerta y una enseñanza, la terrible pregunta que lo ha asaltado.

VIII

LA DOCTRINA Y SU CONTRASENTIDO

> Ayer una conversación sobre lo divino y la fe me llevó hasta una idea grande, inmensa, a cuya realización me siento capaz de consagrar mi vida. Esta idea es la de fundar una nueva religión acorde con el desarrollo de la humanidad, la religión de Cristo pero despojada de la fe y de los misterios.
>
> TOLSTÓI, *Diarios (1847-1894)*, 2, 3, 4 de marzo de 1855[1]

En la base de su doctrina, de su «mensaje» a la humanidad, Tolstói pone la palabra del Evangelio: «No resistáis al mal» y le da una interpretación de su cosecha: «No resistáis al mal recurriendo a la fuerza».

Esta fórmula resume toda la ética tolstoiana: este gran luchador disparó contra los muros del siglo su catapulta con toda la vehemencia oratoria y ética de su conciencia adolorida, y lo hizo con tal ímpetu que todavía hoy resuena la conmoción causada. Resulta imposible medir el efecto de su ataque en toda su magnitud espiritual: la voluntaria capitulación de los rusos después de Brest-Litovsk, la resistencia pacífica de Gandhi, el llamado al pacifismo de Romain Rolland en plena Primera Guerra Mundial, la heroica resistencia de un sinfín de individuos anónimos a la violencia ejercida sobre sus conciencias, la lucha contra la pena de muerte; todos esos actos aislados y aparentemente desvinculados de este nuevo siglo le deben al mensaje de Lev Tolstói su enérgico impulso. Dondequiera que se con-

[1] Trad. Selma Ancira, Barcelona, Acantilado, 2002, p. 139.

dene actualmente el uso de la violencia, sea como medio, como arma, como derecho o como supuesta institución divina destinada a protegerse, bajo cualquier pretexto que se esgrima, ya sea la Nación, la religión, la raza o la propiedad; dondequiera que la moral humanista se subleve contra cualquier derramamiento de sangre, todo revolucionario moral encuentra, en la autoridad y el fervor de Tolstói, una fuerza fraternal y legitimadora. En cualquier parte donde una conciencia independiente otorgue la última palabra al sentimiento fraternal de la humanidad como única instancia moral, en lugar de inclinarse ante la fría ley de la Iglesia, las exigencias de poder del ávido Estado, o la justicia oxidada y esquemática, uno puede remitirse a la ejemplar hazaña de Tolstói—comparable a la de Lutero—, capaz de apelar a la humanidad de los hombres para que cada cual juzgue sólo «con el corazón».

Pero ¿cuál es, según Tolstói, ese «mal» al que tenemos que oponernos sin hacer uso de la fuerza? Simplemente la violencia misma, la fuerza bruta, por más que oculte sus músculos tras el patético hábito de la economía política, de la prosperidad nacional, de las aspiraciones del pueblo o las expansiones coloniales; por más que esa violencia sepa falsear, con mayor o menor habilidad, su sed de poder y de sangre con ideas filosóficas patrióticas, no debemos dejarnos engañar: pese a sus más atractivas sublimaciones la violencia jamás contribuye a la fraternidad entre los hombres, sólo sirve para aumentar el poder y la intolerancia de un grupo, y perpetuar así la desigualdad en el mundo. La violencia tiene por objetivo la posesión, la adquisición de bienes materiales y su constante acumulación. Para Tolstói toda desigualdad comienza con la propiedad. No en balde el joven conde pasó varias horas con Proudhon en Bruselas; y antes que Marx, Tolstói, quien por entonces era el más radical socialista, postulaba: «La propiedad es la raíz de todo mal y de todos los sufrimientos, y existe el peligro de un conflicto entre quienes acumulan propiedades y los que no tienen nada». Porque, inevitablemente, la propiedad debe adoptar una posición defensiva e incluso agresiva para mantenerse. La violencia es necesaria para conquistar la propiedad, para incrementarla y para defenderla. Por eso la propiedad, para protegerse, crea el Estado, y a su vez el Estado, para asegurar su subsistencia, crea las formas organizadas del poder secular, el ejército, la justicia, «todo ese sistema coercitivo que sólo sirve para proteger la propiedad», y quien se subordina al Estado y lo reconoce, obedece en su alma a ese principio de poder. Según Tolstói, en el Estado moderno hasta los hombres espirituales e independientes contribuyen sin sospecharlo a mantener las propiedades de unos pocos, y la Iglesia cristiana (que «en su verdadero significado, se rebelaba contra el Estado») se aparta de su deber más íntimo aferrándose a «doctrinas falaces». Los artistas, por su parte, que han nacido libres y son, por vocación, los abogados de la conciencia, defensores del derecho de los hombres, se aíslan en sus torres de marfil y «adormecen la conciencia». El socialismo intenta ser el médico de lo incurable, y los revolucionarios—los únicos que, con conocimiento de causa, pretenden dinamitar desde sus cimientos un orden universal injusto—cometen el pecado de recurrir a los mismos medios criminales que sus adversarios, con lo cual perpetúan la injusticia y legitiman el principio del «mal», es decir, la violencia, e incluso la santifican. De acuerdo con estas ideas anarquistas, el fundamento del Estado y del orden social vigente es falso y está corrupto. Por eso Tolstói rechaza con vehemencia las propuestas democráticas, filantrópicas, pacifistas y revolucionarias de mejorar la forma de gobierno, pues le parecen insuficientes e inútiles. Ninguna Duma, ningún Parlamento, y mucho menos una revolución puede redimir a una nación del «mal» de la violencia: una casa sostenida sobre un suelo poco firme no puede mantenerse en pie, lo único que cabe hacer es abandonarla y construir otra. El Estado moderno, sin embargo, se basa en la idea del poder, no en la de la fraternidad: por lo tanto, para Tolstói, está condenado irrevocablemente al hundimiento, y todos los acomodos que propone el socialismo o el liberalismo sólo prolongan la agonía. No es la relación política entre el pueblo y el gobierno lo que debe cambiar, sino los hombres: en lugar de la opresión violenta del poder del Estado, es preciso que el vínculo íntimo y espiritual de la fraternidad consolide toda comunidad humana. Pero, en la medida en que esa fraternidad religiosa y ética no ha sustituido la forma coercitiva de gobierno, la moralidad verdadera sólo es posible, según Tolstói, en el misterioso espacio invisible de la conciencia individual. Puesto que el Estado es la violencia, un hombre inspirado por la ética no debe identificarse con el Estado. Sería necesaria una revolución religiosa, que los hombres de conciencia se liberaran de las cadenas de toda comunidad basada en la violencia. Por eso Tolstói se sitúa resueltamente fuera de todas las formas del Estado y se declara moralmente independiente de toda obligación, salvo las que le dicta su conciencia. No reconoce «ninguna pertenencia exclusiva a un pueblo o un Estado específico, ni tampoco a ningún gobierno»; se aparta voluntariamente de la Iglesia ortodoxa, y renuncia por principio a acudir a la justicia o a cualquier institución social establecida con tal de no tener nada que ver con ese demonio que es el Estado basado en la violencia. No debemos dejarnos engañar por la dulzura evangélica de sus prédicas sobre la fraternidad, por la aparente humildad cristiana de su discurso, ni por las referencias al Evangelio: su crítica social es absolutamente enemiga del Estado. Su teoría del Estado es la más implacablemente antiestatal y, desde Lutero, constituye la ruptura más radical de un individuo contra el *statu quo*: la irrenunciable idea de la propiedad.

Desde el punto de vista teórico, ni siquiera Trotski o Lenin fueron más allá de la posición tolstoiana según la cual «Hay que cambiarlo todo». Del mismo modo que Jean-Jacques Rousseau, el «amigo de la humanidad», allanó con sus escritos el camino a la Revolución francesa que dinamitó las bases de la monarquía, ningún ruso sacudió con tal fuerza los fundamentos del orden zarista y capitalista como este revolucionario radical al que preferimos ver como un apóstol de la bondad debido a su barba de patriarca y al carácter en parte untuoso de su doctrina. En cualquier caso, al igual que le sucedió a Rousseau con los *sans-culottes*, Tolstói sin duda habría condenado los métodos del bolchevismo, pues detestaba los partidos (como escribió proféticamente: «Sea cual sea el partido que gane, para conservar el poder no sólo tiene que recurrir a todos los medios de violencia existentes, sino incluso inventar otros nuevos»). Sin embargo, cualquier historiografía honesta debería admitir que fue el precursor más conspicuo del bolchevismo y que todas las bombas de todos los revolucionarios no lograron socavar ni estremecer la autoridad en Rusia como la abierta sublevación de este individuo único—y grande como ninguno—contra los poderes en apariencia invencibles de su patria: los zares, la Iglesia y la propiedad. Desde el día en que Tolstói, que hizo los diagnósticos más certeros, señaló el error de construcción en los fundamentos de nuestra civilización—es decir, que el edificio del Estado no reposa en la humanidad, en la comunidad de los hombres, sino en la brutalidad y en el dominio—no dejó de desplegar toda su vehemencia dialéctica y su integridad ética durante treinta años contra el orden social ruso, con lo cual, sin saberlo, se convirtió en el héroe decisivo de la revolución, en dinamita social, en fuerza explosiva, destructora y elemental, y en inconsciente representante de la misión rusa. Ya que antes de erigir, inevitablemente, todo pensamiento ruso tiene primero que destruir; no por casualidad ninguno de los artistas de esa nación ha estado exento de caer en los más oscuros abismos del nihilismo, para luego, a partir de una desesperación apasionada y extasiada, empeñarse en conquistar por la fuerza una nueva fe. Nosotros, los europeos, avanzamos introduciendo tímidas y precavidas mejoras, mientras que los rusos abordan los problemas empuñando el hacha, como un leñador, con la intrepidez que requiere cualquier aventura arriesgada; así aborda sus problemas el pensador ruso, el poeta ruso, el hombre de acción ruso. Un Rostopchín no vacila en incendiar cada edificio de Moscú (*miraculum mundi*) para conquistar el triunfo, y tampoco Tolstói—que en esto es igual a Savonarola—deja de condenar a la hoguera de la historia todo el patrimonio cultural de la humanidad, el arte, la ciencia, para legitimar una teoría nueva y mejor. Es posible que el devoto soñador en que se había convertido Tolstói no fuese consciente de las consecuencias de su ofensiva, probablemente nunca se atrevió a calcular cuántas existencias humanas cercenaría el repentino derribo de ese vasto edificio universal; él sólo sacudió los pilares del edificio del Estado con toda la fuerza y la terquedad de su alma. Y cuando un Sansón como éste levanta el puño, hasta el tejado más firme se doblega y cede.

Los debates *a posteriori* sobre si Tolstói habría aprobado o combatido la revolución bolchevique resultan ociosos ante el hecho indiscutible de que nada dio mayor impulso a la Revolución rusa que las fanáticas prédicas contra la acumulación y la propiedad, los petardos de sus pasquines y las bombas de sus panfletos. Ningún crítico de los últimos tiempos (ni siquiera Nietzsche, quien, como alemán, se dirigía únicamente a personas instruidas, y cuya dicción poética y dionisíaca excluía cualquier posible influjo en las masas), ha tenido un efecto tan estremecedor en la amplia mayoría del pueblo. Y una vez más, en contra de su deseo y su voluntad, ese pilar llamado Tolstói se encuentra para siempre en el invisible panteón de los grandes revolucionarios, de esos que se rebelan contra el poder y pretenden transformar el mundo.

En contra de su deseo y de su voluntad: porque Tolstói separó claramente su revolución, individual y cristiano-religiosa, y su anarquismo de cualquier revolución activa o violenta. En «Las espigas maduras» escribe:

> Cuando nos encontramos con revolucionarios, a menudo nos engañamos pensando que tenemos puntos en común. Como nosotros, proclaman: «¡Nada de Estado, ni de propiedad, ni de desigualdad!», y muchas otras cosas parecidas. Sin embargo, existe una gran diferencia entre ellos y nosotros: para los cristianos no existe el Estado, mientras que los revolucionarios quieren destruirlo. Para los cristianos no existe la propiedad, mientras que ellos quieren abolirla. Para el cristiano todos los hombres son iguales, mientras que ellos quieren erradicar la desigualdad. Los revolucionarios combaten el gobierno desde fuera, mientras que el cristianismo *no combate nada*, socava los fundamentos del Estado desde dentro.

Tolstói, como vemos, no quería destruir el Estado por medio de la violencia, sino arrebatarle molécula a molécula, individuo a individuo, para que el organismo se debilitara hasta terminar disolviéndose. El efecto, sin embargo, es el mismo: la destrucción de toda autoridad, y a ese esfuerzo sirvió Tolstói apasionadamente durante toda su vida. Es cierto que deseaba fundar un nuevo orden, una Iglesia oficial en lugar del Estado, una religión vital más humana y fraternal, un Evangelio a la vez antiguo y nuevo que volviera a los orígenes del cristianismo, el Evangelio tolstoiano-cristiano. Pero para apreciar como es debido su labor espiritual edificante es preciso establecer una distinción nítida entre el sagaz crítico de la civilización y el moralista indeciso, caprichoso e incoherente, el pensador Tolstói, el hombre que, en un arrebato de proselitismo, ya no pretende, como en la década de 1860, azuzar en la escuela a los hijos de los campesinos de Yásnaia Poliana, sino que busca inculcar a toda Europa el gran abecedario de la única vida «correcta», *la* verdad absoluta, y lo hace con una alarmante ligereza filosófica. No hay respeto exagerado ante Tolstói, mientras permanece en su universo sensorial, diseccionando con sus geniales órganos la estructura de lo humano; pero en cuanto este hombre pretende volar y elevarse al ámbito de lo metafísico, donde sus sentidos ya nada captan, ni ven ni absorben, donde sus sublimes antenas tantean en el vacío, asusta ver su ingenuidad. Nunca se insistirá demasiado en la necesidad de separar esas dos esferas: como filósofo teórico y sistemático, Tolstói se equivocó tanto como Nietzsche—su contrapartida genial—al componer música. Igual que la musicalidad de Nietzsche, tan magníficamente productiva dentro del ámbito de la melodía del lenguaje, fracasa de un modo lamentable en la autónoma esfera de los sonidos, es decir, la de la composición, el intelecto de Tolstói naufraga en cuanto se aleja de la esfera de la crítica sensorial y se adentra osadamente en la teoría y la abstracción. Es posible advertir esta diferencia en una sola y misma obra como *¿Qué hacer?* La primera parte describe, objetivamente y partiendo de la experiencia, los barrios pobres de Moscú con tal maestría que al lector se le corta la respiración. Nunca, o casi nunca, la crítica social se había aplicado a un objeto de un modo más admirable que en esta descripción de esas míseras viviendas y esas vidas sacrificadas; pero apenas el utopista Tolstói pasa, en la segunda parte, del diagnóstico a la terapia, y propone soluciones concretas para mejorar la situación, todos los conceptos se vuelven de pronto nebulosos, los contornos se desdibujan, las ideas se apresuran y atropellan. Y esa confusión aumenta con cada problema, a medida que Tolstói se muestra más audaz (y sólo Dios sabe cuán audaz puede ser el escritor ruso). Sin formación filosófica alguna, con alarmante irreverencia, aborda en sus tratados todas las cuestiones insolubles por los siglos de los siglos, que cuelgan de las constelaciones en un espacio inalcanzable, y las «resuelve» con ligereza o, mejor dicho, las «disuelve» como si fuesen gelatina.

Del mismo modo que el hombre impaciente, durante su crisis, quiso arroparse con la «fe» echándosela rápidamente sobre los hombros como una pelliza, convertirse de la noche a la mañana en un Cristo y un cristiano humilde, en estos escritos pretende educar al mundo sin más, «hacer crecer en un santiamén un bosque entero»; y el mismo hombre que en 1878 todavía clamaba, desesperado: «Toda nuestra vida terrenal es un absurdo», tres años después tenía lista su teología universal con la solución para todos los enigmas del mundo. Es obvio que en tales construcciones precipitadas cualquier contradicción tenía que contrariar a un pensador tan apresurado, de ahí que Tolstói enseñe con los oídos tapados, pasando por encima de cualquier incongruencia y atribuyéndose con una prisa sospechosa la solución a todos los problemas. ¡Qué fe tan débil la que constantemente se ve obligada a «demostrar»! ¡Qué pensamiento tan ilógico y poco riguroso el que, cuando fallan los argumentos, acude invariablemente a algún pasaje de la Biblia como autoridad definitiva, exclusiva e irrefutable! Nunca se insistirá demasiado en señalar que los tratados doctrinarios de Tolstói (a excepción de algunos detalles de genialidad) se cuentan—*Coraggio, coraggio!*—entre las obras más desafortunadas del fanatismo que ha dado la literatura universal: son ejemplos deplorables de un pensamiento precipitado y confuso, arrogante y arbitrario, e incluso mendaz, lo cual resulta estremecedor en un hombre tan apasionado de la verdad como Tolstói.

Porque realmente el más sincero de los artistas, ese hombre ético, noble y ejemplar llamado Tolstói, esa figura grande y casi santa, interpreta, al erigirse en pensador teórico, un papel pésimo y falso. Para meter el infinito mundo del espíritu en su saco filosófico, comienza con un burdo juego de prestidigitador: simplificar, en primer término, todos los problemas, de manera tal que resulten tan ligeros y manejables como las cartas de una baraja. Primero establece, en el sitial más alto, lo que es *el* hombre, y a continuación sitúa el bien, el mal, el pecado, la sensualidad, la hermandad, la fe. Luego baraja las cartas con destreza, saca el amor a modo de triunfo y gana el juego. En tan sólo una hora, desde su escritorio de Yásnaia Poliana, ha solucionado todo el juego del mundo, ese juego infinito e insoluble. Entonces el anciano se asombra, sus ojos se iluminan como los de un niño, sus envejecidos labios sonríen satisfechos y no deja de sentirse perplejo por «lo sencillo que es todo». Resulta inexplicable que tantos filósofos y pensadores, sepultados desde hace miles de años en tantos otros sarcófagos y países, se devanaran los sesos en lugar de darse cuenta de que toda *la* verdad estaba en el Evangelio, tan clara como el sol, a menos que fuera él, Lev Nikoláievich Tolstói, quien, en el año del Señor de 1878, la «comprendiera por primera vez después de dieciocho siglos», depurando finalmente el mensaje divino de todas sus «falsedades» (¡son sus palabras textuales!).

En adelante, pues, se acabarán todas las penas y los tormentos; los hombres tendrán que reconocer lo sencilla que es la vida: lo que nos estorbe, lo echamos bajo la mesa; basta abolir el Estado, la religión, el arte, la cultura, la propiedad y el matrimonio para que desaparezcan para siempre *el* mal y *el* pecado. Si cada uno labra la tierra con sus propias manos, se cuece su pan y se fabrica sus botas, no habrá necesidad de Estado, ni de religión, sólo existirá el reino puro de Dios en la Tierra. Puesto que «Dios es el amor y el amor es el propósito de la vida», ¡tiremos todos los libros! No hay que pensar más, no hay que crear nada más: como basta con el amor, mañana podría realizarse la utopía «si los hombres lo quisieran».

Parece que exageramos cuando repetimos el desnudo contenido de la teología universal de Tolstói. Pero, por desgracia, es él quien, en su afán proselitista, exagera de un modo tan lamentable. Qué hermoso, claro e irrefutable es el pensamiento fundamental de su doctrina, el Evangelio de la no-violencia: Tolstói nos exige a todos indulgencia y humildad espiritual. Para evitar el ineludible conflicto entre la creciente desigualdad de las distintas clases sociales nos exhorta a «anticiparnos a la revolución desde abajo, comenzándola voluntariamente desde arriba», a erradicar la violencia por medio de una indulgencia oportuna, digna del cristianismo originario. El rico debe renunciar a su riqueza; el intelectual, a su arrogancia; los artistas deben abandonar su torre de marfil y acercarse al pueblo haciéndose más inteligibles; debemos domar nuestras pasiones, nuestra «individualidad salvaje» y desarrollar en nosotros, en vez del deseo de poseer, la capacidad más sagrada de dar. Se trata, en efecto, de demandas nobles que exigen todos los Evangelios, eternos reclamos que hay que renovar una y otra vez para que la humanidad pueda acercarse paulatinamente a la perfección. Pero Tolstói, cuya impaciencia es desmedida, no se conforma, como las auténticas naturalezas religiosas, con ver en esas demandas un postulado, el del más elevado ideal moral del individuo, sino que exige ferozmente que esa nobleza de espíritu se realice al instante y en todos los hombres. Pide que obedezcamos su mandato religioso renunciando de inmediato a todo, con entrega y sacrificio, con lo cual estaremos unidos en el sentimiento. El hombre de sesenta años exige abstinencia al joven (la abstinencia que él nunca practicó en su juventud), indiferencia al hombre de espíritu e incluso desprecio por el arte y el intelecto (algo a lo que él dedicó toda su vida). Y con el único propósito de convencernos rápidamente, como un rayo, de que nuestra cultura se ocupa de cosas sin importancia, echa abajo con furibundos puñetazos todo nuestro universo espiritual; sólo para hacernos más atractivo el ascetismo absoluto, escupe a la cultura, a los artistas y poetas, a la tecnología y la ciencia, recurre a la más burda exageración, a evidentes mentiras y, sobre todo, se injuria y denigra a sí mismo para poder atacar libremente a los demás. De ese modo, compromete las intenciones éticas más nobles con una marrullería feroz para la cual ninguna exageración resulta desmedida, ni ningún engaño demasiado burdo. ¿Acaso alguien cree realmente que Lev Tolstói, al que cada día examinaba y acompañaba un médico, decía en serio que la medicina y los médicos son «cosas innecesarias», que la lectura es un «pecado» y la higiene un «lujo superfluo»? ¿Era el escritor cuyas obras llenan estanterías un «parásito», un «piojo»? ¿Vivía del modo en que describía su vida: «Como, charlo, escucho, vuelvo a comer, escribo y leo; es decir, charlo y escucho de nuevo, vuelvo a comer, juego, como y charlo otra vez, luego como de nuevo y me voy a la cama»? ¿Así surgieron realmente obras como *Guerra y paz* o *Anna Karénina*? ¿Es verdad que para él, a quien se le saltan las lágrimas apenas oye tocar una sonata de Chopin, la música es como la cornamusa del diablo? ¿Considera de veras a Beethoven un «seductor sensualista», los dramas de Shakespeare una «absoluta insensatez» y la obra de Nietzsche una «cháchara grandilocuente, enfática y demencial»? ¿Cree en serio que las obras de Pushkin sólo «son buenas como papel de fumar para el pueblo»? ¿Es para Tolstói el arte, al que sirvió de un modo magnífico y como nadie, solamente un «lujo para ociosos»? ¿Son para él una instancia estética superior el sastre Grisha o el zapatero Piotr que cualquier juicio de Turguéniev o de Dostoievski? ¿Cree en serio—él, que en su juventud fue un «incansable fornicador» y luego engendró trece hijos en el lecho conyugal—que cualquier jovencito, conmovido por su llamada, se convertirá en un monje *skopzi* y se arrancará el sexo?[1]

Es evidente que Tolstói exagera como un orate rabioso porque tiene mala conciencia, para que no se note que sus «pruebas» son demasiado baratas. A veces, incluso, la desmesura pone en evidencia sus gritones disparates y parece traspasar como un rayo el fondo crítico de su conciencia: «No abrigo muchas esperanzas de que se acepten ni se discutan con seriedad mis pruebas», escribe en una ocasión, y lamentablemente tiene toda la razón. Del mismo modo que era absurdo discutir en vida con este hombre supuestamente indulgente—«A Lev Tolstói no es posible convencerlo», dice suspirando su esposa, a lo que su mejor amiga añade: «Su amor propio no le permite jamás confesar un error»—, también sería absurdo defender a Beethoven o a Shakespeare de los ataques de Tolstói: lo mejor que puede hacer quien ama al escritor ruso es cerrar los ojos cuando el anciano pone en evidencia la debilidad de su argumentación. Nadie a quien pueda tomarse en serio pensó ni por un segundo, frente a los arrebatos teológicos de Tolstói, en renegar de dos mil años de lucha por la espiritualización de la vida ni en arrojar al basurero nuestros valores más sagra-

[1] Los *skopzi* son una secta fundada en el siglo XVIII por Kondrati Selivanov. Tenían como finalidad inmediata evitar el nacimiento de nuevos seres humanos, por lo cual aplicaban la castración de sus adeptos.

dos. Porque nuestra Europa—capaz de dar a luz a un pensador como Nietzsche—, para la que sólo las alegrías espirituales hacen más llevadera la ardua existencia en la tierra, esa Europa—Dios lo sabe—no tenía intención de dejarse «asilvestrar» de repente para obedecer a un mero mandato moral, ni de volverse rústica y «mongolizarse», arrastrándose obedientemente a la *kibitka* y abjurando de un magnífico pasado espiritual como si de un error «pecaminoso» se tratara. Esa Europa fue y será lo suficientemente respetuosa como para no confundir al moralista ejemplar que fue Tolstói, al heroico abogado de la conciencia, con sus intentos desesperados por transformar una crisis nerviosa en filosofía universal, una angustia climatérica en economía política; nosotros seguimos distinguiendo entre los grandes impulsos morales surgidos de la vida heroica de este hombre y el exorcismo de la cultura que quiso practicar el anciano colérico refugiándose en la teoría. La seriedad de Tolstói, su objetividad, hicieron más profunda, de un modo incomparable, la conciencia de nuestra generación, pero sus deprimentes teorías representan un atentado insólito contra el regocijo de la existencia, una voluntad retrógrada, monacal y ascética de hacer retroceder nuestra cultura a un cristianismo primigenio imposible de restaurar, a la postre concebido por alguien que ha dejado de ser cristiano y, en consecuencia, necesita exagerar su cristianismo.

No, no creemos que la «abstinencia determine la vida entera», ni que debamos extinguir nuestras pasiones terrenales para cargarnos únicamente de obligaciones y versículos bíblicos: desconfiamos de un exegeta que no sabe nada del poder vivificador y regenerador de la alegría, un hombre que, conscientemente, empobrece y oscurece el libre juego de nuestros sentidos, incluido el más sublime y sagrado de todos: el arte. No queremos sacrificar ni uno solo de nuestros logros intelectuales y tecnológicos, nada de nuestra herencia occidental, absolutamente nada: ni nuestros libros, ni nuestros cuadros, ni nuestras ciudades, ni nuestra ciencia, ni un gramo de nuestra realidad sensible y visible, en aras de un sistema filosófico, mucho menos de una ideología retrógrada y represiva que pretende relegarnos a la estepa y al embrutecimiento intelectual. Rechazamos cambiar la inmensa riqueza de nuestra vida contemporánea en favor de una beatitud celestial, de una simplicidad estrecha de miras; preferimos ser «pecadores» que primitivos, apasionados que estúpidos y obedientes a la Biblia. Ésa es la razón por la que Europa relegó el fardo de teorías sociológicas de Tolstói al archivo literario. Aun en su forma religiosa suprema, aun defendidas por un espíritu tan magnífico, la regresión y la reacción jamás son productivas, y lo que surge de la confusión personal del alma jamás puede confundirse con el alma universal. Insistamos por última vez: el mayor pionero de la crítica en nuestra época no sembró la semilla de nuestro futuro europeo, y en ello se mostró absolutamente ruso, fue el genio de su idiosincrasia y su generación.

En efecto, el sentido y la misión del último siglo ruso han sido explorar con inquietud sagrada y pasión desmedida todas las profundidades morales, desentrañar todos los problemas sociales, ahondar hasta la misma raíz, y ante esa producción espiritual colectiva de sus artistas más geniales nos inclinaremos siempre llenos de respeto. Si hemos conseguido sentir con mayor profundidad y conocer con mayor firmeza, si los problemas de la época y los problemas eternos de la humanidad han adquirido un aspecto más severo a nuestros ojos, más trágico e implacable, tenemos que agradecérselo a Rusia y a la literatura rusa, y a ella agradecemos también toda la inquietud creativa capaz de dejar atrás las viejas verdades y dar con una verdad nueva. Todo el pensamiento ruso es, en efecto, fermento para el espíritu, una fuerza explosiva; pero no es claridad para ese mismo espíritu, como sí lo fue el pensamiento de Spinoza, de Montaigne y de algunos otros pensadores alemanes. La cultura rusa ha contribuido indudablemente al enriquecimiento espiritual del mundo, y ningún artista contemporáneo ha labrado nuestra alma como lo hicieron Tolstói o Dostoievski. Sin embargo, ninguno de los dos nos ayudó a crear un orden nuevo, y en la medida en que intentaron provocar en nosotros una reacción universal a partir de su propio caos interior, nos desligamos de la solución que proponen. Porque tanto Tolstói como Dostoievski se salvan del horror que les produce despeñarse en un nihilismo abismal aferrándose como esclavos a la cruz cristiana y cubren de nubes el universo ruso en el momento en el que el rayo purificador de Nietzsche resquebraja todos esos cielos angustiosos y pone en manos del hombre europeo, como si fuese un martillo sagrado, la fe en su fuerza y su libertad.

Es un espectáculo fantástico: Tolstói y Dostoievski, las dos mentes más privilegiadas de su patria, sufren de repente un ataque de pánico, un escalofrío apocalíptico les hiela la sangre y reniegan de sus obras: alzan la misma cruz rusa, claman los dos a Cristo—aunque cada uno a un Cristo diferente—y lo invocan como salvador y redentor de un mundo que se hunde. Como furibundos monjes medievales, cada uno de ellos ocupa su púlpito, rivales enemistados tanto en el espíritu como en la vida. Dostoievski, archireaccionario y defensor de la autocracia, predica la guerra y el terror, se abandona con frenesí a la embriaguez de la violencia que lo domina todo, súbdito del zar que lo arrojó a una mazmorra, adorador de un Mesías imperialista y conquistador. Frente a él se encuentra Tolstói, que se burla, con el mismo fanatismo, de lo que predica el otro, que se muestra tan místicamente anárquico como místicamente servil es el otro; que acusa al zar de asesino y a la Iglesia y al Estado de ladrones, que maldice la guerra pero también lleva el nombre de Cristo en los labios y el Evangelio en las manos. Los dos, sin embargo, intentan que el mundo retroceda, llevarlo a un estado de humildad y embrutecimiento, como resultado del misterioso horror que invade sus almas estremecidas. Debieron tener alguna revelación profética para verter sobre el pueblo, de un modo tan vehemente, su angustia apocalíptica; una intuición del fin del mundo y del Juicio Final, una visionaria anticipación de la terrible sacudida que aguardaba al pueblo ruso. ¿Acaso no es, por lo demás, la función y la misión del poeta presentir el aire caldeado de su tiempo y el rayo que anuncia la tormenta, verse poseído y atormentado por la inquietud que precede al alumbramiento de una nueva época? Ambos profetas furibundos y frenéticos predican la penitencia y aparecen trágicamente iluminados en las vísperas de un Apocalipsis intentando evitar la catástrofe cuyos primeros estremecimientos empiezan a dejarse notar: ambos son figuras gigantescas como las del Antiguo Testamento, como no ha vuelto a ver nuestro siglo.

Pero los dos tan sólo pueden intuir lo que se está gestando, no cambiar el curso de los acontecimientos. Dostoievski se mofa de la revolución, pero poco después de que su cortejo fúnebre haya pasado estalla la bomba que acaba con el zar. Tolstói censura la guerra y exige el amor universal, pero la tierra todavía no ha reverdecido cuatro veces sobre su ataúd cuando una terrible guerra fratricida inflama el mundo. Los personajes y el arte de Tolstói, de los que renegó, perduran en el tiempo, pero su doctrina no resistió el primer soplo de los tiempos. No asistió al hundimiento de su reino divino, al fracaso absoluto de su doctrina del amor fraternal, pero sí lo intuyó, ya que en el último año de su vida, mientras estaba tranquilamente en compañía de amigos, un sirviente le entregó una carta que él abrió y en la que leyó lo siguiente:

No, Lev Nikoláievich, yo no puedo pensar, como usted, que es posible mejorar las relaciones entre los hombres únicamente por medio del amor. Eso sólo pueden decirlo las personas instruidas y que tienen la barriga llena. Pero ¿qué podrá decirles a los que pasan hambre desde la niñez, a los que han sufrido durante toda su vida bajo el yugo de un tirano? Ésos lucharán y se esforzarán por librarse del yugo. Y se lo digo en vísperas de su muerte, Lev Nikoláievich: volverá a haber un baño de sangre en el mundo y volverá a despedazarse no sólo a los amos, sin distinción de sexo, sino también a sus hijos, para que la tierra no tenga nada que temer de ellos. Lamento que usted no viva cuando eso ocurra para presenciar su error. Le deseo una muerte apacible.

Nadie sabe quién escribió esta carta demoledora. ¿Fue Trotski, Lenin, alguno de los muchos revolucionarios anónimos que se pudrían en las prisiones? Nunca lo sabremos, pero tal vez en ese instante Tolstói comprendiese que su doctrina era puro humo, palabra inane frente a la realidad, que las pasiones salvajes y tumultuosas serían siempre más poderosas entre los hombres que la bondad fraternal. Los testigos cuentan que en ese instante Tolstói se puso muy serio y se retiró meditabundo a su habitación llevándose la carta, como si las frías alas del presentimiento acabaran de rozar sus cabellos blancos.

IX

LA LUCHA POR LA REALIZACIÓN

> Es más fácil escribir diez volúmenes de filosofía que poner en práctica una sola regla, no importa cuál.
>
> TOLSTÓI, *Diarios (1847-1894)*[1]

En el Evangelio que Lev Tolstói leía por esos años con tanta asiduidad, hay unas proféticas palabras que el autor ruso debió de leer no sin un estremecimiento: «El que siembra vientos, recoge tempestades», pues ése es el destino de su propia vida. Jamás un individuo, mucho menos tan poderoso, puede arrojar al mundo su inquietud sin expiar: de mil maneras esa inquietud se volverá para golpear contra su propio pecho. Hoy, cuando la discusión se ha enfriado hace ya tiempo, no estamos en condiciones de ponderar las fanáticas expectativas que alumbró en la sociedad rusa y en el mundo entero esa primera exhortación del mensaje de Tolstói: tuvo que ser una revuelta del alma, el violento despertar de la conciencia de todo un pueblo. Fue en vano que el gobierno, asustado por el efecto subversivo de esas palabras, prohibiera estrictamente los escritos polémicos de Tolstói: éstos empezaron a pasar de mano en mano en copias hechas a máquina de escribir, a introducirse de contrabando en el país gracias a las ediciones en el extranjero. Y cuanto más osados son los ataques de Tolstói a los elementos del orden existente—el Estado, el zar o la Iglesia—y más ardientemente postula un orden social mejor, más exaltados se abren los corazones deseosos de escuchar un

[1] Trad. Selma Ancira, *op. cit.*, p. 14.

mensaje de esperanza. Porque a pesar del ferrocarril, de la radio y del telégrafo, a pesar del microscopio y de toda la magia tecnológica, nuestro mundo espiritual ha preservado las mismas expectativas mesiánicas de un estadio moral superior que en los días de Cristo, Mahoma y Buda. En el alma de las multitudes, ávidas de milagros, vive y pervive eternamente la renovada añoranza de un líder, de un maestro. Por eso, cada vez que un individuo se dirige a la humanidad para hacer promesas, pulsa el nervio de esos anhelos de fe, y una infinita reserva de inclinación al sacrificio acoge a todo el que tiene el valor de levantarse y decir la palabra que más responsabilidad entraña: «Yo conozco la verdad».

Es así como, a finales del siglo, millones de miradas en toda Rusia se vuelven hacia Tolstói apenas éste anuncia su mensaje apostólico. *Confesión*, que para nosotros es desde hace mucho un mero testimonio psicológico, embriaga a la devota juventud como si de una anunciación se tratase. Por fin, dicen con júbilo, un hombre notable y libre, que por si fuera poco es el escritor más destacado de Rusia, se ha atrevido a plantear como legítima reivindicación lo que hasta entonces sólo reclamaban los desheredados y comentaban entre susurros y en secreto los espíritus libres a medias: que el orden del mundo es injusto, inmoral y, por lo tanto, insostenible, de manera que es preciso encontrar una forma nueva y mejor. Se ha dado un nuevo impulso a los insatisfechos, y no lo ha hecho uno de esos predicadores profesionales del progreso, sino un espíritu independiente e insobornable cuya autoridad y honestidad nadie se atreve a poner en duda. Se oye decir que ese individuo quiere mostrar el camino dando ejemplo con cada acto de su vida pública: quiere renunciar a sus privilegios en razón de su título nobiliario, renunciar a sus propiedades y ser el primero de los grandes terratenientes que se suma humildemente al pueblo que se gana el pan con el sudor de la frente. El mensaje del nuevo Mesías de los desheredados llega hasta los ignorantes, los campesinos y los analfabetos, y apenas eso sucede los primeros discípulos se congregan a su alrededor, la secta de los tolstoianos empieza a cumplir al pie de la letra las palabras de su maestro, y tras ellos despierta y aguarda la masa de los innumerables oprimidos. Millones de corazones arden, millones de miradas se vuelven hacia Tolstói, el mensajero, y observan con avidez cada acto, cada hecho de una vida que ahora ha cobrado relevancia universal. «Ya que él ha aprendido, él nos enseñará».

Sin embargo, lo curioso es que al principio Tolstói no parece darse cuenta de la responsabilidad que se ha echado encima. Obviamente, tiene la suficiente lucidez para intuir que, en su condición de heraldo de una doctrina vital como la suya, no puede dejar las cosas en frías letras escritas en un papel, sino que tiene que materializarlas ejemplarmente en su propia vida. No obstante—y ése es el error desde el comienzo—cree que basta con indicar de forma simbólica, por medio de la asunción de ciertos cambios en su propia vida, que sus enseñanzas morales y sociales son realizables. Así, se disfraza de campesino para borrar las diferencias exteriores entre el amo y el siervo; trabaja en el campo con la hoz y el arado y pide a Repin que lo retrate labrando para que cualquiera pueda comprobar, gracias a esta prueba objetiva, que Tolstói no considera denigrantes las labores del campo, el trabajo rudo y honesto para ganarse el pan, y nadie debe avergonzarse de realizarlo, porque, a fin de cuentas, él mismo—Lev Tolstói, quien, como todos saben, no tendría necesidad de labrar, pues sus méritos intelectuales bastarían para dispensarlo de tales labores—lo realiza con satisfacción. Para no seguir manchando su alma con el «pecado» de la propiedad, traspasa sus posesiones, su patrimonio y sus riquezas (que por entonces ascendían a algo más de medio millón de rublos) a la mujer y a su familia, y se niega a recibir en adelante ningún dinero o regalía proveniente de la venta de sus obras. Da limosnas y regala su tiempo, en visitas y cartas, a cualquier persona que se dirija a él, por muy desconocida o de baja condición que sea. Se ocupa de las injusticias y las iniquidades en la tierra ofreciendo asistencia y amor fraternal. Pronto, sin embargo, tiene que admitir que se le exige algo más, porque esa gran masa inculta de los creyentes, justamente ese «pueblo» que él busca con todos los sentidos de su alma, no se da por satisfecho con esos símbolos de humildad cuyo sentido es meramente espiritual, sino que exige más de Lev Tolstói: su completa renuncia, que comparta absolutamente su miseria y sus penurias. Es cierto que sólo el martirio hace a los creyentes y a los convencidos—en el comienzo de todas las religiones hay un mártir que representa la entrega absoluta—, pero una actitud que se limita a hacer promesas o recomendaciones no es capaz de tal sacrificio. De hecho, todos los actos de Tolstói hasta ese momento para reforzar la idea de que su doctrina era realizable habían sido meros gestos de contrición, actos de simbólica humildad religiosa, comparables al ritual que la Iglesia católica impone al papa o a los emperadores devotos en Jueves Santo, es decir, una vez al año, cuando prescriben lavar los pies a doce ancianos. Este rito indica y muestra al pueblo que el acto más humilde no es en absoluto indigno, ni siquiera para los más nobles de la tierra. Pero del mismo modo que ese gesto de humildad realizado una vez al año no hace que el papa ni los emperadores de Austria o España renuncien a su poder ni se conviertan en siervos, tampoco el escritor y aristócrata se transforma en zapatero por el hecho de pasar una hora trabajando con la lezna y la horma, ni en campesino por estar dos horas labrando el campo, ni en verdadero mendigo por haber transferido el patrimonio a sus familiares. Tolstói había demostrado que su doctrina era factible, pero no la había puesto en práctica. Sin embargo, para el pueblo los meros símbolos no bastan, sólo lo convence (por un inveterado instinto) el sacrificio absoluto, de modo que se esperaba de Lev Tolstói que practicara realmente la doctrina que sus discípulos interpretaban de un modo más estricto, más riguroso y literal que el propio maestro. De ahí la profunda decepción que sienten cuando peregrinan para ver al profeta de la pobreza voluntaria y tienen que admitir que, al igual que en otras propiedades de aristócratas, los campesinos de Yásnaia Poliana siguen viviendo en la misma miseria que antes, mientras que Lev Tolstói sigue recibiendo a sus huéspedes espléndidamente en la casa señorial, con lo cual continúa perteneciendo a esa «clase de hombres que valiéndose de artimañas despojan al pueblo de todo lo necesario». La vociferada renuncia al patrimonio no les parece una verdadera renuncia, su frugalidad no tiene nada de miseria, porque el escritor sigue disfrutando de todas las comodidades de antes, y ni siquiera la hora que pasa arando o remendando zapatos los convence. «¿Qué clase de hombre es el que predica una cosa y hace otra?», gruñe enfadado un viejo campesino, y con mayor dureza se expresan los estudiantes y los comunistas a propósito del ambiguo antagonismo entre su conducta y su doctrina. Poco a poco, la decepción que produce la ambivalente actitud de Tolstói se va apoderando de los adeptos más convencidos de sus teorías. Las cartas y los frecuentes ataques de la plebe lo conminan cada vez con mayor vehemencia a desdecirse de su doctrina o a cumplirla al pie de la letra, no dando únicamente un ejemplo simbólico.

Alarmado por tales amonestaciones, Tolstói termina percatándose de la enormidad de las exigencias que plantea su doctrina: se da cuenta de que sólo los hechos, no las palabras; sólo la transformación completa, no los ejemplos propagandísticos, podrían dar vida a su mensaje. Quien se sube a la tribuna pública, la tribuna más alta del siglo XIX, para ejercer de portavoz y hacer promesas, iluminado por los intensos reflectores de la fama, vigilado por millones de pares de ojos, debe renunciar definitivamente a su confortable vida privada, no basta con que manifieste sus opiniones mediante gestos simbólicos, tiene que sacrificarse íntegra y realmente para que su testimonio sea verdadero: «Para que los hombres te escuchen, es necesario probar la verdad por medio del sufrimiento, y mucho mejor si es por medio de la muerte». De ese modo, Tolstói se ve comprometido por una obligación personal que jamás había previsto al plantear su doctrina ante el mundo. Estremecido, atormentado, inseguro de sus fuerzas, angustiado en lo más profundo de su alma, Tolstói acepta la cruz que él mismo se ha echado encima y se propone que cada uno de los actos de su existencia pruebe sin reservas sus convicciones, convertirse en un santo servidor de su convicción religiosa en un mundo cínico y jactancioso.

La palabra *santo* se pronuncia pese a todas las sonrisas irónicas. Porque sin duda un santo en nuestro mundo desencantado parece algo absurdo e imposible, un anacronismo de la desaparecida Edad Media. Pero sólo los emblemas y el halo cultural de cada tipo espiritual son perecederos; el tipo, una vez ha entrado en el círculo de las cosas terrenales, retorna necesaria y lógicamente en el juego infinito de analogías al que llamamos historia. En todas las épocas habrá hombres que intenten llevar una existencia santa, ya que el sentimiento religioso de la humanidad necesita y produce esa forma espiritual suprema: sólo su realización material cambia según las vicisitudes de cada época. Nuestro concepto de la santificación de la existencia por efecto del ardor espiritual no tiene nada que ver con las figuras de *La leyenda áurea* ni con la rigidez de estilita de la que hacían gala los padres del desierto, pues hace tiempo que hemos desligado la figura del santo de las máximas de los concilios y de los cónclaves papales. Ser santo significa para nosotros únicamente ser heroico, es decir, la entrega absoluta de la existencia a una idea religiosa. El éxtasis intelectual, la soledad del mundo del filósofo que mató a Dios en Sils-Maria, o la estremecedora frugalidad del tallador de diamantes de Ámsterdam, no nos parecen inferiores a los éxtasis del fanático flagelante. Incluso en nuestra época, al margen de los milagros, también entre máquinas de escribir y luz eléctrica, en medio de nuestras ciudades bien trazadas, iluminadas y populosas, es posible la existencia de un santo espiritual, que atestigua en carne y hueso la conciencia; sólo que ya no necesitamos ver a esos seres maravillosos y raros como divinos e infalibles, sino que, al contrario, amamos a esos individuos grandiosos que lo intentan, a esos espíritus audaces en sus crisis y en sus luchas, y los amamos profundamente no a pesar de su carácter falible, sino precisamente por éste. Nuestra generación no desea venerar a sus santos como enviados de Dios desde un más allá sobrenatural, sino como a los seres humanos más terrenales.

Por eso, a la vista de la ambiciosa tentativa tolstoiana de convertir su vida en ejemplo, lo que más nos conmueve son sus incertidumbres, y su fracaso inevitable nos estremece más que cualquier forma de santidad. *Hic incipit tragoedia!* En el instante en que Tolstói asume la misión heroica de renunciar a las formas de vida convencionales de la época para encarnar las formas atemporales de su conciencia, su vida cobra inevitablemente el cariz de una tragedia más grande que cualquiera que hayamos visto desde el auge y la caída de Friedrich Nietzsche. Una ruptura tan violenta con todo lo que representa la familia, la aristocracia, la propiedad y las leyes de la época no puede producirse sin desgarrarse, sin lastimarse profundamente y herir a sus seres más cercanos. Pero Tolstói no teme el dolor, todo lo contrario: como auténtico ruso—es decir, como extremista—está sediento de verdadero sufrimiento para probar su honestidad. Lleva mucho tiempo cansado de la cómoda parsimonia de su existencia; la insulsa dicha familiar, la celebridad de sus obras, el respeto de sus congéneres, todo eso lo asquea. Inconscientemente, el hombre creativo que hay en él añora un destino más lleno de tensiones y de variedad, una mayor cercanía con las fuerzas primigenias de la humanidad. Añora la pobreza, la miseria y el sufrimiento, cuyo sentido creativo ha reconocido desde su primera crisis. Para dar fe como un apóstol de la pureza de su doctrina de la humildad querría llevar la vida de los hombres más humildes, no tener casa, ni dinero, ni familia, vagar sucio, lleno de piojos, despreciado, perseguido por el Estado, expulsado de la Iglesia. Tolstói querría experimentar en carne propia lo que él mismo ha descrito en sus libros como la forma de vida más importante, la única fecunda espiritualmente, es decir, la vida de un apátrida, de un hombre absolutamente desposeído al que el viento del destino arrastra como a una hoja de otoño. Tolstói desea con todas sus fuerzas—en esto la gran artista que es la historia plantea otra de sus irónicas antítesis—el destino que la fatalidad deparó a su gran rival Dostoievski, a su pesar. Pues Dostoievski sufrió toda suerte de penurias y crueldades del destino, todo aquello que Tolstói, por coherencia doctrinaria y por afán de martirio, desea sufrir. Dostoievski lleva pegada la auténtica pobreza como una túnica de Neso, esa miseria tormentosa y ardiente que sofoca cualquier alegría. En su condición de apátrida, vaga por todos los países de la tierra, la enfermedad corroe su cuerpo, los soldados del zar lo atan a un poste de ejecuciones y lo encierran en las prisiones de Siberia. Todo lo que Tolstói, como maestro de su doctrina, quisiera vivir para demostrarla, le fue deparado en abundancia a Dostoievski, mientras que al nuevo evangelista no le toca ni una gota del anhelado cáliz.

Tolstói jamás conseguirá afirmar ni realizar su voluntad de sufrimiento de un modo convincente para el mundo. Siempre interviene el destino sarcástico e irónico para bloquearle el camino al martirio. Quisiera ser pobre, regalar su patrimonio al pueblo, no obtener más dinero de sus obras, pero su familia no le permite ser pobre. En contra de su voluntad, su patrimonio, ya de por sí grande, sigue creciendo en manos de sus parientes. Quisiera vivir en soledad, pero la fama inunda su casa de reporteros y curiosos. Desea sentir el desprecio, pero cuanto más se injuria y se denigra a sí mismo, cuanto más valor resta a sus obras y más pone en tela de juicio su honestidad, mayor veneración le profesan los hombres. Querría llevar la vida de un campesino, vivir en angostas chozas ennegrecidas, ser desconocido y que nadie lo molestase; desearía vagar por las calles como un mendigo o un peregrino, pero la familia lo rodea de cuidados e introduce, para su tormento, todas las comodidades de la tecnología—que él desprecia públicamente—hasta su propia alcoba. Le gustaría ser perseguido, encerrado y azotado—«Me resulta penoso vivir en libertad»—, pero las autoridades se alejan de él en puntitas de pie y se conforman con azotar y enviar a Siberia a sus adeptos.

Por eso termina adoptando medidas extremas y llega a insultar al zar, confiando en verse por fin castigado, deportado y condenado, y así poder expiar públicamente la rebeldía de su doctrina. Sin embargo, Nicolás II le responde al ministro que eleva su queja: «Le ruego no toque a Lev Tolstói, no tengo la menor intención de convertirlo en mártir». Precisamente eso era lo que Tolstói deseaba ser en sus últimos años: un mártir de su fe, pero eso es lo que el destino no le concede, sino que despliega un maligno manto de cuidados sobre el hombre deseoso de sufrimientos para evitar que le suceda nada. Presa de la demencial furia del loco que da cabezazos contra las paredes acolchadas de su celda, Tolstói lanza golpes a diestra y siniestra encerrado en la cárcel invisible de su gloria. Maldice su propio nombre, dirige muecas de odio contra el Estado, la Iglesia y contra cualquier otro poder, pero todos lo escuchan cortésmente, con las cabezas descubiertas, y lo toleran como a un orate de buena cuna, un loco inofensivo. Nunca consigue realizar la hazaña manifiesta, la prueba definitiva, el martirio ostensible. Entre su sincera voluntad de ser crucificado y la realidad el demonio ha colocado su gloria, que amortigua todos los golpes del destino e impide que el sufrimiento lo alcance.

Pero ¿cómo es posible—se preguntan con desconfianza sus adeptos y con ironía sus detractores—que el propio Lev Tolstói no ponga fin a tan lamentable contradicción mediante su firme voluntad? ¿Por qué no echa de su casa a los reporteros y fotógrafos, por qué tolera que la familia siga vendiendo sus obras, por qué, en lugar de obedecer a su propia voluntad, cede siempre a la de su entorno, que, con absoluto desprecio por sus demandas, sigue considerando la riqueza y la comodidad como los bienes más preciados de la tierra? ¿Por qué no actúa por fin de un modo inequívoco, de acuerdo con el mandato de su conciencia? Tolstói jamás respondió públicamente a esas terribles preguntas, jamás se disculpó con nadie. Pero ninguno de esos charlatanes ociosos que señalaron la evidente contradicción entre la doctrina y la vida de Tolstói lo condenó con más dureza que él mismo. En 1908, escribe en su diario:

Si yo oyera a alguien hablar de mí, de un hombre que vive en el lujo, rodeado de guardias, y que arrebata todo lo que puede a los campesinos, y manda que los encierren en la cárcel, pero al mismo tiempo profesa y predica el cristianismo y da, a diestra y siniestra, monedas de cinco kopeks, y para realizar todas estas infamias se oculta detrás de su querida mujer, ¡no dudaría en llamarlo un canalla! Y eso es justamente lo que necesito, para poder liberarme del deseo de gloria humana y vivir para el alma.[1]

No, nadie tiene necesidad de señalarle a Lev Tolstói la contradicción entre su voluntad y sus actos, y cada día esta contradicción lo desgarra. En su diario una pregunta lacera su conciencia como un hierro al rojo vivo: «Dime, Lev Tolstói, ¿vives según los principios de tu doctrina?», y él mismo se responde enojado y desesperado: «No, me muero de vergüenza, soy culpable y merezco el desprecio». Veía con absoluta claridad que, según su profesión de fe de la renuncia, para él sólo había una forma de vida lógica y ética: abandonar su casa, renunciar a su título nobiliario y a su arte, y vagar por los caminos de Rusia como un peregrino. Sin embargo, el apóstol jamás encontró las fuerzas para tomar esa última decisión, la más necesaria y convincente de todas. No obstante, el misterio de esta irreductible debilidad, de la incapacidad para aplicar a su propia persona el radicalismo de sus principios, se me antoja como la belleza suprema de Tolstói. Pues la perfección sólo es posible en ámbitos que superan al hombre: cualquier santo, hasta el mismísimo apóstol de la bondad, debe ser implacable, exigir a sus adeptos el sacrificio sobrehumano e inhumano de renunciar impasibles a madre, padre, mujer e hijos en aras de la santidad. Una vida coherente y perfecta sólo puede realizarse en el espacio vacío de una individualidad absolutamente aislada que jamás entabla vínculos ni relaciones con otros: en todas las épocas el camino de la santidad conduce al desierto, la única patria, el único hogar apro-

[1] Lev Tolstói, *Diarios (1895-1910)*, trad. Selma Ancira, Barcelona, Acantilado, 2003, p. 326.

piado. También Tolstói, para llevar hasta las últimas consecuencias su doctrina, habría tenido que liberarse no sólo del Estado y de la Iglesia, sino de los lazos más estrechos y cálidos de la familia; pero durante treinta años le faltaron las fuerzas para realizar un acto tan violento, brutal y desconsiderado. Dos veces huyó y las dos regresó, pues la idea de que su afligida esposa pudiera suicidarse lo paralizaba y le impedía decidirse a sacrificar a una sola persona por sus ideas abstractas—¡ésa es a un tiempo su debilidad espiritual y su belleza humana!—. En lugar de cortar el vínculo con sus hijos y arrojar a su esposa al suicidio, tolera sollozando la opresiva convivencia bajo el mismo techo; desesperado, pero demasiado humano para lastimar a su familia tomando decisiones violentas, cede siempre en cuestiones decisivas como el testamento o la venta de sus libros, pues prefiere sufrir que hacer sufrir a los demás. Modestamente y con pesar, escoge ser un hombre imperfecto en vez de un santo duro como una piedra.

Única y exclusivamente sobre él recae, a los ojos de la opinión pública, la falta de ser tibio e insincero que se le reprocha. Tolstói sabe que en adelante cualquier mocoso puede reírse de él, cualquier persona honesta, cuestionarlo, cada uno de sus adeptos, juzgarlo, pero precisamente eso es lo que hace grandiosa la paciencia del escritor durante todos esos años oscuros, que soporte sin rechistar las acusaciones de insinceridad, sin disculparse ni protestar: «Puede que mi situación sea falsa para los hombres, pero quizá es necesario que así sea», escribe conmovido en su diario en 1898. Y poco a poco empieza a reconocer el singular sentido de la prueba a la que está sometido: ese martirio sin triunfo, esa manera de padecer la injusticia sin rebelarse ni justificarse, es para él mucho más penoso y fundamental que el martirio en plena plaza pública, el gesto teatral que añoró durante tantos años como regalo del destino. «A menudo deseé sufrir y soportar la persecución, pero eso significa que era un holgazán y quería que otros trabajaran por mí, que me martirizaran y me dieran motivos para sufrir». El más impaciente de todos los hombres, al que le hubiese gustado tirarse de cabeza y zambullirse en los tormentos, que se hubiese dejado quemar en la hoguera casi gustosamente, se da cuenta de que le ha sido reservada una prueba mucho más penosa: ser quemado a fuego lento, el desprecio de quienes no lo conocen y la eterna inquietud de su conciencia, que sí sabe quién es.

Está obligado a reconocer que es incapaz de cumplir con su misión suprema—a saber, llevar una vida ejemplar—y de realizar su deseo más secreto, llevar una vida santa y conforme a sus principios: con profunda vergüenza tiene que confesarse que es incapaz de cumplir en su vida lo que exige a la humanidad. Este sufrimiento secreto es el que atormenta durante los últimos años a Tolstói. Sabe que la misión asumida se ha convertido hace tiempo en un papel, en una pieza teatral que representa una y otra vez ante la humanidad. Tolstói nunca se mintió a sí mismo, y precisamente porque era más consciente de sus medias verdades y sus poses que sus más acérrimos enemigos, su vida se convirtió en una tragedia íntima. Quien desee entender hasta qué punto atormentó su conciencia Tolstói para alcanzar la sinceridad absoluta sólo tiene que leer la novela corta encontrada entre sus papeles póstumos, *El padre Sergio*. Al igual que santa Teresa, horrorizada por sus visiones, le preguntó angustiada a su confesor si esas anunciaciones provenían realmente de Dios y no de su rival, el Diablo, que se las enviaba para desafiar su orgullo, también Tolstói se pregunta en ese relato si su doctrina y su conducta ante los hombres tienen un origen divino, es decir moral y bondadoso, o los causa el demonio de la vanidad, el afán de gloria y el amor al incienso. Envuelto en un ropaje bastante transparente, Tolstói describe en la figura del santo su propia situación en Yásnaia Poliana: al padre Sergio acuden, como al propio Tolstói, los creyentes, los curiosos y los peregrinos, centenares de penitentes y adoradores peregrinan a ver al monje milagroso. Sin embargo, como el propio Tolstói, este doble de su conciencia se pregunta, en medio del tumulto de sus adeptos, si él, al que todos adoran como a un santo, tiene el corazón de un santo: «¿En qué medida lo que hago lo hago por amor de Dios y en qué medida sólo por ganarme el amor de los hombres?». Y la respuesta que se da Tolstói a través del padre Sergio es demoledora:

> En lo más recóndito de su alma se decía que el diablo había trocado su actividad para con Dios en actividad destinada a alcanzar la gloria entre los hombres. Lo sentía de este modo, porque así como antes le hacía bien que no lo arrancaran de su soledad, ahora ésta le resultaba penosa. Se sentía agobiado por los visitantes, que lo fatigaban; pero en el fondo del alma su presencia lo alegraba, lo satisfacían las alabanzas de que era objeto. Cada día acudía más gente y cada vez era menor el tiempo del que disponía para su confortamiento espiritual y para los rezos. A veces, en momentos luminosos, pensaba que se había convertido en una especie de paraje en el que antes había habido una fuente, una fuentecita de agua viva que manaba de él, a través de él [...] Sin embargo, desde entonces, el agua no tiene tiempo de acumularse. Antes llegan los sedientos, apretujándose. Lo han pisoteado todo. No queda más que barro [...] No sentía amor, no era humilde, ni puro.[1]

¿Puede concebirse una condena más terrible que este rechazo de uno mismo que pone fin a cualquier divinización posible? Con esta confesión Tolstói socava el cliché que se

[1] Lev Tolstói, *La muerte de Iván Ilich. El diablo. El padre Sergio*, trad. José Laín Entralgo, Barcelona, Salvat, 1982.

ha impuesto en los libros de texto acerca del santo de Yásnaia Poliana. Se nos muestra la conciencia estremecida de un hombre frágil e inseguro que se hunde bajo el peso de la obligación que se ha impuesto. Ni la admiración del mundo, ni la lisonjera divinización de sus discípulos, ni las peregrinaciones de cada día, ninguno de esos sonoros reconocimientos consiguieron engañar a este intelecto lúcido, que no perdía de vista la teatralidad del cristianismo literario, ni el afán de gloria que ocultaban las humillaciones autoimpuestas. En esta autopsia simbólica, su infatigable espíritu crítico cuestiona incluso la honestidad de su voluntad originaria. Presa de la angustia, pone en boca de su doble una pregunta: «¿No había un deseo sincero de servir a Dios?». Y la respuesta golpea con despiadada vehemencia las puertas de la santidad: «Sí, pero todo eso era impuro, se hallaba invadido por la enmarañada maleza de la fama mundana. No, no existe Dios para quien vive como vivía yo, pensando en alcanzar la gloria entre los hombres». Ha pervertido la fe a fuerza de hablar demasiado y darle un carácter trágico a su devoción. Tolstói reconoce, con su característica lucidez, que la pose teatral ante la literatura europea, las patéticas confesiones públicas en lugar del humilde silencio, todo eso le ha impedido alcanzar la santidad. Sólo cuando haya renunciado al mundo, a la gloria y a la vanidad, podrá el padre Sergio, ese hermano del autor, acercarse a su Dios. Son las propias palabras de Tolstói las que pone en boca de su personaje a continuación: «Ahora lo buscaré».

«Ahora lo buscaré». La frase encierra la voluntad más sincera de Tolstói y su destino, que no es encontrar a Dios, sino buscarlo. No se ha convertido en un santo, ni en un profeta mesiánico, ni siquiera ha sido capaz de ser completamente honesto y franco en su vida: siempre ha sido un hombre como cualquiera, grandioso en algunos momentos y deshonesto y vanidoso en otros, un hombre con debilidades, carencias y ambigüedades, pero también un hombre que en todo momento ha cobrado conciencia de sus errores y se ha esforzado por alcanzar la perfección con un apasionamiento sin igual. No es un santo, pero su voluntad es sagrada, no es un creyente, pero tiene una fe titánica, no ha sido la imagen viva de lo divino, serena, apacible y perfecta en sí misma, sino el símbolo de una humanidad siempre insatisfecha que jamás puede descansar en el camino, de una humanidad en constante pugna, a toda hora, cada día, para alcanzar una forma más pura.

X

UN DÍA EN LA VIDA DE TOLSTÓI

> La situación en la familia es dolorosa. Es doloroso que no pueda compartir nada con ellos. Todas sus alegrías, el examen, los éxitos mundanos, la música, el mobiliario, las compras, todo eso lo considero una desgracia y un mal para ellos y no puedo decírselo. Puedo, y lo digo, pero mis palabras no llegan a nadie.
>
> TOLSTÓI, *Diarios (1847-1894)*[1]

Así imagino yo, gracias a los testimonios de sus amigos y a sus propias palabras, un día entre mil en la vida de Tolstói.

Por la mañana, muy temprano, el sueño abandona lentamente los párpados del anciano, que despierta y mira a su alrededor: la primera luz del día da color ya a las ventanas, amanece. De las profundidades oscuras emerge el pensamiento, y la primera sensación es de perplejidad y de dicha: «Todavía estoy vivo». La noche anterior, como todas, se acostó en su lecho con la humilde resignación de no volver a levantarse. Bajo la luz titilante de la lámpara ha escrito en su diario, antes de poner la fecha del día que comienza, las tres letras: «S. e. v.» («Si estoy vivo»); y, maravillosamente, una vez más se le ha concedido la gracia de la existencia: está vivo, respira, está sano. Como un saludo de Dios, el aire le llena los pulmones abiertos y sus ávidos y grises ojos absorben la luz. Agradecido, el anciano se levanta, se desnuda, el chorro de agua helada enrojece su cuerpo aún robusto. Con entusiasmo de gimnasta hace unas cuantas flexiones hasta que los pulmones gimen y las

[1] Trad. Selma Ancira, *op. cit.*, pp. 252-253.

articulaciones crujen. Luego se cubre la piel enrojecida con una camisa y se echa encima su bata, abre las ventanas, barre con sus propias manos la alcoba y echa unos leños al fuego, que brilla y crepita. Él es su propio criado, su propio siervo.

Luego desciende al salón para desayunar. Allí están ya Sofía Andréievna, las hijas, el secretario. El té hierve en el samovar. En una bandeja, el secretario le presenta el abigarrado montón de cartas, revistas y libros franqueados desde los cuatro puntos cardinales. Malhumorado, Tolstói echa un vistazo a la torre de papeles y piensa para sus adentros: «Incienso y molestias». En cualquier caso, distracciones. Debería pasar más tiempo a solas consigo mismo y con Dios, no tener que jugar siempre a ser el ombligo del mundo; mantener alejado todo lo que estorba, lo que confunde, lo que envanece, lo que nos vuelve altaneros, adictos a la gloria e insinceros. Pero la curiosidad le puede más y el anciano hojea con dedos rápidos el caótico montón de peticiones, quejas, ruegos, encargos, anuncios de visita y mera charlatanería. Un brahmán, desde la India, le reprocha en una carta haber entendido mal a Buda; un criminal le cuenta la historia de su vida desde la cárcel y le pide consejo; algunos jóvenes le confiesan sus temores, mientras que los mendigos le cuentan sus penurias; todos acuden a él, el único hombre que, según dicen, puede ayudarlos, la conciencia del mundo. Las arrugas en la frente se hacen más profundas cuando el anciano frunce el ceño: «¿A quién puedo ayudar yo—piensa—, que ni siquiera sé cómo ayudarme a mí mismo? Paso los días vagando, perdido, en busca de un nuevo sentido para soportar esta vida insondable, y hablo en tono grandilocuente de la verdad a fin de engañarme. No es extraño que acudan a mí todas estas personas y me pidan: "¡Lev Nikoláievich, enséñanos a vivir!". Todo lo que hago es una mentira, pura vanidad e impostura; en realidad estoy agotado hace tiempo, porque me prodigo, me disperso volcándome en esas miles y miles de personas en lugar de concentrarme en mí mismo; porque no hago más que hablar y hablar, en lugar de callar y escuchar en silencio la voz interior de la verdad. Pero no puedo defraudar la confianza de la gente, tengo que responderles».

Hay una carta que le ocupa más tiempo que el resto, la lee dos, tres veces: es la misiva de un estudiante encolerizado que le echa en cara que predique beber agua pese a que él bebe vino. Ya es hora, le dice, de abandonar su casa, de entregar sus propiedades a los campesinos y de salir a peregrinar por los caminos de Dios. «Tiene razón—piensa Tolstói—, está apelando a mi conciencia. Pero ¿cómo podré explicarle lo que ni yo mismo me puedo explicar? ¿Cómo puedo defenderme cuando me acusa en mi propio nombre?». Entonces el anciano coge la carta, se levanta y la lleva consigo a su despacho para responderla. Ya en la puerta, el secretario lo sigue y le recuerda que al mediodía llega el corresponsal de *The Times* para entrevistarlo: «¿Lo va a recibir?». El rostro de Tolstói se ensombrece: «¡Siempre el mismo incordio! ¿Qué quieren de mí? Husmear en mi vida. Todo lo que tengo que decir está en mis escritos, cualquiera que sepa leer puede entenderlos». Pero, pese a todo, la flaqueza de la vanidad lo hace ceder de inmediato: «De acuerdo—dice el anciano—, pero sólo media hora». Y apenas Tolstói cruza el umbral de su despacho, su conciencia le murmura: «¿Por qué has cedido otra vez? Ya tienes el pelo cano y estás a un paso de la muerte, pero sigues siendo vanidoso y te entregas a las lisonjas de los hombres: cada vez que te solicitan y te halagan cedes. ¿¡Cuándo aprenderás a ocultarte y a callar de una vez!? ¡Ayúdame, Dios mío, ayúdame!».

Por fin está a solas consigo mismo en el despacho. En las paredes desnudas cuelgan la guadaña, el hacha y el martillo; frente a la tosca mesa, sobre el suelo de madera encerada, un pesado asiento, que parece más un tronco que una butaca. La habitación es una celda, mitad monacal y mitad campesina. Sobre su mesa aguarda el trabajo del día anterior, inacabado, *El camino de la vida*. Tolstói relee, tacha, cambia, reescribe. Escribe aprisa, trazando letras grandes como las de un niño, y de pronto se detiene: «Soy demasiado descuidado, demasiado impaciente. ¿Cómo puedo escribir sobre Dios, si ni siquiera tengo claro el concepto para mí mismo, si no tengo constancia alguna y mis pensamientos varían de un día para otro? ¿Cómo puedo hablar claramente y que todos me comprendan cuando hablo de Dios, innombrable, y de la vida, eternamente incomprensible? Lo que hago supera mis fuerzas. Dios mío, qué seguro estaba antes, cuando escribía obras literarias, cuando presentaba a los hombres la vida tal y como Él la ha puesto ante nosotros, no como yo, viejo y confundido, desearía que fuese. Yo no soy un santo, ni mucho menos, así que no debería enseñar nada a los hombres; sólo soy alguien a quien Dios le ha concedido una mirada más penetrante y sentidos más agudos para que observe el universo. Y tal vez era más auténtico y mejor entonces, cuando sólo servía al arte que ahora maldigo insensatamente».

Tolstói se detiene y mira involuntariamente a su alrededor, como si alguien pudiera estar espiándolo en el momento en que saca de un cajón oculto la novela corta en la que está trabajando en secreto (porque en público ha denostado y denigrado el arte como algo «superfluo» y como un «pecado»). Ahí están las obras escritas en secreto, ocultas a ojos de los hombres, *Hadyi Murad*, *El cupón falso*. Las hojea, lee unas pocas páginas. Los ojos se le iluminan: «Sí, está bien escrito—se dice—. Dios me ha llamado para que describa su creación, no para que desvele sus pensamientos. ¡Qué hermoso es el arte, qué pura es la creación literaria y qué tormentoso es pensar! Qué feliz fui entonces, cuando escribí esas páginas, me rodaban las lágrimas mientras describía una mañana de primavera en *La felicidad conyugal*,* y por las noches Sofía Andréievna entraba en la habitación y me abrazaba con mirada cálida; mientras ella copiaba, de repente se interrumpía para darme las gracias, y éramos felices durante toda la noche, durante toda la vida. Pero ahora ya no hay vuelta atrás, no puedo decepcionar a la gente, tengo que seguir avanzando por el camino emprendido, porque todos esperan que los consuele de sus miserias del alma. No puedo detenerme, tengo los días contados». Tolstói suspira y vuelve a guardar esas amadas páginas en el escondrijo del cajón. Como un escriba a sueldo, mudo, de mala gana, vuelve a su tratado teórico, con el ceño fruncido y el mentón tan hundido que la barba blanca frota el papel y, como la pluma, hace un ruidito.

¡Por fin es mediodía! ¡Ya está bien por hoy! Suelta la pluma, se levanta de un salto y baja la escalera de caracol a toda prisa, con pasos ágiles y breves. Abajo, el mozo de la caballeriza ya le tiene lista a *Delire*, su yegua favorita. De un salto sube a la montura, y el cuerpo que antes se encorvaba al escribir se estira y parece más alto, más fuerte, más joven y ágil cuando Tolstói, muy erguido, ligero y suelto como un cosaco, sale cabalgando sobre el esbelto caballo en dirección al bosque. La barba blanca ondea al viento, el anciano abre con sensualidad los labios para absorber el olor de los campos, para sentir en su cuerpo que envejece el pálpito de la vida; y la voluptuosa sangre agitada le corre caliente y dulce por las venas, desde la punta de los dedos hasta la rumorosa caracola del oído.

Justo antes de adentrarse en el bosque se detiene para contemplar los brillantes botones de las flores que cente-

* Lev Tolstói, *La felicidad conyugal*, trad. Selma Ancira, Barcelona, Acantilado, 2012.

llean abiertos bajo el sol de primavera y se recortan contra el cielo azul como un fino velo verde, delicado como encaje. Apretando bruscamente los muslos obliga a la yegua a avanzar hacia los abedules; su ojo de halcón observa excitado la procesión microscópica de hormigas recorriendo el tronco de un árbol, algunas ya cargadas, con la barriga inflada, las otras tratando de sujetar la porción de una hoja del árbol con sus diminutas y afiligranadas tenazas. Durante varios minutos el anciano patriarca permanece inmóvil, contemplando admirado ese espectáculo grandioso en su insignificancia, y unas cálidas lágrimas se deslizan hasta perderse en la barba.

Qué prodigioso es ese espejo divino de la naturaleza, siempre lleno de nuevas maravillas, a la vez mudo y elocuente, eternamente animado y más sabio en su quietud que todos los pensamientos y todas las preguntas. Bajo su cuerpo, el caballo resopla impacientándose. Tolstói despierta de su profunda meditación, aprieta con fuerza los muslos contra los flancos de la yegua para sentir ahora, en el soplo del viento, el ardor y la pasión de los sentidos. Cabalga y cabalga, feliz, sin pensar nada, y recorre así unas veinte verstas, hasta que el sudor cubre de una espuma blanca los flancos de la yegua. Luego, el anciano da media vuelta y regresa a casa tranquilamente. Le brillan los ojos, siente el alma ligera, está feliz y contento como de jovencito, al recorrer esos mismos bosques y ese camino tan familiar al cabo de setenta años.

Pero al llegar cerca de la aldea, su rostro radiante se ensombrece de pronto. Su mirada experta ha examinado los campos de cultivo: hay uno allí, en medio de su propiedad, que está mal atendido, abandonado, la valla está podrida y en un tramo ha desaparecido, probablemente para usar la madera como leña, el suelo no ha sido roturado. Furioso, se acerca a caballo para pedir explicaciones. En la puerta de una choza aparece, descalza, con el pelo revuelto y la mirada baja, una desaseada mujer; dos o tres niños semidesnudos se aferran temerosos a su falda harapienta, y en la choza baja y ahumada un cuarto niño solloza. Frunciendo el ceño, el anciano pregunta por el motivo de aquel abandono. La mujer lloriquea y masculla unas palabras inconexas: su marido lleva seis semanas en el calabozo, lo prendieron por robar leña. Cómo iba a ocuparse ella, a falta de su marido fuerte y laborioso, que sólo robó por culpa del hambre, ya sabe el señor conde lo mal que están las cosas: la mala cosecha, los altos impuestos, el arriendo. Los niños, al ver a su madre llorar, comienzan a sollozar. Tolstói se apresura a llevarse la mano al bolsillo y entrega a la mujer, para evitar que prosiga, una moneda. Luego sale al galope como un fugitivo. Se ha puesto aún más sombrío, la alegría se ha esfumado. «Esto ocurre en mis propiedades o, mejor dicho, en las propiedades que regalé a mi mujer y a mis hijos. Pero ¿por qué me escondo cobardemente detrás de mi esposa para eludir mi complicidad y mi culpa? Entregar la propiedad ha sido una comedia para engañar al mundo, nada más; porque, del mismo modo que yo me he aprovechado del trabajo de los campesinos, los míos se enriquecen a costa de la miseria de esos hombres. Bien sé que las tejas de la nueva casa donde vivo se cocieron con el sudor de sus frentes, están hechas de su carne, de sus fatigas petrificadas. ¿Cómo pude regalar a mi mujer y a mis hijos lo que no me pertenecía, la tierra de esos campesinos, que son los que la aran y la cultivan? Debería avergonzarme ante Dios, en cuyo nombre yo, Lev Tolstói, predico siempre la justicia a los hombres; yo, que todos los días asisto al espectáculo de la miseria ajena al asomarme a la ventana». Con el rostro furibundo, su expresión se ensombrece aún más cuando entra cabalgando a través de las columnas de piedra que delimitan la casa señorial. El lacayo con librea y el mozo de cuadras salen corriendo a la puerta para ayudarlo a desmontar del caballo. «Mis esclavos», dice para sus adentros amargamente, malhumorado, atormentado por la vergüenza que lo señala como culpable.

En el amplio comedor le espera la larga mesa, cubierta con un mantel blanco de flores sobre el que descansan los cubiertos de plata: la condesa, las hijas, los hijos, el secretario, el médico de cabecera, la francesa, la inglesa, algunos vecinos, un estudiante revolucionario, empleado como profesor particular, y además el reportero inglés: en esa macedonia humana reina un bullicio eufórico y confuso. Pero en el instante en el que Tolstói hace su entrada el ruido se acalla de repente, se impone el respeto. Serio, con cortesía aristocrática, el anciano saluda a los huéspedes y se sienta a la mesa sin decir palabra. Cuando el criado con librea le sirve sus selectos alimentos vegetarianos—espárragos importados y preparados de la manera más exquisita—Tolstói recuerda a su pesar a la mujer harapienta, la campesina a la que ha dado diez kopeks. Mientras está allí sentado, circunspecto, examina su alma: «Si comprendieran de una vez que no puedo ni quiero vivir así, rodeado de lacayos, con almuerzos de cuatro platos servidos en vajilla de plata, rodeado de montones de cosas superfluas, mientras que los otros no tienen ni siquiera lo imprescindible. Todos saben que sólo les pido ese sacrificio, sólo ése, que renuncien al lujo, ese ignominioso pecado contra la igualdad que Dios desea ver reinar entre los hombres. Pero desgraciadamente mi mujer, que debería compartir mis ideas del mismo modo que comparte mi lecho y mi vida, se ha convertido en la enemiga de mis ideas. Es como una rueda de molino atada a mi cuello, el peso que lastra mi conciencia, que me arrastra a una vida falsa y mendaz. Hace tiempo que debí cortar las ataduras que me unen a ella. ¿Qué más me queda por hacer con mi familia? Son un estorbo para mí y yo soy un estorbo para ellos. Estoy de más aquí, soy una carga para ellos y para mí mismo».

Tratando de huir de su rabia, Tolstói levanta la vista e involuntariamente mira a Sofía Andréievna, su mujer. Dios mío, cuánto ha envejecido, cuánto se le ha encanecido el pelo, también ella tiene la frente surcada de arrugas y una mueca de amargura le tuerce la boca. Entonces una oleada de ternura inunda de repente el corazón del anciano: «Dios mío—piensa—, qué sombría es su expresión, cuánta tristeza hay en su rostro, ella que era tan joven, inocente, alegre y risueña cuando la acogí en mi vida. Llevamos juntos una vida entera, cuarenta, cuarenta y cinco años, la tomé cuando era sólo una moza y yo ya era un hombre maduro. Me ha dado trece hijos, me ha ayudado a crear mis obras, ha amamantado a mis vástagos, ¿y qué he hecho yo de ella? Una mujer desesperada, al borde de la locura, a la que hay que esconderle bajo llave los somníferos para que no arroje su vida por la borda: así de infeliz la he hecho. En cuanto a mis hijos, sé que no me quieren; y en cuanto a mis hijas, estoy consumiendo su juventud; y mis secretarios copian cada palabra que pronuncio y picotean en cada frase como los gorriones en las bostas de caballo, ya tienen listo el bálsamo y el incienso para conservar mi momia en el museo de la humanidad. Ahí está también ese bobo inglés, que espera con el cuaderno de apuntes en ristre para que yo le explique "la vida". Esta mesa es un pecado contra Dios y contra la verdad, y también esta casa horrorosa llena de horribles secretos e impura. Y aquí estoy yo cómodamente sentado en este ambiente, sintiéndome arropado y a gusto, en lugar de levantarme de un salto y seguir mi camino. Sería mejor para mí y para ellos que ya estuviera muerto. Soy demasiado longevo y no vivo en la verdad: hace ya muchos años que llegó mi hora».

El lacayo le ofrece un nuevo plato, frutas dulces con crema de leche. Con un gesto furibundo, Tolstói rechaza la fuente de plata. «¿No está buena la comida?—pregunta con inquietud Sofía Andréievna—, ¿es demasiado pesada para ti?». Pero Tolstói se limita a responder amargamente: «Lo más difícil para mí es que está demasiado buena».

Los hijos lo miran contrariados, la esposa, extrañada; el reportero se esfuerza por retener, es evidente que quiere atesorar cada aforismo.

Por fin concluye la comida. Todos se levantan y pasan al saloncito de invitados. Tolstói debate con el joven revolucionario, quien, a pesar de todo el respeto por el anciano, lo contradice osada y vivazmente. Los ojos de Tolstói relampaguean, habla de un modo atropellado, como dando cornadas, casi a gritos; todavía lo invade una pasión incontrolable cuando discute, como antes le sucedía cuando salía de caza o jugaba al tenis. No obstante, en algún momento se sorprende a sí mismo arrebatado y se fuerza a mostrarse humilde, baja la voz: «Pero quizá me equivoque. Dios ha diseminado sus ideas entre los hombres, y ni yo ni nadie podemos saber si las ideas que expresamos son divinas o propias». Y, para cambiar de tema, se dirige al resto: «¿Por qué no damos un paseo por el parque?».

Mientras caminan se detiene: bajo el olmo centenario, frente a la escalinata de la casa señorial, en el «árbol de los pobres», le aguardan los visitantes del pueblo, los mendigos y sectarios, los «siniestros». Han peregrinado más de treinta kilómetros para pedir consejo o limosna. Allí están, quemados por el sol, exhaustos, con los zapatos cubiertos de polvo. En cuanto se acerca el «amo», el *barin*, algunos se inclinan hasta el suelo a la manera rusa. Tolstói se acerca a ellos con paso rápido y decidido. «Decidme qué deseáis». «Querría preguntaros, excelentísi…». «No soy excelentísimo, nadie lo es, salvo Dios», lo interrumpe Tolstói. El pobre campesino hace girar la gorra entre sus manos, acoquinado, y por fin empieza a hacer preguntas confusas, que si es cierto que la tierra debe pertenecer a los campesinos, que cuándo va a recibir su pedazo de tierra para cultivar. Tolstói responde con impaciencia, le exaspera la falta de claridad. Luego le toca el turno a un guardabosques, que le hace diversas preguntas sobre Dios. Tolstói le pregunta si sabe leer, y cuando éste responde que sí, pide que le entreguen un ejemplar de *¿Qué hacer?* y despide al hombre. Luego se acercan varios mendigos, uno tras otro. Rápidamente, Tolstói, ya impaciente, los despacha con una moneda de cinco kopeks, y al darse la vuelta advierte que el periodista le ha tomado una foto mientras repartía las monedas. De nuevo se le ensombrece el rostro: «Así me representan: Tolstói, el bondadoso con los campesinos, el que da limosnas, el hombre noble y caritativo. Pero cualquiera que pudiera mirar en mi corazón sabría que nunca he sido bueno, que sólo intento aprender a ser bueno. No me he ocupado realmente de otra cosa que de mi yo. Jamás he sido caritativo, en toda mi vida he regalado a los pobres ni la mitad de lo que, en mi juventud, perdía en una noche jugando a las cartas en Moscú. Jamás se me ha ocurrido enviarle a Dostoievski, pese a saber que pasaba hambre, los doscientos rublos que lo habrían salvado durante un mes o tal vez para siempre. Y, aun así, tolero que me celebren y me glorifiquen como el más noble de los hombres, aunque en mi fuero interno sepa muy bien que sólo estoy al principio del principio».

Tiene prisa por ir a dar ese paseo al parque, y avanza con la barba cana ondeando al viento y con tanto ímpetu que los demás apenas pueden seguirlo. Ahora no se trata de hablar, sino tan sólo de sentir los músculos, la flexibilidad de los tendones, de contemplar un rato el partido de tenis de sus hijas, la inocencia del puro ejercicio físico. Contempla cada movimiento con interés y ríe orgulloso con cada golpe certero. Luego, distendido y sereno, prosigue el paseo a través del blando musgo que desprende un aroma suave. A continuación, regresa a su escritorio, lee y descansa un poco: a veces se siente exhausto y le pesan las piernas. Mientras se encuentra echado sobre el diván de cuero, solo, con los ojos cerrados y sintiendo el peso de los años, piensa en silencio: «No está tan mal: ¿dónde han quedado esos días terribles en los que todavía temía a la muerte como a un fantasma, cuando quería ocultarme de ella y negarla? Ahora ya no la temo, incluso me sienta bien notarla tan cerca». Tolstói se incorpora, las ideas revolotean en medio del silencio. A veces apunta rápidamente una palabra a lápiz, luego pasa un buen rato con la mirada perdida y expresión grave. Y en esos instantes el rostro del anciano fatigado es hermoso, mientras está absorto en sus ideas y ensoñaciones, solo consigo mismo y con sus pensamientos.

Por la noche, baja de nuevo al salón, por hoy ya ha trabajado suficiente. Su amigo Goldenweiser, el pianista, pregunta si puede tocar algo. «¡Con mucho gusto, con mucho gusto!». Tolstói se apoya en el piano y oculta los ojos con las manos para que nadie vea cómo lo conmueve la magia de los sonidos. Escucha con los párpados cerrados y respirando profundamente. Es maravillosa la música, esa música de la que él tanto ha renegado públicamente, y despierta en él la ternura: después de todos los pensamientos que lo acosan, la música devuelve a su alma el sentimiento de bondad. «¿Cómo he podido denostar el arte?—piensa—. ¿Dónde está el consuelo, si no en el arte? Todo pensamiento ensombrece, todo saber perturba el espíritu, ¿y dónde sentimos más nítidamente la presencia de Dios, si no en las imágenes y las palabras del artista? Vosotros sois mis hermanos, Beethoven y Chopin, siento vuestras miradas posarse sobre mí y el corazón de la humanidad latir en mi interior: perdonadme, hermanos míos, por haberos ofendido». La interpretación termina con un acorde estridente. Todos aplauden, y también Tolstói, tras vacilar unos instantes. Toda inquietud se ha esfumado y con una sonrisa se une al grupo de personas reunidas y disfruta de la buena conversación; por fin lo rodea un poco de alegría y de calma, y ese día tan variado parece haber llegado a su fin.

Sin embargo, antes de irse a la cama todavía va una vez más a su despacho. Antes de que el día termine, Tolstói habrá de juzgarse por última vez, hará, como cada día, un balance de cada hora y de toda su vida. El diario yace abierto sobre la mesa, el ojo de la conciencia lo observa desde las páginas en blanco. Tolstói rememora cada hora del día y se juzga. Recuerda a los campesinos, la miseria de la que él mismo es culpable, esa miseria junto a la que él ha pasado cabalgando sin ofrecer otra ayuda que alguna que otra escuálida y lamentable moneda. Recuerda haberse mostrado impaciente con los mendigos y el resentimiento hacia su mujer. Todas esas culpas las registra en su diario, su libro de acusaciones, y, furibundo, anota a lápiz: «Otra vez he sido indolente, he tenido el alma embotada. ¡No he sido suficientemente bondadoso! Todavía no he aprendido a hacer lo más difícil, amar a los hombres que están a mi alrededor en lugar de a la humanidad. ¡Ayúdame, Señor, ayúdame!».

Todavía anota la fecha del día siguiente y esas misteriosas letras, «S. e. v.» («Si estoy vivo»). Entonces sí ha concluido su labor, ha vivido otro día. Con los hombros caídos, el anciano se dirige hasta la habitación contigua, se quita el blusón, las pesadas botas y deja caer su pesado cuerpo en el lecho; y como siempre su primer pensamiento es la muerte. Los pensamientos revolotean a su alrededor como coloridos e inquietos lepidópteros nocturnos, pero muy pronto desaparecen en el bosque de una oscuridad cada vez más profunda, como mariposas primaverales. El sueño lo cubre definitivamente con su oscuro manto...

Pero de repente se incorpora asustado. ¿No ha oído unos pasos? Sí, oye pasos en la habitación contigua, en el despacho, pasos sigilosos. Tolstói se levanta de un salto, sin hacer ruido, semidesnudo, y pega un ojo inquieto al hueco de la cerradura. Sí, hay luz en el cuarto de al lado, alguien ha entrado con una lámpara y hurga en su escritorio, hojea su diario, lo más íntimo, a fin de leer las palabras, ese diálogo con su conciencia. Es Sofía Andréievna, su mujer: lo espía hasta en sus secretos más profundos, ni siquiera lo deja en paz a solas con Dios, está rodeado por todas partes, en su casa, en su vida, en su alma, por doquier lo envuelven la avidez y la curiosidad de los hombres. Colérico, con las manos temblorosas, está a punto de agarrar el pomo de la puerta para abrirla de golpe y arrojarse sobre su propia mujer, que lo ha traicionado. Pero en el último instante su ira se aplaca: «Tal vez esto también sea una prueba». Entonces se desliza hasta el lecho, sigiloso, compungido, escuchando su voz interior, como si escuchara el eco de un pozo agotado. Y así permanece despierto un buen rato. Lev Nikoláievich Tolstói, el hombre más grande y poderoso de su época, traicionado en su propia casa, atormentado por las dudas y aterido de soledad.

XI
DECISIÓN Y TRANSFIGURACIÓN

> Para creer en la inmortalidad es preciso vivir aquí una vida inmortal.
>
> TOLSTÓI, *Diarios*, 6 de marzo de 1896

Año 1900. A sus setenta y dos años Lev Tolstói ha cruzado el umbral del siglo. Con la mente aún muy clara pese a ser ya una figura legendaria, el anciano heroico avanza por el camino de la perfección. Su rostro refulge con menos intensidad que antes, la tez amarillenta del antiguo cosmopolita, ahora con su barba salpicada de nieve, parece un pergamino transparente, surcado de infinitas arrugas y runas. Una paciente y resignada sonrisa anida ahora alrededor de los apacibles labios; raras veces la cólera eriza sus pobladas cejas, y la fisonomía del otrora irritable Adán parece más indulgente y transfigurada. «¡Qué bondadoso se ha vuelto!», se asombra su propio hermano, quien durante toda su vida lo conoció como un hombre colérico e indomable. Y, en efecto, la desaforada pasión comienza a aplacarse, fatigada de tanta lucha y tanto tormento: un nuevo fulgor de bondad ilumina su rostro en el crepúsculo de la vida. Resulta conmovedor contemplar a este hombre otrora tan sombrío: es como si la naturaleza hubiese aplicado su violencia durante casi tres cuartos de siglo para que, por fin, se manifestara en él la belleza más íntima en esa forma postrera, la enorme, sabia e indulgente grandeza del anciano. Y esa fisonomía transfigurada es la que recuerda la humanidad como el verdadero retrato de Tolstói. Así preservarán varias generaciones la respetable imagen de su rostro grave y sereno.

La edad, que normalmente estropea y desfigura la expresión de los hombres heroicos, confiere al rostro sombrío de Tolstói una perfecta majestuosidad. La dureza se ha vuelto grandeza, la pasión se ha trocado en bondad y en compasión fraternal. Y en realidad es eso lo único que desea el viejo luchador: paz, «paz con Dios y con los hombres», paz también con su enemigo más implacable, la muerte. Atrás ha quedado, por suerte, el miedo cruel, el pánico feroz a la muerte, y con mirada serena, dócil, el anciano contempla de cara su cercana hora postrera. «Creo que es posible que mañana ya no esté vivo, cada día intento hacerme un poco más a la idea y cada vez me acostumbro más a ella». Y, algo maravilloso, desde que ese convulsivo miedo no hostiga al hombre tanto tiempo atormentado, Tolstói ha recuperado la creatividad. Como el anciano Goethe, que en su última hora regresa de sus distracciones científicas a su «principal asunto», también Tolstói, el predicador, el moralista, vuelve al arte del que tanto renegó, en una década de su vida en la que parecía improbable, entre los setenta y los ochenta años: una vez más, en el nuevo siglo, el artista más grande de la centuria anterior resucita con la misma grandeza de antaño. Tensando audazmente el arco de su existencia el anciano recuerda una vivencia de sus años como cosaco y compone una epopeya, esa Ilíada que es *Hadyi Murad*, en la que resuenan las armas y las batallas, una epopeya narrada de un modo sencillo y grandioso, como en sus días más plenos.

La tragedia *El cadáver viviente*, los magistrales relatos de *Después del baile** y *Kornei Vasíliev*, y otras muchas pequeñas leyendas dan fe del glorioso retorno y de la purificación del artista de todo el desánimo del moralista. En

* Lev Tolstói, *Después del baile*, trad. Selma Ancira, Barcelona, Acantilado, 2016.

ningún pasaje de estas obras tardías puede intuirse la mano trémula, cansada de escribir de un anciano: insobornable, impertérrita, su mirada gris observa el estremecedor destino de los hombres. El juez de la existencia ha vuelto a su condición de poeta y, en sus maravillosas confesiones de la vejez, el antiguo maestro de la vida se inclina con veneración ante el carácter inescrutable de lo divino: la impaciente curiosidad por las cuestiones supremas de la vida se modera y transforma en la escucha humilde de esa rumorosa oleada del infinito, cada vez más próxima. En efecto, Lev Tolstói se ha vuelto más sabio en los últimos años de existencia, pero todavía no está cansado. Incesantemente, como un campesino eterno, trabaja en su diario, roturando los inagotables campos de las ideas, hasta que la pluma se le cae de las manos entumecidas.

Porque este hombre incansable todavía no puede descansar, el destino le ha otorgado un sentido a su vida: el de luchar por la verdad hasta el último suspiro. Una labor postrera, la más sagrada de todas, aguarda su culminación, y ésta ya no tiene que ver con la vida, sino con la propia muerte que se aproxima: describirla de la manera más digna y ejemplar acaparará los últimos esfuerzos vitales de este imponente creador, a ella dedicará Tolstói, con grandeza, las fuerzas que le quedan. En ninguna otra de sus obras trabajó Tolstói durante tanto tiempo y con tanta pasión como en su propia muerte, y lo hizo como artista honesto y tenaz, para legar a la humanidad ese último acto, puro y sin mácula: el más humano de todos.

Esa lucha por alcanzar una muerte pura, sin mentiras, perfecta, será la batalla decisiva en la guerra por la verdad de este septuagenario que no logra encontrar la paz, y al mismo tiempo será la batalla más dolorosa, porque tiene que combatir contra su propia sangre. Todavía ha de consumar una última hazaña, algo que ha evitado durante toda su vida, por un temor que parecía incomprensible: la renuncia definitiva e irrevocable a su propiedad. Como su personaje Kutúzov de *Guerra y paz*, que trata de eludir la batalla final y confía en derrotar al terrible enemigo mediante constantes retiradas estratégicas, Tolstói, temeroso, había aplazado la renuncia definitiva a su fortuna y, para evitar los remordimientos de conciencia, se había refugiado en la «sabiduría de la inacción». Cualquier intento de renunciar para siempre a los derechos de sus obras, aun después de su muerte, encontró siempre la más firme oposición de la familia, y él había sido demasiado débil y humano para desentenderse brutalmente de la misma. Así que, durante años, Tolstói se limitó a no tocar personalmente el dinero y a no hacer uso de sus ingresos. Sin embargo, él mismo señala que «en la raíz de mi abstención estaba la circunstancia de que, como yo negaba por principio toda propiedad, no me ocupaba de mis bienes por un falso sentimiento de vergüenza ante los hombres y para que no me acusaran de ser inconsecuente». Una y otra vez, tras los distintos intentos infructuosos, cada uno de los cuales desata una tragedia en el círculo familiar, Tolstói elude tomar una decisión clara y definitiva sobre su herencia y la aplaza a un futuro indeterminado. Pero en 1908, a los ochenta años, cuando la familia aprovecha el jubileo para hacer una edición de sus obras completas con un enorme gasto de dinero, el enemigo público de toda propiedad ya no puede permanecer de brazos cruzados. A los ochenta años, Lev Tolstói tiene que librar la batalla definitiva a cara descubierta. Y así Yásnaia Poliana, aquel lugar de peregrinación de toda Rusia, se convierte tras sus puertas cerradas en el escenario de una lucha, la batalla de Tolstói contra los suyos, un combate enojoso y horrible porque su objeto es algo tan mezquino como el dinero, y de cuya atrocidad sólo dan una débil idea las desgarradoras lamentaciones en los diarios del escritor: «¡Ay, qué difícil es deshacerse de esta vil e incriminatoria propiedad», se lamenta por esos días (25 de julio de 1908), pues la mitad de la familia se aferra con uñas y dientes a esa propiedad. Lamentables escenas de folletín, cajones forzados, armarios revueltos, conversaciones espiadas, intentos de declarar a Tolstói senil e incapaz, se alternan con instantes trágicos como los intentos de suicidio de su esposa, las amenazas de Tolstói de huir de la casa: «el infierno de Yásnaia Poliana», como él lo llama, abre sus puertas. Pero precisamente de todos esos tormentos saca Tolstói por fin la fuerza para tomar la decisión extrema. Algunos meses antes de morir, y en aras de garantizar la pureza y la probidad de su muerte, el anciano se decide a no tolerar ninguna ambigüedad ni vaguedad más, y deja un testamento a la posteridad que, de modo inequívoco, lega a la humanidad toda su propiedad intelectual. Pero para poder realizar ese último acto de integridad será necesaria una última mentira. Puesto que en casa se siente espiado y vigilado, el anciano de ochenta y dos años sale un día a cabalgar al bosque vecino de Grumont, supuestamente para dar un paseo inocente, y entonces, sentado sobre el tocón de un árbol—dramático instante de nuestro siglo—Tolstói firma, en presencia de tres testigos y de los caballos que resoplan impacientes, aquel documento que dará validez y autoridad a su voluntad después de la muerte.

Con ello se ha librado de los grilletes y cree haber realizado la hazaña decisiva. Sin embargo, todavía le espera la decisión más difícil, la más importante y necesaria. Pues no es posible guardar ningún secreto en esa casa repleta de moradores y chismorreos: muy pronto la esposa sospecha que Tolstói ha hecho un testamento secreto, y de inmediato informa a la familia entera. Buscan el testamento en cajones y armarios, revisan cada página del diario en busca de alguna pista, la condesa amenaza de nuevo con suicidarse si el odiado cómplice de su marido, Chertkov, no suspende de inmediato sus visitas. Tolstói comprende entonces que en medio de tales pasiones, de la codicia, el odio y el desasosiego, no podrá crear su última obra de arte, y el miedo sobrecoge al anciano, teme que la familia pueda «arrebatarle la tranquilidad espiritual en esos preciosos últimos minutos que tal vez sean los más gloriosos». De repente vuelve a surgir, desde las profundidades de su alma, la idea de abandonar a su esposa y a sus hijos para alcanzar la perfección: hay que hacer lo que exige el Evangelio, renunciar a los bienes materiales y a la riqueza en aras de la santidad.

Dos veces había huido ya: en 1884 la primera, pero a mitad de camino le fallaron las fuerzas. En aquella ocasión se obligó a regresar junto a su esposa, que estaba de parto y que, esa misma noche, dio a luz una hija: la misma Alexandra Lvovna que ahora está a su lado, que protege su legado y está dispuesta a convertirse en su asistente en ese último tramo del camino. Trece años después, en 1897, Tolstói se marcha por segunda vez, dejando a su esposa aquella carta inmortal en la que le expone las cosas que atormentan su conciencia:

> He decidido hacer en este momento lo que hace mucho tiempo deseo hacer, irme, en primer lugar, porque a mí, con mis años que son cada vez más, esta vida me resulta más y más pesada y cada vez necesito más y más la soledad, y, en segundo lugar, porque los niños ya han crecido, mi influencia ya no es necesaria en casa [...] Lo principal es que, como los hindúes que cuando llegan a los sesenta años se van al bosque, yo, como todo anciano religioso, quiero dedicar los últimos años de mi vida a Dios, y no al tenis, a bromas, a juegos de palabras o chismes, así que yo, que estoy por cumplir setenta años, con todas las fuerzas de mi alma anhelo esta

tranquilidad, esta soledad y, si no una concordancia plena, por lo menos no una divergencia tan estridente entre mi vida y mis convicciones, entre mi vida y mi conciencia. La razón principal—tal y como hacen los hindúes, que huyen al bosque una vez han cumplido los sesenta años—, es que cualquier persona devota, en la vejez, siente el deseo de consagrar a Dios sus últimos años y no a las bromas ni al juego, al chismorreo y al tenis. Es por eso que ahora mi alma, en el momento en que acaba de cumplir sus sesenta años, añora con todas sus fuerzas la paz y la soledad, a fin de poder vivir en armonía con mi conciencia—en caso de que aun así no lo consiga—, o por lo menos huir de esa escandalosa contradicción que reina entre mi vida y mi fe.[1]

Pero también en esa ocasión la misericordia se impuso y Tolstói regresó. La fuerza de su yo interior aún no era tan grande, ni la llamada de su vocación tan poderosa. Pero ahora, trece años después de la segunda partida y veintiséis después de la primera, la enorme atracción de irse lejos se vuelve más dolorosa que nunca y la férrea convicción se siente atraída por un oscuro magnetismo. En julio de 1910, Tolstói escribe en su diario las siguientes palabras:

Por el momento lo único que quiero es alejarme y no participar en nada. No puedo hacer otra cosa, y he pensado seriamente en huir. A ver, muestra tu cristianismo. *C'est le moment ou jamais* ['Ahora o nunca']. Pero tengo unas ganas terribles de irme. Difícilmente mi presencia aquí es de utilidad para alguien o para algo. Un doloroso sacrificio, pero en detrimento de todos. Ayúdame, Dios mío, enséñame. Sólo una cosa quiero: no hacer mi voluntad, sino la Tuya. Lo escribo y me pregunto: ¿es así, no es una pose frente a mí mismo? Ayúdame, ayúdame, ayúdame.[2]

[1] L. Tolstói, *Correspondencia*, sel., ed. y trad. Selma Ancira, Barcelona, Acantilado, 2008, pp. 633-634.

[2] *Id.*, *Diarios (1895-1910)*, *op. cit.*, p. 362.

Sin embargo, sigue vacilando, todavía lo frena la preocupación por el destino de los demás, teme que su deseo sea culpable, y se inclina estremecido sobre su alma, atento, a la espera de una llamada interior o un mensaje desde lo alto que le «ordene» hacer lo que su voluntad vacilante no puede. Como si se arrodillara a rezar ante la voluntad insondable a la que se ha entregado y en cuya sabiduría confía, confiesa a su diario su angustia e inquietud. La espera es una suerte de fiebre en su conciencia inflamada, su corazón palpitante parece estremecer a todo su ser, y una vez más siente que el destino lo ha dejado expuesto al mero azar.

Entonces, justo a la hora precisa, una voz atronadora—la antigua y legendaria voz—clama en su interior: «¡Levántate y anda, toma la capa y el cayado del peregrino!». En ese instante hace acopio de fuerzas y parte en pos de su perfección.

XII
LA HUIDA HACIA DIOS

> Sólo es posible acercarse a Dios en soledad.
>
> TOLSTÓI, *Diarios*

El 28 de octubre de 1910, a eso de las seis de la madrugada, mientras la oscuridad de la noche aún pende entre los árboles, algunas siluetas rodean de forma extraña la casa señorial de Yásnaia Poliana. Se oyen tintineos de llaves, puertas abriéndose con sigilo. En el establo, el cochero engancha los caballos al carruaje con suma cautela para no hacer ruido; en dos de las habitaciones, unas sombras se mueven inquietas, como espectros, manipulan bajo la luz de la linterna toda suerte de paquetes, abren cajones y armarios. Luego se deslizan por las puertas que se abren silenciosas, deambulan susurrando entre las lodosas raíces del parque, y un carruaje, evitando pasar por delante de la casa, avanza silencioso en dirección al portón.

¿Qué está pasando? ¿Han entrado ladrones en la mansión? ¿Acaso la policía del zar está rodeando la vivienda del sospechoso para hacer un registro? No, nadie ha entrado, se trata simplemente de Lev Nikoláievich Tolstói, que se fuga de la prisión de su existencia, acompañado únicamente de su médico. La llamada ha resonado en su interior de un modo decisivo e inconfundible. Una vez más, por la noche, ha sorprendido a su esposa revolviendo en secreto, histéricamente, sus papeles, y de pronto ha aflorado en él, firme y certera, la decisión de abandonar a «quien ha abandonado su alma», de huir a alguna parte, hacia Dios, hacia sí mismo, hacia la muerte que le está destinada. Se ha echado de repente el abrigo por encima de la camisa de trabajo, se ha puesto un gran gorro, las botas de goma, y se ha marchado sin llevarse nada, salvo lo que el espíritu necesita para comunicarse con la humanidad: el diario, lápiz y pluma. En la estación ferroviaria garabatea una carta para su esposa y se la envía con el cochero: «Hago lo que suelen hacer los ancianos de mi edad: se retiran de la vida mundana para vivir en paz y soledad los últimos días de su vida».[1] Entonces suben al tren, y en el mugriento banco de un coche de tercera clase, envuelto en su abrigo, acompañado sólo por su médico, Lev Tolstói, el fugitivo, va en pos de Dios.

Pero Lev Tolstói ya no se llama así. Como Carlos V, el amo de dos mundos, que depuso de forma voluntaria todas las insignias de su poder para enterrarse en un sepulcro de El Escorial, Tolstói ha dejado atrás su nombre, además de su casa, su dinero y su gloria. Ahora se llama T. Nikoláievich, el nombre ficticio de quien quiere vivir una nueva vida y busca una muerte pura y adecuada. Despojado por fin de todas las ataduras, ahora sólo podrá ser el peregrino que recorre caminos extraños, servidor de su doctrina y de la palabra verdadera. En el monasterio de Schamordinó se despide de su hermana monja: las frágiles siluetas de los dos ancianos sentados entre las sobrias monjas, transfiguradas por la paz y la serena soledad. Pocos días después llega su hija, la niña nacida en aquella noche de su primera fuga frustrada. Pero ni siquiera en este lugar retirado se siente a salvo Tolstói: teme ser reconocido, perseguido y capturado, que lo devuelvan a la existencia inquieta y falsa de la que ha huido. De modo que el 31 de octubre, a las cuatro de la madrugada, un dedo invisible lo toca para despertarlo. Tolstói se levanta, despierta a su hija y la conmina a continuar el viaje, a cualquier parte, a Bulgaria, al Cáuca-

[1] L. Tolstói, *Correspondencia*, *op. cit.*, p. 783.

so, al extranjero, a cualquier lugar donde la fama y la gente no puedan alcanzarlo, un lugar donde por fin esté solo consigo mismo y con Dios.

Pero el formidable adversario de su vida, de su doctrina y de su fama—el demonio que lo tienta y lo atormenta—no quiere soltar a su víctima. El mundo no permite que «su» Tolstói obedezca sólo a su sabia voluntad, la más íntima. Apenas el fugitivo toma asiento en su compartimento, con la gorra calada hasta las cejas, uno de los viajeros reconoce al maestro y de inmediato la noticia recorre el tren de punta a punta: el secreto ha sido revelado y de inmediato unos cuantos hombres y mujeres se agolpan frente a la puerta del vagón para verlo. Los periódicos del día han publicado a toda página artículos sobre la valiosa pieza que se ha escapado de su jaula: han vuelto a traicionarlo y se siente acorralado. Una vez más, la última, la gloria se interpone en el camino de perfección de Lev Nikoláievich. Los cables de telégrafo que discurren junto al rugiente tren cimbrean a causa de los mensajes que transmiten, la policía ha informado a todas las estaciones, todos los efectivos han sido movilizados, en casa solicitan un tren especial, y los reporteros llegan en tropel desde Moscú, desde San Petersburgo, desde Nizhni Nóvgorod, desde los cuatro puntos cardinales persiguen al fugitivo. El Sínodo sagrado envía a un sacerdote para que acoja al arrepentido, y además sube al tren un señor desconocido que pasa una y otra vez junto al compartimento del escritor, cada vez con un nuevo disfraz: es un detective. No, definitivamente, la fama no deja huir a su reo. Lev Tolstói no debe ni puede estar a solas consigo mismo, los hombres no le toleran que sea dueño de sí, que consume su santificación. Está acorralado, no hay refugio donde ocultarse. Cuando el tren llegue a la frontera un policía lo saludará cortésmente, quitándose el sombrero, pero le negará el paso. Cada vez que desee descansar, la fama se interpondrá en su camino, ruidosa: no puede escapar de ella, sus garras lo sujetan.

Pero, de pronto, la hija se da cuenta de que un escalofrío estremece el cuerpo de su anciano padre. Agotado, se apoya contra el respaldo del banco de madera. Suda por todos los poros de su ser estremecido, tiene la frente empapada. La sangre enfebrecida, la enfermedad, acude en su ayuda para salvarlo. Y entonces la muerte lo cubre con su manto para protegerlo de sus perseguidores.

En Astápovo, una pequeña estación ferroviaria, tienen que hacer un alto, el enfermo de muerte no puede continuar. No hay hospedería, ni hotel, ni aposento principesco que lo acoja. Avergonzado, el jefe de estación le ofrece su habitación de servicio, situada en el edificio de madera de una sola planta de la estación (que se convierte desde entonces en sitio de peregrinación). Conducen hasta allí al anciano, que tirita de frío, y de repente se hace realidad todo lo que él ha soñado: allí está la pequeña habitación, baja y tosca, llena de humo y de miseria, la cama de hierro, la luz precaria de la lámpara de queroseno, a muchos kilómetros del lujo y de las comodidades de las que ha huido. En la agonía, en los últimos instantes, todo es exactamente como lo quiso su más íntima voluntad: puro, inmaculado. Simbólicamente, la muerte se pliega plenamente a su mano de artista. En pocos días se va elevando el grandioso edificio de su muerte, excelsa confirmación de su doctrina, que la envidia de los hombres ya no podrá socavar, ni perturbar ni destruir en su simplicidad digna de los tiempos primigenios.

En vano acecha fuera, tras la puerta, la fama jadeante, con labios sedientos; en vano se agolpan y aguardan los reporteros y curiosos, los espías, los policías y los gendarmes, el sacerdote enviado por el Sínodo, los oficiales designados por el zar: su estridente y desvergonzada diligencia nada puede ya contra esa última e indestructible soledad. Sólo la hija, un amigo y el médico montan guardia, un amable y humilde amor lo rodea en silencio. Sobre la mesilla de noche yace el cuaderno del diario, su vehículo para comunicarse con Dios, pero las febriles manos temblorosas ya no pueden sostener el lápiz. Sin embargo, exhausto, con un hilo de voz, dicta a su hija sus últimos pensamientos: llama a Dios «ese todo infinito del que el hombre se siente una parte limitada, su manifestación en la materia, el tiempo y el espacio» y proclama que la unión de los seres terrenales sólo puede realizarse a través del amor. Dos días antes de su muerte, tensa de nuevo todos sus sentidos para captar la verdad suprema, inaccesible, y luego, poco a poco, la oscuridad se cierne como una sombra sobre aquella mente brillante.

Fuera, la gente se agolpa curiosa e indiscreta. Pero él ya no advierte su presencia. Al otro lado de la ventana, atormentada por los remordimientos, con los ojos llenos de lágrimas, Sofía Andréievna, su esposa, trata de ver en el interior de la pieza, aunque sea de lejos, por última vez, el rostro del hombre al que ha estado unida durante cuarenta años. Pero él ya no se da cuenta de nada. Poco a poco, las cosas de este mundo se le van haciendo cada vez más ajenas, la sangre fluye cada vez más espesa y oscura por sus venas. La noche del 4 de noviembre Tolstói hace un nuevo esfuerzo y dice entre gemidos: «Pero los campesinos, ¿cómo mueren los campesinos?». Esa vida inmensa sigue resistiéndose a la muerte todopoderosa. Sólo el 7 de noviembre la muerte se cierne sobre el hombre inmortal. La cabeza aureolada de blanco se hunde en las almohadas, los ojos que observaron el mundo con incomparable lucidez se apagan para siempre. Y sólo en ese instante el impaciente buscador conoce por fin la verdad y el sentido de la vida.

XIII
POSTLUDIO

> El hombre ha muerto, pero su relación con el mundo sigue repercutiendo en los hombres, y no sólo como durante su vida, sino con mucha más intensidad. Su efecto se extiende en la medida de la inteligencia y del amor que ha prodigado, y así, como todo lo vivo, crece sin pausa y sin fin.
>
> TOLSTÓI, en una carta

Maksim Gorki dijo en una ocasión que Tolstói era «un hombre humano», y es una definición insuperable. Porque fue un hombre como todos nosotros, hecho del mismo frágil barro y dotado de las mismas imperfecciones terrenales, sólo que fue más consciente de ellas y padeció más dolor por su causa. Lev Tolstói no fue un hombre de otra especie, ni más sublime que sus coetáneos. Simplemente fue un hombre más humano que la mayoría, más moral, más sensible, más lúcido, más despierto, más apasionado y, por decirlo de algún modo, un ejemplar más logrado de ese molde primitivo elaborado en el taller del creador del universo.

Sin embargo, fue ese retrato del hombre eterno—del cual a nosotros nos queda el perfil borroso y muchas veces irreconocible—lo que Tolstói se propuso realizar de la manera más perfecta posible, y ésa fue la obra de su vida, una obra interminable, irrealizable y, por ello, doblemente heroica. Buscó y dio forma al hombre en su expresión suprema, gracias a la incomparable sinceridad de su conciencia; descendió hasta los abismos que sólo se alcanzan infligiéndose profundas heridas. Con una seriedad implacable, con una severidad despiadada, este genio ético ejemplar hurgó en su alma para liberar la imagen primigenia de su corteza terrenal y mostrarle a toda la humanidad su faz más noble y divina. Sin descansar ni darse nunca por satisfecho, sin concederle nunca a su arte la cándida alegría del mero juego formal, este escultor intrépido trabajó durante ochenta años en la obra grandiosa del perfeccionamiento de su yo por medio de la descripción de sí mismo. Desde Goethe, ningún creador ofreció una revelación de sí mismo comparable, al tiempo que revelaba al hombre universal.

Pero sólo en apariencia la voluntad de pureza y conocimiento de Lev Tolstói terminó cuando lanzó el último suspiro. El poderoso impulso de su ser continúa extendiéndose en el presente: todavía quedan algunos testigos de su paso por la tierra, hombres que estremecidos miraron directamente a esos penetrantes ojos de acero. Sin embargo, hace tiempo que el hombre Tolstói se ha convertido en un mito, su vida es una leyenda de la humanidad y su lucha contra sí mismo un ejemplo para nuestra generación y las venideras. Porque sólo lo pensado con sacrificio y lo realizado con pasión constituyen un patrimonio de todos: en la grandeza de cada hombre la humanidad adquiere una dimensión nueva y mayor. Sólo en la confesión de lo íntimamente verdadero intuye el espíritu inquieto sus límites y sus leyes. Sólo gracias a la creación de sí mismos que realizan los artistas se encarna en la tierra el alma de la humanidad, la figura del genio.

ESTA EDICIÓN, PRIMERA, DE
«TRES POETAS DE SUS VIDAS», DE STEFAN ZWEIG,
SE TERMINÓ DE IMPRIMIR
EN CAPELLADES EN EL
MES DE FEBRERO
DEL AÑO
2023

Otras obras del autor
publicadas en esta editorial

ENSAYO

LA LUCHA CONTRA EL DEMONIO
(HÖLDERLIN, KLEIST, NIETZSCHE)

CASTELLIO CONTRA CALVINO
CONCIENCIA CONTRA VIOLENCIA

MOMENTOS ESTELARES DE LA HUMANIDAD
CATORCE MINIATURAS HISTÓRICAS

EL LEGADO DE EUROPA

TRES MAESTROS
(BALZAC, DICKENS, DOSTOIEVSKI)

LA CURACIÓN POR EL ESPÍRITU
(MESMER, MARY BAKER-EDDY, FREUD)

MONTAIGNE

CORRESPONDENCIA (HESSE - ZWEIG)

FOUCHÉ
RETRATO DE UN HOMBRE POLÍTICO

MARÍA ANTONIETA

MARÍA ESTUARDO

SER AMIGO MÍO ES FUNESTO
CORRESPONDENCIA CON JOSEPH ROTH (1927-1938)

CORRESPONDENCIA CON FRIDERIKE ZWEIG
(1912-1942)

AMÉRICO VESPUCIO
RELATO DE UN ERROR HISTÓRICO

ENCUENTROS CON LIBROS

DIARIOS

BIOGRAFÍAS

CORRESPONDENCIA CON RICHARD STRAUSS
(1931-1935)

MEMORIAS

EL MUNDO DE AYER
MEMORIAS DE UN EUROPEO

NARRATIVA

VEINTICUATRO HORAS
EN LA VIDA DE UNA MUJER

NOVELA DE AJEDREZ

CARTA DE UNA DESCONOCIDA

LOS OJOS DEL HERMANO ETERNO

LA EMBRIAGUEZ
DE LA METAMORFOSIS

AMOK

ARDIENTE SECRETO

EL AMOR DE ERIKA EWALD

NOCHE FANTÁSTICA

LA IMPACIENCIA DEL CORAZÓN

EL CANDELABRO ENTERRADO

LA MUJER Y EL PAISAJE

MENDEL EL DE LOS LIBROS

VIAJE AL PASADO

¿FUE ÉL?

LOS MILAGROS DE LA VIDA

LAS HERMANAS
«CONTE DROLATIQUE»

NOVELAS

CONFUSIÓN DE SENTIMIENTOS
APUNTES PERSONALES DEL CONSEJERO
PRIVADO R. V. D.

UNA HISTORIA CREPUSCULAR

CLARISSA

MIEDO

UNA BODA EN LYON

TEATRO

JEREMÍAS
POEMA DRAMÁTICO
EN NUEVE CUADROS